생명교육총서 8

함께 비탄을 살다

그리프 케어의 역사와 문화

ともに悲嘆を生きる
グリーフケアの歴史と文化

시마조노 스스무(島薗 進) 지음

양정연 옮김

박문사

이 저서는 2012년 정부(교육부)의 재원으로 한국연구재단의 지원을 받아
수행된 연구임(NRF-2012S1A6A3A01033504)

목\차

| 일러두기 |

1. 괄호( )는 원어의 경우와 보충 설명이 필요한 경우 사용되었다. 한자
   어의 경우는 괄호없이 사용하였다.
   예) 히로시마(広島), 동일본東日本

2. [ ]는 인용자료에서 사용되었거나 저자, 옮긴이가 내용의 이해를 위
   해 사용하였다. 저자가 사용한 경우는 [(시마조노 주) …]로 표시하였
   다.

3. 단행본 등 저서는 『 』, 논문, 책의 일부 내용 등은 「 」, 영화, 노래
   등은 〈 〉로 표기하였다.

4. ' '는 저서에서 강조된 내용이다.

5. 내주 방식으로 주석을 달았고, 독자들의 이해를 위해 저자가 길게
   설명한 경우나 옮긴이가 보완설명을 한 경우는 각주를 사용하였다.

들어가며

사랑하는 사람과의 사별은 슬프고도 괴롭다. 아이를 먼저 떠나보낸 부모의 마음은 도저히 헤아리기도 어렵다. 견딜 수 없을 정도로 배우자나 파트너의 죽음을 느낄 때도 있을 것이다. 재해나 사고, 사건 등 비명에 당한 죽음으로 남겨진 사람들의 마음이 어떨지는 충분히 상상할 수 있겠다.

이러한 비탄은 결코 새로운 것이 아니다. 장수를 기대하기 어려웠던 시대에는 오히려 드물지 않게 이런 말을 자주 들었을 것이다. 철학자 니시다 기타로(西田幾太郎, 1870~1945)의 「자식의 죽음(我が子の死)」[1]이라는 글은 계속해서 비탄을 경험했을 인생을 생각하게 한다.

돌이켜보니, 내가 14살 무렵이었다. 어렸을 때 가장 친했던 누나를 잃었던 적이 있다, 나는 그때 난생처음 사별이 얼마나 슬픈지를 알았다. 죽은 누이를 그리워하는 마음에 견딜 수 없었고, 어머니의 비탄을 차마 볼 수 없어서 사람이 없는 곳에 가서 마음껏 울었다. 어린 마음에 '만약 내가 누이를 대신해 죽을 수 있다면'이라고 생각했던 것을 지금도 기억한다(上

---

1) 1907년의 원고로서, 上田閑照編, 『西田幾多郎随筆集』, 岩波文庫, 1996에 수록됨.

田閑照, 1996: 74).

1870년생인 니시다의 어린 시절에는 의료나 보건위생이 미흡했다. 니시다가 부모가 된 이후에도 사정은 별로 달라지지 않았다. 더구나 전쟁도 있었다.

> 가깝게는 1904년의 여름, 비참한 뤼순(旅順)의 전쟁에서 단 하나뿐인 동생은 주검이 되어 적진 깊숙이 내 버려진 채 유골조차 수습하지 못하는 상황, 여기에 옛날의 비애가 반복되면서 장을 끊는 슬픔은 아직 사라지지도 않았는데, 다시 사랑하는 아이 한 명을 잃게 되었다. 골육의 정이 어느 하나 소원하겠는가마는 특히 부모 자식의 정은 각별하다. 나는 태어나 알지 못했던 심통深痛의 경험을 이번에 겪었다(上田閑照, 1996: 74).

러일전쟁에서 하나뿐인 동생이 전사했고, 1907년에는 6살인 둘째 딸과 갓 태어난 다섯째 딸을 연이어 잃었다. 그리고 1920년에는 장남, 25년에는 아내와도 사별했다. 니시다 철학은 종교를 기반으로 하면서, 이러한 사별의 경험, 비탄의 경험(니시다 자신은 '비애'라고 부름)과 깊이 관련되어 있다고 인식되고 있다.

비탄을 경험하는 인생은 당시 흔한 일이었다. 실제 사례가 많아서 사별의 비탄에 대한 방대한 기록집을 만들 수도 있을 것이다. 그 기록집을 자료로서 학술적으로 검토했다면, 과학기술의 혜택으로 생활이 윤택해지면서, 심각한 비탄의 경험은 오히려 줄어들고 현대인의 인생은 그래도 많은 부분에서 원만해졌을지도 모른다.

그러나 니시다가 위의 글을 공표했을 무렵, 개인의 비탄이 글로 표현되어 여러 사람들과 함께 나누는 일은 거의 없었다. 또 비탄이 가까운 사람이 아닌 이외의 다른 사람을 통해 치유가 이뤄지는 대상이라고 생각하는 경우도 없었다. 여기에서 참조한 사례는 니시다와 같은 위대한 학자, 그 위대한 업적과 깊이 관련되어 있는 비탄이기 때문에, 많은 사람들의 주목을 받고 있을 뿐이다.

그 시대로부터 약 120년이 지났다. 그동안 비탄을 나누는 방식에도 큰 변화가 생겼다. 많은 사람들이 자각적으로 비탄을 경험하는 것, 그리프 케어를 받거나 그리프 케어에서 배우는 것이 의미깊다고 느끼게 되었다. 사별이나 심각한 상실의 이야기를 듣는 기회가 늘어나고 있고, 비탄으로 인해 사회적 적응에 지장을 주는 사례도 두드러지고 있다. 왜 그럴까? 이러한 사태를 어떻게 대면해야 할까?

이 책은 그리프 케어에 대해 개관해보고 근대 일본에서의 비탄 경험이나 표현의 역사에 대해 생각해보려는 것이다. 비탄의 역사를 생각함으로써, 지금 그리프 케어가 필요하게 된 이유는 무엇인지, 또 현대의 그리프 케어가 목표로 하는 것은 무엇인지에 대해서도 깊이 이해하고자 한다. 비탄을 서로 나눌 수 있는 장이나 좋은 관계가 요구되고 있으며, 그것에서 '함께 사는' 힘의 원천이 모색되고 있다. 종교나 영성이 깊이 관련되어 있는 것도 그런 이유 때문일 것이다. '함께 비탄을 살다'는 이 책의 제목은 이러한 문제의식에서 붙여진 것이다.

 서장

전쟁과 재해 이후

2010년대의 일본은 늘 재해에 휩쓸려 많은 사망자가 나오는 고난을 겪고 있다. 엔터테인먼트 문화에서도 이러한 경험을 제재로 한 작품이 늘어나고 있는 것 같다. 2016년에는 큰 재앙이 일본 국토를 덮쳐 많은 사람들이 고난을 겪는다는 이야기를 그린 영화작품이 인기를 끌었다. 여름에는 방사능을 흠뻑 흡수하여 진화한 고질라(Godzilla)가 동경을 습격한다는 특수 촬영 영화인 〈신 고질라(Shin Godzilla)〉, 거대한 운석이 기후현(岐阜県) 산촌에 떨어져 완전히 파괴해버린다는 애니메이션 영화 〈너의 이름은.(君の名は。)〉이 인기를 끌었다. 겨울이 되고, 이번에는 아시아·태평양 전쟁기의 군항인 구레(呉)의 공습, 이어서 히로시마(広島)에 원자폭탄이 투하되었던 전후의 상황을 그려낸 애니메이션 영화 〈이 세상의 한구석에(この世界の片隅に)〉가 많은 관객을 끌어모았다. 〈너의 이름은.〉 등은 젊은 사람들을 대상으로 한 영화여서, 영화관에서 약간 눈치가 보이기도 했지만, 나도 세 작품을 모두 봤다.

〈신 고질라〉와 〈너의 이름은.〉은 꽤 볼 만했지만, 관객이 감동으로 눈물을 흘릴 정도는 아니었다. 그런데 〈이 세상의 한구석에〉는 볼 만한 가치도 있고 마음을 흔드는 영화였다. 가타부치 스나오(片渕須直) 감독의 작품으로서, 고노 후미요(こうの史代)의 동명 만화작품을 바탕으로 하고 있다. 그래서 바로 원작을 사서 읽었다. 2006년부터 2009년에 걸쳐서 발표된 작품이었다. 예상과 다르지 않아서, 큰 숨을 한번 쉬고 열중해서 읽었다. 그것은 비탄을 가까이에서 느끼는 21세기 초의 현대라는 시대와 깊이 연관되어 있는 것처럼 느껴졌다.

작품의 무대는 전쟁 말기의 히로시마시와 구레시이다. 히로시마에서 태어나고 자란 우라노 스즈(浦野すず)는 구레의 호조 슈사쿠(北條周作)에게 시집가서 호조가문에 들어가게 된다. 구레와 히로시마는 공습과 원폭으로 파괴되고, 스즈의 가족들은 연이어 죽는다. 살아남은 스즈도 공습으로 오른손을 잃고 만다. 그림 그리기를 좋아해서 틈만 나면 그림을 그리던 그 오른손을 잃은 것이다. 그리고 그 오른손으로 잡고 있었던 작은 조카 하루미(晴美)도 목숨을 잃었다. 오빠 요이치(要一)는 전사했고 돌멩이가 하나 들어간 유골함이 '돌아'왔다. 동생은 원폭에서 겨우 살아남았지만, 원폭병으로 일어설 수 없게 되었다.

장면의 많은 부분은 전쟁터나 직장, 학교가 아니다. '이 세상의 한구석'이라는 말이 어울리는 장면에서 이야기는 전개된다. 집이나 근처, 그곳에서 보이는 구레 군항, 그리고 가끔 그려지는 시내나 유곽 등의 모습이다. 군함이나 군사시설이 주변에 넘치는 구레지만, '이 세상의 한구석'에 사는 사람들은 대부분 배려심 많고 너그러우며 씩씩하게 살고 있다.

슬픔을 통해 기르게 되는 것

시어머니는 엄하고, 스즈에게 아기는 좀처럼 생기지 않고, 남편의 옛 애인을 알게 되고, 이러한 상황에서 스즈의 갈등은 커지면서 원형탈모증에 시달리기도 한다. 그래도 온화한 사람들의 애정은 오간다. 아이가 생기지 않아 고민하던 스즈는 유곽 여성인 시카리 린(白木リン)과 다음과 같은 이야기를 나눈다.

린: 그래도 아이가 있으면 있는 대로 버팀목이 돼요.

스즈: 그래요, 그래! 그래!! 예쁘고!!!

린: 곤란해지면 팔 수도 있고. 여자가 더 비싸고, 대를 이을 사람은 적어도 돼. 세상은 돌아가게 되어있어.

스즈: 왠지 고민하는 게 바보같이 느껴지기 시작했어….

린: 그래? 그럼 좋네.

스즈: 팔려나간 아이도 그런대로 살고 있어.

린: 누구라도 무엇인가 모자란 것이고, 이 세상에 내가 있는 곳이 그리 쉽게 없어지지는 않아요. 스즈 씨.

스즈: …고마워요, 린 씨.

이 장면이 그렇듯이, 타자가 살아가는 법을 접하고, 슬픈 이별을 경험하면서 스즈는 성숙하고, 슬픔과 함께 소중한 것을 지키는 힘을 길러간다. "왜 내가 살아남았는지 모르겠고, 하루미를 생각하면 울 자격도 나에게는 없는 것 같아요. 그래도 결국 내가 있을 곳은 여기지요." 리고, "죽었든

살아있든 이제는 볼 수 없는 사람이 있는 것이고, 그의 물건이 있고, 나밖에 갖고 있지 않은 그 기억이 있고, 나는 그 기억의 그릇으로서 이 세상에 존재할 수밖에요." 원작자의 인간관, 윤리관을 반영하고 있는 이러한 말과 그림을 통해, 슬픔이 가져오는 힘에 대해 마음 깊숙한 곳으로부터 납득할 수 있는 것이 있다. 주제가인 〈오른손의 노래(みぎてのうた)〉(고토 린고) 외에 〈슬퍼서 견딜 수 없어(悲しくてやりきれない)〉(사토 하치로 작사), 〈런던데리의 노래(Londonderry Air)〉(이 책의 제6장 참조) 등 음악도 마음을 흔들었다.

동일본 대지진東日本大震災과 후쿠시마(福島) 원전재해로부터 6년이 지나는 시점에, 이 애니메이션 작품이 상영되었고, 다행스럽게도 많은 관객들로부터 환영을 받았다. 나도 그렇지만, 지진이나 원전재해를 통해 느꼈던 것을 상기하면서, 다시 음미해보는 시간을 가질 것 같다.

많은 사람들의 슬픔은 주위 사람들의 마음에 겸허와 다정함, 배려심을 일으키고, 연대감도 생기게 한다. 억눌린 분노나 나누기 어려운 슬픔으로 괴로워하는 사람도 있다. 그러나 고난을 잊지 않고 그것들을 서로 나눌 수 있는 장이 있다면, '고향'이 생명을 키우는 장으로서 존재해나갈 수 있을 것이다(이 책 제6장 참조).

상실과 비탄의 기억이 힘이 되다

아시아·태평양전쟁 말기와 패전 직후의 구레와 히로시마를 무대로 한 〈이 세상의 한구석에〉는 그러한 고향관이 만들어지고 이어간다는 느낌이 있다. 아니, 그 작품 자체가 구레나 히로시마, 그리고 일본 더 나아가 세계

에 고향을 재생시키는 작용을 한다. 그러고 보니, 이시무레 미치코(石牟礼 道子)의 〈고해정토—우리의 미나마타병(苦海浄土—わが水俣病)〉도 이런 효과가 있는 작품이다. 미나마타병의 괴로움, 슬픔과 삶을 피해자 한 사람한 사람의 '육성'으로 표현하고, 많은 사람들에게 시라누이해(不知火海) 연안이 고향으로 되살아나도록 하는 경험을 만들어줬다.

이러한 작품은 픽션이지만, 사람들의 경험과 깊이 연관되어 있다. 그리고 보람이나 선한 삶의 감각과도 떼어낼 수 없다. 〈이 세상의 한구석에〉에서 패전을 시인하는 천황의 방송을 듣고서, 그 상냥하고 조신한 스즈가 혼자 일어서서, "난 이런 거 납득할 수 없어!!!"라고 소리 지르는 장면이 있다. 공습으로 죽은 하루미가 떠오른다. 일본이 지배했었던 해외지역에서 사람들이 도망쳐오는 정경도…. "폭력으로 따르게 했다는 것인가", "그래서 폭력에 굴한 것이지", "이것이 이 나라의 정체인가", "이런 것은 나도 모른 채 죽고 싶었는데…" 거기에 보이지 않는 어느 위안의 손이 스즈의 머리에 닿는다.

그 손은 잃어버린 스즈 자신의 '오른손'이라고 해석하는 것을 들었다. 그럴 수 있다고 본다. 많은 가족과 자신의 삶의 보람과 직결되었던 몸 일부를 상실한 스즈이지만, 그 잃어버린 것으로부터 생명의 은혜를 느끼게 된다는 그런 장면으로 인식될 수도 있을 것이다. 고토 린고(コトリンゴ)의 〈오른손의 노래〉를 들으면서 그렇게 느끼는 것이다. "변해가는 이 세상의 이곳저곳에 깃든 조각조각의 사랑 / 자, 봐봐 / 이제 그것도 당신의 일부가 된다." '조각조각의 사랑'은 전시戰時에서의 사랑의 모습이기도 하지만, 21 세기 현대의 사랑, 그 모습이기도 할 것이다.

거대한 상실과 기억을 가다듬다

〈이 세상의 한구석에〉의 원작은 동일본 대지진과 후쿠시마 원전사고 재해 전에 발표된 것이지만, 그 후에 영화작품으로 만들어지고 사람들의 공감을 부른 것은 우연이 아닌 것 같다. 전후 70년 하고도 1년이 더 지나는, 그리고 동일본 대지진이 일어난 지 5년이 되는 2016년의 일본 사회에서 '고향'의 파괴와 거대한 상실을 통해, 자신을 깊이 되돌아보는 이야기는 친근하게 느껴졌다. 많은 사람들이 그러한 기억을 가다듬는 데에 참여하기 위해서는 고난과 슬픔을 잊으려고 하는 경향에 저항할 필요가 있다.

'부흥'을 서두르는 동기를 이해하지 못하는 것은 아니다. 언제까지나 상처를 쳐다보는 것은 그만하자, 빨리 새로운 희망에 눈을 돌리자, 그렇게 사람들의 마음은 움직일 것이다. 〈신 고질라〉나 〈너의 이름은.〉에서는 거대한 파괴가 있었지만, 그 고난은 모두 시원하게 해결되어서 마치 '아무것도 없었던 것처럼' 미래를 향한 희망이 그려져 있다.

그러나 고난이나 슬픔을 내버려 두고 '부흥'만을 강조하면, 마음에 외풍이 불어오는 것과 같이 된다. 그것이 죽은 사람이나 피해자 그리고 일본 사회가 잃어버린 많은 것을 마음 '한구석'에서 사라져버리게 할 것이다. 그것은 또 아픔에 고통받는 사람들을 고립시키고, 시대에 뒤떨어진 사람으로 차별해버리는 것과 연결될 수도 있다. '슬픔의 망각'은 '고향 부흥'의 지름길이 아니다. 오히려 충분히 슬퍼하고 계속 고난을 받아들이는 것이야말로 생명이 소중하다는 감각을 키우고, 생명의 은혜를 느끼는 힘(고향의 저력)을 기르는 일이 될 것이다.

영화 〈스틸 라이프〉의 고독한 사람들

지금까지는 사회 전체에 걸친 전쟁이나 재해와 같은 공동의 경험을 둘러싼 비탄에 대해 언급해왔다. 그런데 비탄을 가져오는 일은 더 사적으로 개인에게 일어나는 것으로 경험되는 경우가 많다. 그러한 개인적인 사별의 비탄에 대해서도 많은 사람이 관심을 갖기 시작했다. 아이가 사회에 나가기도 전에 죽었다, 젊어서 배우자를 잃었다, 부모가 자살로 세상을 떠났다 등 이러한 커다란 비탄을 경험한 당사자뿐만 아니라, 개인적인 비탄이라고 하는 테마를 많은 사람들이 주변에서 느끼고 있다.

요즘 영화작품에서는 개인적인 사별의 슬픔이나 이별 등 상실로 인한 비탄 경험이 하나의 큰 테마로 채택되어 사람들의 지지를 광범위하게 받고 있다. 사별의 의례를 다룬 2008년의 영화〈굿' 바이(おくりびと)〉는 해외에서도 호평을 받아 미국 아카데미상 외국어영화상을 수상했고, 2015년에는 속편처럼 느껴지는 또 다른 사별 의례를 다룬 유럽의 영화작품이 일본 관객들에게 환영을 받았다. 바로 영국과 이탈리아 합작영화인 우베르토 파솔리니(Uberto Pasolini) 감독의 작품 〈스틸 라이프(Still Life)〉이다. 제70회 베니스 국제영화제에서 참신한 작품들이 모인 오리종티 부문에서 감독상(Orizzonti Award for Best Director)을 포함하여 4개 부문을 수상하였고, 그 외에도 세계 각국의 영화제에서 많은 상을 받았다.

영화의 무대는 런던(London) 케닝턴(Kennington) 지역이고, 담당 지역민의 업무를 담당하는 존 메이(John May)가 주인공이다. 존 메이의 일은 고독사한 사람의 장송 업무를 처리하고 그 사람에 대해 기록하는 일이다. 그런데 그는 그 일을 일상적인 것으로 처리하지 않고, 죽은 사람과 관계있는 사람들을 찾아 죽음을 알리면서, 되도록 장례에 입회해줄 것을 바란다. 그렇지 못한 경우에도, 그는 그 사람을 위해 장례 음악을 고르고 조사를 쓴다. 그의 이러한 모습은 그 자신의 고독한 생활과 관련되어 있다. 고독 속에서 세상을 떠난 한 사람 한 사람의 일생을 정중히 되돌아보면서 상실된 그 생명을 애도한다. 이것은 그 자신이 매일의 삶을 소중히 살아가고 있다는 증거이기도 했다.

그런데 그의 상사는 이렇게 일하는 그의 자세가 마음에 들지 않는다. 한 사람 한 사람의 사자를 위해 시간을 너무 소비하고 있고 비효율적이기 때문이다. 상사는 존 메이에게 해고를 선고하고 대신에 밝은 여직원을 고용한다. 그 직원은 많은 사망자를 화장한 대량의 유골을 한꺼번에 섞어서 버린다. 그런 모습이 표현되어 있어서 질리게 된다. 이 작품은 전통적인 매장을 분명히 지지한다. 구미 각국에 화장이 확산되면서, 고인을 정중하게 애도하는 문화가 후퇴해버리는 것을 한탄스러워하는 내용이다.

유대를 되찾아 죽은 자를 보내다

존 메이가 해고 선고를 받던 날 아침, 그의 아파트 맞은편에 사는 빌리 스토크(Billy Stoke)라는 연배가 있는 알코올 의존증 환자의 시신이 발견된다. 마지막 일이 된 빌리 스토크를 위해 존 메이는 허가를 받아, 무상으로 그 사람의 관계자를 찾아보려고 한다. 빌리 방에 있던 오래된 앨범에서 소녀의 사진을 본 그는 영국을 돌아다니면서 빌리 인생을 뒤쫓는다. 헤어진 아내, 알코올 의존증인 친구 등…, 그 과정에서 만난 사람들 모두에게 그는 장례 날짜를 알려준다.

그런데 가장 무거운 만남은 빌리의 딸 켈리(Kelly)와의 만남이다. 켈리가 10살 때 집을 떠나고서, 그 후 교도소에서 단 한 번 만났었던 아버지와 딸이었지만 마음은 통하고 있었다. 켈리와 이야기를 나누는 것으로 빌리의 인생은 새로운 빛을 띠게 된다. 그리고 존 메이는 어느새 켈리에게 호감을 갖게 되고, 카페에서 차를 마신다. 그런데, 빌리의 장례식이 예정되어 있던 그 어느 날, 존 메이는 자동차 사고로 목숨을 잃는다. 빌리의 장례식은 전통적인 매장을 생각하게 한다. 그의 생애에서 여러 국면을 함께했던 사람들이 조용히 묻혀가는 관을 둘러싸고 있다. 그 모임은 옛날의 지연, 혈연의 공동체와 다르다. 실은 전혀 모르는 사람들이었거나, 서로 싸운 뒤에 쓸쓸하게 헤어져서 지금은 말도 걸기 어려운 사람들이기도 하다. 그래도 모두가 빌리의 죽음을 애도하며 함께 조용히 이별을 고한다.

새로운 비탄 문화의 모습

그 곁을 존 메이의 관을 실은 차가 지나간다. 같은 묘지공원의 다른 곳에 그는 매장된다. 그곳에는 아무도 없다. 그런데 존 메이의 모습이 이 세상에서 완전히 사라지려고 할 때, 그가 장송의례를 했던 많은 사람들의 환영이 그곳으로 모여든다. 궁극적으로 그는 고독하지 않았다. 그가 소중히 여겼던 한 사람 한 사람의 삶이 그곳에서 되살아났기 때문이다. 존 메이는 고독사한 사람들에게 있어서는 성자라고 할 수 있기 때문에, 그들은 그를 기리며 다가왔던 것 같다.

이 작품은 장송에 동반하여 이뤄지는 의례가 살아남은 사람들에게 얼마나 중요한 것인지를 관객들에게 상기시켜준다. 그것은 산 자와 죽은 자의 연결이 불가결하기 때문이다. 고독사가 늘어나는 곳에서는 어느 곳이든 조용히 세상을 떠난 사자들과의 관계를 존중해주는 의례가 그리워진다. 그만큼 산 자와 죽은 자의 유대도 가늘고 희미하게 되어가는 것이다. 영국에서 고독부 장관(Minister for Loneliness)이 신설된 것은 2018년 1월의 일인데, 〈스틸 라이프〉는 마치 이것을 예감하고 있었던 것 같다.

이러한 이유로 전통적인 의례에 따라 사자를 장송했다고 하더라도, 예전처럼 공동체의 연대를 기반으로 하는 것은 아니게 되었다. 앞에서 〈이 세상의 한구석에〉가 상기시키는 '고향'에 대한 생각을 언급했지만, 이것도 전통적인 지역공동체를 전제로 하는 것은 아니다. 죽은 자를 애도하고 비탄을 살아가는 새로운 형태로 사람들의 관심이 향하고 있는 것이다.

예전에는 사랑하는 사람의 상실을 받아들이고, 고통의 마음에 살아갈 힘을 불러일으키는 문화의 모습이 있었다. 그러나 현대사회에서는 예전에 공유되었던 문화의 모습을 그대로 이어받기가 어렵다. 오래된 장송 형식에 대한 향수를 자아내는 것 같지만, 실은 그것으로 돌아갈 수는 없다. 그것을 충분히 알면서, 영화 〈스틸 라이프〉는 새로운 비탄 문화의 모습을 시사하고 있는지도 모른다. 존 메이가 창조하려고 했던 것은 고독한 사람들이 새로 마음이 통하게 되는 그리프 케어의 장이라고도 말할 수 있을 것이다.

그리프 케어의 역사와 비탄 문화

그리프 케어에 해당하는 것은 지금까지 어떻게 이뤄져 왔을까? 사별이나 상실에 동반되는 의례가 중요한 역할을 해온 것은 틀림없다. 함께 비탄을 살아가기 위해서 사람들은 여러 문화장치를 만들고 전하고 재창조해왔다. 종교가 중요한 것은 분명하지만, 여러 이야기나 시가, 조형물, 노래나 춤, 예능 등도 그러한 힘이 되었다.

20세기에 들어서면서, 비탄을 나눠 갖는 문화에 새롭게 전문가에 의한 케어라는 형태가 들어오고, 정신과 의료나 임상 심리 카운슬링 등이 퍼지고 있다. 그리프 케어라고 하면, 이러한 1대1 케어를 떠올릴 것이다. '그리프 케어'라는 제목의 책을 읽으면, 전문분야에 따라 개인 치료 장면에서 요구되는 지식을 서술한 것이 많다. 그것은 그것대로 중요한 것이고, 이 책도 그러한 지식의 축적에 많은 빛을 지고 있다.

그런데, 이 책에서는 그것과 함께 비탄의 문화에 주목한다. '들어가며'에서도 언급했듯이, 이 책의 표제가 '함께 비탄을 살다'라고 되어있는 것은 이러한 이유 때문이며, 함께 비탄을 살아간다는 모습이 어떻게 변하면서 현대에 이르는지를 확인해보려는 문제의식에 따른 것이다. 주로 근대 일본을 제재로 하면서, 비탄의 표현, 비탄의 공유 변화를 보려고 한다. 자각적으로 대처하는 그리프 케어에 앞서서, 먼저 그리프 케어에 해당하는 것이 어떻게 이뤄져 왔는지를 생각해보자.

비탄을 함께 나누는 장·관계

이것은 현대의 일본 사회에서 어떤 그리프 케어가 요구되고 있는지를 묻는 문제의식과도 연결되어 있다. 현재 시도되고 있는 그리프 케어는 1대1의 대면 장면에서만 진행되는 것이 아니다. 유족회 등 자조그룹적인 모임도 늘어나고 있다. 전문직이 내담자를 케어하는 것보다 수평적인 작은 교류 속에서 비탄을 말하거나 추억의 시간을 함께하는 등의 형식이 선호되고 있는 것 같기도 하다. 비탄을 함께 나누는 자리나 관계가 요구되고 있는 것이다.

그리프 케어란 무엇인가? 이 문제를 생각하면서 비탄 문화의 역사를 묻고 비탄이 나눠지는 장이나 관계에 주목하게 된다. 이것이 이 책에서 주목하는 부분이다. 그리프 케어가 목표로 하는 것은 개개인이 스스로 비탄을 깊이 경험해갈 수 있도록 하는 것이 분명할 것이다. 그것은 고독한 마음속의 것을 파악할 수 있는 것이다. 그러나 그러한 개인의 내면 변화가 생성되기 위해서는 교류의 장이나 좋은 관계가 형성될 필요가 있다. 이것은 유족회나 자조그룹과 같은 좋은 사례에서 알 수 있듯이, 카운슬링과 같은 1대1의 관계만이 아니다.

좋은 교류의 장이나 좋은 관계가 중요한 것은 함께 비탄을 살아가는 것이 인간의 본래적인 모습이라는 것에 기인하기 때문이다. 이것을 잘 인식함으로써, 스킬이나 노하우로 환원되지 않는 그리프 케어의 보다 다면적인 이해가 가능해질 것이며, 우리가 계승해온 문화적 자원을 새롭게 활용해가는 길도 보이게 될 것이다.

참고문헌

こうの文代, 『この世界の片隅に』(上・中・下), 双葉社, 2008-2009.
石牟礼道子, 『苦海浄土―わが水俣病』, 講談社, 1969.

제1장 비탄이 일상이 되는 시대

그리프 케어의 흥성

2000년대에 들어서면서 그리프 케어라는 말이 널리 알려졌다. 내가 소장을 맡고 있는 조치대학(上智大学) 그리프 케어 연구소(グリーフケア研究所)는 나중에 자세히 언급하겠지만, 원래 2009년에 성 토마스대학(聖トマス大学)에 설치되었던 것이 대학의 사정으로 2010년에 조치대학으로 옮기게 되었다. 연구소의 설립에는 2005년 JR후쿠치야마선—다카라즈카선(JR福知山線—宝塚線) 사고로 많은 희생자를 낸 JR니시니혼(JR西日本)의 의향이 많이 반영되었다. 그런데, 이 짧은 기간에 그리프 케어에 대한 사회에서의 인지도는 상당히 높아진 것 같다. 여기에는 어떤 역사적 경위가 있는 것일까?

제3장에서 더 자세히 언급하겠지만, 그리프 케어의 역사를 말하려면, 정신의학이나 심리학의 고전을 만나게 된다. 그리고 지그문트 프로이트(Sigmund Freud, 1856~1939)의 「비애와 멜랑콜리(Trauer und Melancholie)」(1917년)라는 논문으로 거슬러 올라가는 경우가 많다. 이것은 유럽에서

많은 사망자가 나온 제1차 세계대전과 관련이 있을 수 있다. 물론 그 시기에 그리프 케어가 급속히 알려진 것은 아니지만, 그 후 50년 사이에 이론적으로 크게 발전하였고, 정신의학이나 심리학 영역에서도 그 인지도를 높여왔다. 제2차 세계대전, 유대인 대학살, 원자폭탄 투하, 한국전쟁, 베트남전쟁 등 전란이 이어지는 등 20세기에 많은 사람들이 불합리한 죽음을 경험하기도 했지만, 일반사회에서는 그리프 케어에 대한 관심이 별로 없었다.

1967년, 영국에서 시슬리 손더스(Cicely Saunders, 1918~2005)가 성 크리스토퍼 호스피스(St. Christopher's Hospice)를 개설한 이후, 호스피스운동은 세계로 퍼져갔다. 의료 쪽에 자리잡고 있으면서도 동시에 종교와도 이어진 영적 케어의 영역에 주목하게 되었다. 그것은 또 생사학(death studies, thanatology)이라고 불리는 학술연구 분야 또는 생과 사의 교육(death education, 생명교육, 죽음의 준비교육) 등 교육 분야의 확충을 가져왔다. 이러한 움직임 속에서 '사별의 슬픔'이라는 주제가 점차 큰 위치를 차지하게 되었다. 호스피스운동에서 먼저 주목한 것은 죽어가는 사람의 마음을 잘 이해하고 다가가려는 것이었다. 그러한 관심은 보내지는 사람, 죽어가는 사람의 케어에 대한 것으로 모여졌지만, 점차 보내는 쪽, 유가족이나 살아남는 사람들의 슬픔으로도 향하게 되었다.

미국과 일본에서의 관심

엘리자베스 퀴블러-로스(Elisabeth Kübler-Ross, 1926~2004)가 참여한 미국 오레곤(Oregon)주에 더기센터(The Dougy Center)가 설립되면서 하나의 전환기가 마련되었다. 퀴블러-로스는 1969년에 쓴 『죽음과 죽어감(On Death and Dying)』에서 죽어가는 사람의 심리에 대해 역사에 깊이 남을 서술을 했다. 이 책은 죽어가는 사람의 마음 케어의 중요성을 인식시켰다는 점에서 세계를 놀라게 했다. 그리고 머지않아 죽어가는 사람을 보내는 사람, 사별의 슬픔에 직면하는 사람에 대한 케어가 큰 과제로 인식되기 시작했다.

퀴블러-로스는 그 후 죽음에 직면하는 아이들의 마음에도 깊은 관심을 기울였다. 죽음이 가까운 더기 투르노(Dougy Turno, 애칭 Dougy)라는 소년에게서 편지를 받은 퀴블러-로스는 소년에게 답신을 했고, 그 편지들은 나중에 『더기에게 보내는 글—죽음을 앞둔 아이에게 보내는 편지(The Dougy Letter—A Letter to a Dying Child)』라는 책으로 발간되었다. 더기를 돌봐줬던 간호사이자 퀴블러-로스의 지인인 베벌리 채펠(Beverly Chappell) 부인이 가족이나 친한 사람을 잃은 아이들의 마음 케어를 위해, 1982년에 창립한 것이 더기센터이다. 죽어가는 아이들의 마음 케어에서 사별을 경험한 아이들의 마음 케어로 관심도 점차 확대되었다.

1985년 8월, 일본에서는 일본항공(JAL) 비행기가 군마현(群馬県) 오스타카야마(御巣鷹山)에 추락하여 520명이 사망하는 사고가 발생했다. 이보다 조금 앞서서. 도쿄에서는 조치대학에서 알폰스 데켄(Alfons Deeken, 1932~2020) 신부의 강연을 계기로 '삶과 죽음을 생각하는 모임'이 시작되고 있었다(1983년). 그 모임은 상당히 빠르게 일본 각지에 퍼져갔다. 1996년 기준으로, 도쿄의 회원이 1,500명을 넘었고 전국적으로는 35곳에서 같은 모임이 열리게 되었다(アルフォンス・デーケン, 1996; 島薗進, 2008). 그곳에서는 사별 후의 비탄도 중요한 하나의 주제였다. 그 시기에 벌써 그리프

케어의 내용을 포함한 모임이 널리 이뤄졌는데, 그 시절의 일본에서는 아직 그리프 케어라는 말이 별로 사용되고 있지 않았다. 그 후 1995년에 한신·아와지 대지진(阪神·淡路大震災)이 발생하고, 많은 일본인들이 사별에 따른 비탄에 관심을 갖게 되었다.

97년에는 고베시(神戸市) 스마구(須磨区)에서 사카키바라 세이토(酒鬼薔薇聖斗)라는 14세 소년에 의한 연속아동살상사건이 일어났고, 2010년에는 오사카교육대학부속 이케다초등학교(大阪敎育大學付屬池田小學校)에서 8명의 아동이 살해당하는 사건이 발생했다. 사고나 재해, 사건으로 인한 사망자 유가족들의 비탄을 생각하지 않을 수 없는 일들이 계속 이어졌다. 또 1998년에서 2011년까지, 14년에 걸쳐 자살자가 연간 3만 명을 넘는 상황이 이어지면서, 자살유가족의 슬픔에 대해서도 많은 사람들이 이해하게 되었다.

JR후쿠치야마선 탈선사고

2005년 4월 25일 오전 9시 18분, JR후쿠치야마선(다카라즈카선)의 쓰카구치역(塚口駅)과 아마가사키역(尼崎駅) 사이에서 일어난 탈선사고는 일본에서 그리프 케어가 확산되는 커다란 계기가 되었다. 그 사고는 JR니시니혼의 쾌속열차가 급커브구간인데도 속도를 충분히 줄이지 못하면서 발생했다. 열차의 5칸이 탈선하고, 앞 2칸은 형태를 알 수 없을 정도로 파괴되었다. 107명이 사망하고, 563명의 부상자가 발생하는 대참사였다. 급커브구간에서는 시속 70㎞ 이하로 감속해야 하는데, 약 116㎞로 달리고 있었다고 한다. 운전자는 정시운행을 위해 무리한 운행이라도 하도록 관리되고 있었고, JR니시니혼 측의 책임을 묻지 않을 수 없게 되었다.

유가족의 슬픔은 깊었고 쉽게 치유될 수 있는 것이 아니었다. 그러한 이유로 그리프 케어의 역할이 커지게 되었다. 그 사고 이후, 그리프 케어에 초점을 둔 『'비탄'과 대면하고 케어하는 사회를 향해─JR니시니혼 후쿠치야마선 사고유가족의 수기와 그리프 케어(〈悲嘆〉と向き合い、ケアする社会をめざして─JR西日本福知山線事故遺族の手記とグリーフケア)』(高木慶子ほか, 2013)가 책으로 출간되었다. 다카키 요시코(高木慶子)는 대학에서 심리학을 공부하고, 오랫동안 임종 과정에 있는 사람들의 케어를 담당해온 가톨릭 수녀이다. 또 작가인 야나기다 구니오(柳田邦男)는 암연구나 죽음과 대면하는 의학, 임종의 문제나 뇌사 문제에 대한 대응과 함께 아들이 자살했을 때의 경험을 정리하여 책으로 출간했다. 그는 『희생─내 아들·뇌사의 11일(犠牲─わが息子·脳死の11日)』에서 자신에게는 둘도 없는 이를 보내야 하는 유가족의 마음을 심도있게 표현했다.

다카키 요시코는 JR후쿠치야마선 사고를 계기로 2009년에 설립된 성 토마스대학 그리프 케어 연구소의 소장을 맡았다. 이 그리프 케어 연구소는 1년 후에 조치대학으로 이관되었고, 2013년 4월에 내가 소장을 맡게 되었다. 이 책은 내가 부임하기 직전인 2013년 2월에 간행된 것이다.

신과 부처와 기도

이 책에는 15명의 유가족의 수기가 게재되어 있다. 한 남성 유가족의 수기는 '신과 부처와 기도'라는 제목으로 다음과 같이 시작된다.

저는 후쿠치야마 열차사고에서 외동딸을 잃었습니다.

그때만큼 신과 부처를 원망해본 적이 없습니다.

사고현장으로 향하는 차 안에서, 제발 무사히 살아있어 달라고 마음속으로 몇 번이나 몇 번이나 기도를 했습니다.

이틀 동안 모든 병원을 돌아다녔지만 찾을 수 없었습니다.

손자들 3명이 할아버지, 할머니, 이제 집에 가자고 부드럽게 말을 걸어주고, 애들 어미에 대한 것도 모른 채 산다(三田)의 집으로 돌아갔습니다. 마루에 담요를 깔고 손자들과 하룻밤을 지내면서, 저는 가미다나(神棚)[2]에 손을 모으고 딸이 무사하기를 계속 기도했습니다.

겨우 안치소에서 딸의 시신을 만났다. 틀림없이 딸이었다.

눈앞이 깜깜해지고 아내는 그 자리에서 관에 매달리고 울부짖고…지옥, 지옥.

저는 그때 신과 부처를 원망했습니다.

그렇게나 "무사하기를" 기도했는데,

딸은 누구보다도 상냥한 아이였는데, 왜 우리 딸이냐고…(高木慶子ほか, 2013: 67-68).

그 남성은 신과 부처를 향해 기도를 많이 했던 것 같다. 시코쿠 순례 33곳(西国巡礼三十三カ所), 시코쿠 헨로 88곳(四国遍路八十八カ所)도 순례했던 것 같다. 그런데, "신과 부처를 모르게 되었습니다"라고 쓰고 있다.

---

2) (역자 주) 집안에 신을 모시기 위해 만든 단으로, 보통 방의 높은 곳에 위치한다.

그로부터 5년이 지났지만, 지금도 "그것은 내 마음에 큰 상처로 남아 있고, 약으로도 의사로도 고칠 수 없다. 무덤까지 가져갈 수밖에 없다"라고 했다. 그런데, "이런 고통은 단지 저 하나로…라고 기도할 뿐입니다", "그러나, 이 상처는 신과 부처만이 고칠 수 있을지 모릅니다"라고도 쓰고 있다(高木慶子ほか, 2013: 68). 신앙심이 두터웠음에도 그의 신앙이 흔들리게 되는 경험이었던 것 같다. 바로 그런 이유 때문에, 새롭게 신과 부처로 마음이 향한다고 하는 심경을 말하고 있다.

인재로 인한 슬픔의 고통

그런데, 신불神佛에 대한 마음을 말하고 있는 그 남성의 마음속에는 사고를 일으킨 가해자 JR니시니혼에 대한 마음도 있지 않을까? 한신·아와지 대지진에서 많은 유가족에게로 다가갔던 다카키 요시코는 그 사고의 피해자들과 가까이하면서, '천재天災'와 '인재人災'의 차이가 비탄의 모습에도 큰 차이를 보인다는 점을 재인식하게 되었다고 말한다.

'천재'는 자연이 원인이 되어 일어나는 재해로서, 지진·해일·태풍·회오리·홍수 등으로 가해자가 보이지 않고, 신이나 부처 등에 대한 분노가 강합니다. 또 자책감이나 죄악감이 강하고 비탄도 오래 이어지는 경우가 있습니다. 한편, '인재'의 경우는 인간이 그 원인에 깊이 관련되어 있고 가해자가 명확히 존재합니다. 따라서 피해자의 분노가 강하고 병적인 비탄이 되어버리는 경우도 적지 않다는 것이 이번 사고에서도 나타났다고 생각합니다(高木慶子ほか, 2013: 121).

다카키에 따르면, 유가족들은 "이것은 사고가 아니라 사건이다…"라고 말하는 경우도 많다고 한다. 또 "가족은 JR니시니혼에게 살해당했다…"라고 말하는 유가족도 있다고 한다. 거기에는 격한 분노나 원한이 요동치고 있다. 다카키는 그것을 "폭력적이라고도 할 수 있는 감정"이라고 형용한다. 사고가 발생한 지 7년 후에, 어느 유가족의 글을 보면, 만약 가해자가 1명이고 이미 그가 죽었다면, "누구를 원망할 것도 없고, 죽은 아이의 명복을 매일 빌며, 마음 편히 일상생활을 할 수 있도록 노력했을지도 모릅니다." 그러나 지금도 JR의 열차를 볼 때마다, "가해자는 이렇게 활발하게 살고 있다. 그런데 나의 이 고통이나 슬픔은 어떻게 해줄 것인가"라고 생각하게 된다고…(高木慶子ほか, 2013: 124-125).

살아갈 의미를 모르게 되다

21세기가 되면서, 일본에서는 '그리프 케어'라는 말이 널리 알려지게 되었고, 그 계기가 된 것은 2005년 4월 JR후쿠치야마선(다카라즈카선) 탈선 사고였다. 『'비탄'과 대면하고 케어하는 사회를 향해』라는 책은 유가족의 소리를 통해 그 결의를 이해하게 해준다. 그것에는 종교적인 물음이 있다. '살아가는 의미'를 다시 물을 수밖에 없다고 말하는 사람도 있다.

18살인 딸을 잃은 한 여성은 다음과 같이 말한다.

딸을 잃고 나서, 저는 살아가는 의미를 모르게 되었습니다. '나'라기보다는 '어머니'로서 살아가는 의미가 없어진 것처럼 느껴졌습니다. '어머니로서 아이를 지킬 수 없었다. 마지막 순간에 곁에 있어 줄 수 없었다. 부모

인 우리보다 먼저 홀로 떠나게 했다.' 이런 생각들이 마음을 깊숙이 찔렀습니다. '만약, 그때 이렇게 했었더라면'이라든가, '그건 꿈이고, 연락 못해서 미안하다면서, 딸이 느닷없이 돌아오는 것은 아닐까'와 같은 생각도 하다가 현실로 돌아오고서 충격을 받았습니다. '왜 딸이 죽은 것일까, 죽어야 했던 이유가 있었을까'라는 물음의 답을 찾을 수 없어서, 속절없는 생각에 자책하고, 어머니로서 실격이고, 이러한 나는 존재할 의미가 없다고도 생각했습니다(高木慶子ほか, 2013: 30)

배려 없는 말에 다시 상처받기

익명으로 자신의 슬픔을 적은 그 여성은 친절하게 대하려는 사람들의 말에 더욱 상처를 받기도 했다. 종교적 차원이 있는 물음에 대한 사람들의 몰이해가 슬픔을 한층 더 깊게 만든 것 같다.

5년여의 세월은 저나 가족의 마음속에 여러 생각들로 북받치게 했고, 그 문제가 사회적으로 다양한 형태로 다뤄지면서, 우리 유가족들에게도 영향을 주었습니다. (중략) 주변 분들의 원조 손길은 따뜻하고 기쁘고 도움이 된 것이 더 많았지만, 때로는 속상하기도 하고 괴롭고 슬픈 생각이 들 때도 있었습니다(高木慶子ほか, 2013: 31).

친절한 마음에서 나온 말인데, 너무 속상했던 적도 있었다. "언제까지 울 거야. 그러면 죽은 사람이 좋은 세상 못 가", "어떤 앙갚음을 받는 것인지도 모르겠네요. 제사라도 올려야 해요", "그래도 당신은 나아요. 아이 형제라도 있으니까. 저 사람은 외동이어서 큰일이에요" 등……

슬퍼도 울 수가 없고, 딸이 사고를 당한 것이 어떤 앙갚음인 것 같기도 하고, 그 원인이 저 자신이라고 비난하는 것처럼 느껴져서, 어찌할 수 없는 고통이 마음 저 깊은 곳에 쌓여갔습니다. 딸은 아무도 대신할 수 없는 유일무이한 존재인데, 그래도 다른 아이가 있으니까 낫다는 말에 분노를 느꼈습니다. 죽은 딸의 존재가 상처받은 것처럼 느껴졌습니다(高木慶子 ほか, 2013: 31-32).

이 항목의 첫 부분에 피해자의 마음에는 종교적인 물음이 있다고 썼다. 그것을 헤아린 것인지, 친절한 마음을 갖고 종교적인 해석에 기반해서 위안의 말을 건넨다. 그런데 그것이 오히려 비탄에 잠긴 사람에게는 더욱 상처를 주게 되는 결과가 되는 경우가 있다. 종교심 자체가 반드시 마음을 치유하는 효과를 가져온다고 볼 수는 없다. 종교라는 치유의 힘이 반전해서, 배제하는 힘이 되고 폭력이 되어 사람의 마음을 찌르는 것일 수도 있는 것이다.

영적 케어의 지식과 경험

그 여성은 의사나 카운슬링과 함께 영적 케어의 경험을 쌓여온 종교인에게서도 도움을 받은 것 같다.

"슬프니까 울어도 돼요."라고 말씀해주신 목사님, 심신증이 있을 때, 몸 상태를 끈기있게 치료해주신 심료내과 선생님, 그리고 저의 이야기를 울면서 천천히 풀어내듯이 들어주신 카운슬링 선생님, 슬퍼서 기도를 드릴

수 없어서, "어떻게 하나님께 기도하면 좋을까요?"라고 물었을 때, "기쁨만이 아니라 슬픔도 하나님께 드릴 수 있는 감사의 기도를 드리면 됩니다"라고 말씀해주신 수녀님과의 만남, 저에게 보여준 큰 은혜에 정말 감사했습니다(高木慶子ほか, 2013: 33).

그 여성은 상담 상대로서 잘 대해줬으리라 생각되는, 그러한 이야기를 잘 들어준 사람이나 조언을 해준 사람들의 도움을 받고서 다시 일어선 것 같다. "딸은 죽었지만, 생전과 변함없이 우리 마음속에 존재합니다", "엄마로서 아이들에게 해줄 수 있는 것은 내가 생각했던 것보다 훨씬 적고, 반대로 아이들에게서 받은 것이 훨씬 더 많았다는 것도 깨닫게 되었습니다", "아이를 지키지 못했다는 자책감은 '아이를 위해서라면 모든 것을 할 수 있다고 생각했던 엄마로서의 우쭐한 생각이 아니었을까'라고 지금은 생각하고 있습니다"라고 적고 있다. 그 여성은 깊은 비탄을 경험함으로써, 더 깊은 종교적인 성찰의 차원으로 옮겨갈 수 있었다고 생각한다. "아이들의 존재 자체가 신으로부터의 위대한 선물이라고 생각해요"라고도 그녀는 적고 있다(高木慶子ほか, 2013: 33-34).

그 여성의 경우는 이전부터 기독교에 친숙하고, 그것이 비탄을 받아들이고 새롭게 다시 살아가는 데에 힘이 되었다고 볼 수 있겠다. 그런데 그 때 불교인의 말도 도움이 되었던 것 같다. "돌이켜보면, 이 세월은 사람과 사람의 관계로 치유되어온 것이라고 볼 수 있습니다. 나만의 힘으로는 견딜 수 없는 슬픔이었습니다. 승려이면서 상담종교사인 분이 '슬픔과 기쁨을 함께한다(共苦共樂)'라는 말씀을 해주셨습니다"라고도 말하고 있다(高木慶子ほか, 2013: 34).

'애도'란 무엇인가?

매년 8월 6일[3], 9일[4], 15일에는 많은 사람들이 묵도하거나 손을 모은다. 이런 것을 어떻게 말로 표현하면 좋을까?

신불神佛, 영혼의 존재를 믿는다면 기도하고 빌기도 하겠지만, 고난받은 사람, 죽은 사람을 생각하면서 신이나 부처까지 생각할 수 있을까. 그렇다면, 무엇을 향해 '손을 모으는' 것일까?

요즘 우리는 '애도한다'는 말의 의미를 다시 보려고 하는 것 같다. 애도하는 상대는 죽은 사람이고, 신이나 부처가 아니다. 그런데 손을 모으는 것은 거기에 소중한 무엇인가가 있기 때문이다. 그것을 '사자의 영'이라든가 '미타마(御靈, 영혼)'라고 부르는 사람도 있다. 그런데, '영혼'이라든가 '영', '혼'은 실감이 나지 않는다는 사람도 있다. 그렇다면, '사자를 애도하다'라고 해도 지장은 없을 것이다. 왜냐하면, 거기에는 소중한 것이 있기 때문이다.

타자는 어떻게 '애도'할까. 많은 현대 일본인들은 이러한 물음을 스스로 던지고 있는 것 같다.

〈스틸 라이프〉와 그 전후로 〈애도하는 사람(悼む人)〉(쓰쓰미 유키히코(堤幸彦) 감독, 2015년)이라는 영화를 봤다. 이 영화는 텐도 아라타(天童荒太)의 소설 『애도하는 사람(悼む人)』을 바탕으로 한 작품이다. 이 작품은 바로 '애도하다'는 것의 의미를 독자나 관객에게 묻는 내용이다.

텐도가 이 소설을 쓰게 된 계기는 2001년 9월 11일, 미국의 동시다발

---

3) (역자 주) 히로시마 원폭일.
4) (역자 주) 나가사키 원폭일.

테러사건, 그리고 그에 대한 보복공격으로 많은 사망자가 나왔던 사건이라고 한다. 그러한 사자를 단순히 잊어버리는 우리는 누구이며, 그러한 우리의 모습을 넘어갈 수 있을까, 이런 물음이 그 출발점에 있다.

『애도하는 사람』의 애도 방법

주인공 사카쓰키 시즈토(坂築静人)는 '아무런 잘못도 없는데 살해당한 사람, 생각지도 못한 화재나 지진 등의 재해로 죽은 사람, 타인의 과실로 인한 사고로 목숨을 잃은 사람'(天童荒太, 2009: 9)에 대해 알기 위해 찾아다니고, 혼자서 그 사람을 애도하는 나름의 의식을 행한다. 30세인 그는 방황하듯이 불우한 사망자가 있는 각 지역을 찾아가서 그곳에서 자신만의 '애도'의례를 한다.

아무래도 사람인 것 같은 그림자가 왼쪽 무릎을 바닥에 붙였습니다. 그다음 오른손을 머리 위로 들고 공중에 떠도는 무엇인가를 잡는 것처럼 움직여 자신의 가슴으로 가져옵니다. 왼손을 바닥에 닿을 정도로 내려놓고서, 땅의 숨결을 건져 올리듯이 하고 가슴으로 가져옵니다. 그리고 오른손 위에 포겠습니다. 옆얼굴이 보이는 곳으로 돌아서 들어가면, 그 사람은 눈을 감고 무언가를 외고 있는지 입술이 움직이고 있습니다(天童荒太, 2011: 上12).

무엇을 하고 있냐고 물었더니, "애도를 표하고 있습니다"라고 답한다(天童荒太, 2011: 上13). "그/그녀가 누구를 사랑하고 누구에게 사랑을 받고 어떤 일로 감사를 받은 일이 있었는지"를 적고 가슴에 새긴다. 그리고 "그 모습이야말로 기억해두겠습니다"라고 약속한다(天童荒太, 2009: 9-10). 가까운 사람의 '명복을 빈다'는 것과 달리, 멀리서나마 가엾은 타자를 '애도하는' 것이다. 원폭 사망자에 대한 마음에도, 동일본 대지진의 사망자에 대한 마음에도 통한다. 제2차 세계대전 이후의 세계, 아우슈비츠나 원폭 이후의 세계를 살아가는 우리가 '애도하는' 것, '손을 모으는' 것에는 이러한 위상이 자리잡고 있다.

애도하는 일에 고집하는 이유

그러면, 왜 시즈토는 이러한 의례를 계속하는 길에 나서게 되었을까. 『애도하는 사람』의 제5장에서 어머니 준코(巡子)는 그에 관한 몇 가지 경험에 대해 말한다. 가장 심한 경험은 아버지 다카히코(鷹彦)와 그의 아버지, 즉 시즈토의 조부에 관한 일일 것이다.

시즈토의 조부는 1945년 8월 6일, 에히메현(愛媛縣) 이마바리(今治)에서 공습을 당했다. 450명이 넘는 사람이 사망했다고 한다. 히로시마에 원자폭탄이 떨어진 날의 기억은 자주 떠오르지만, 이마바리의 그 공습을 기억하는 사람은 적다. 다카히코의 2살 위인 당시 5살 형은 이마바리 공습으로 중상을 입고 얼마 지나지 않아 죽었다. 다카히코의 아버지는 교사였다. 공장에 동원되었던 많은 여학생들이 그곳에서 죽었다. 다카히코의 아버지는 군무로 외출 중이었기 때문에 그 자리에 없었다. 나중에 그 사실을 알고서 그는 상당한 죄의식을 안고 있었다고 한다. 그러한 아버지의 슬픔을 작은 몸으로 받아들일 수밖에 없었는지, 3살 다카히코는 말을 하지 않는 아이가 되어버렸다. 그리고 어른이 되어서도 대인공포증이 남아 있었다.

다카히코와 결혼한 준코 자신도 힘든 사별의 경험을 갖고 있었다. 오빠인 쓰기오(継郎)는 16세 때 백혈병으로 죽었다. 쓰기오는 "자신의 생명을 질병에 시달리던 준코를 위해 써달라고 신에게 부탁을 했다"고 한다.

> 마치 부탁을 들어준 것처럼, 쓰기오는 백혈병으로 쓰러졌고 준코는 건강해졌다. 죽기 직전에 쓰기오는 이것은 기도 때문이 아니니까 신경 쓰지 말라고 준코에게 말하고, 그래도 만약 준코와 그녀의 아이에게 자신의 생명의 시간을 줄 수 있다면, 그것도 괜찮지 라는 말을 남기고 숨을 거뒀다 (天童荒太, 2011: 上232).

준코는 그것을 긍정적으로 받아들이려고 했지만, 그 일은 여전히 자책감으로 남아 있다. 시즈토가 초등학교 3학년 때, 다카히코의 아버지는 8월 6일, 위령모임 뒤에 1박을 하겠다고 말하고서 집을 나섰다. 모임 후에 그는 바다를 보러 간다고 나간 채 호텔로 돌아오지 않았다. 그리고 다음 날 새벽, 그는 해변에 떠밀려온 시신으로 발견되었다. '애도하는 사람'은 이러한 잊혀 가는, 무참한 죽음의 기억을 스스로 '받아서', 아픔을 짊어지는 것이다. 그리고 그것을 잊으면 안 된다고 '받아 들이'려고 하는 것이다.

변사자 위령 · 공양의 계보

『애도하는 사람』의 주인공, 사카쓰키 시즈토가 무언가에 홀린 것처럼 반복하는 '애도하는' 행위는 어찌 보면 일본인에게는 익숙한 것이다.

무참한 죽임을 당하거나 버림받아 죽어갔거나 억울한 마음을 남기고 죽어간 사람을 위령·추도하는 것은 일본인에게 친숙한 행위이다. 정적에 쫓겨나 억울하게 죽임을 당한 인물이 앙갚음하고, 후에 신령으로 모셔져 구제의 신이 된다는 고료신앙(御靈信仰)은 천신신앙天神信仰을 포함해서 적지 않다.

전쟁에서 죽은 자에 대해서는 적과 아군을 불문하고 공양하는데, 여기에는 앙갚음을 두려워하는 마음도 포함되어 있다. '원친평등怨親平等'은 적과 아군을 차별하지 않고 은혜와 원수를 초월하여 평등하게 해탈이나 극락왕생을 기원하는 불교사상이지만, 이것은 죽임을 당한 자의 원한을 앞에 두고서 공양을 올리지 않으면 안 된다는 생각에 근거한 것이다. 13세기에 습격해온 몽골병사를 위령하는 시설도 각지에 설치되어 있다.

묘지에 가 보면 오래되고 갈 곳 없는 묘석이 쌓여있는데, 무연불無緣佛의 죽음을 상징하는 것으로 되어있다. 고미소(ゴミソ), 가미사마(カミサマ), 유타(ユタ), 이나리행자(稻荷行者) 등으로 불리는 각지의 샤먼은 불행한 죽임을 당한 영혼을 위로하는 의례를 행하고, 그렇게 함으로써 산 자가 평온히 세상을 살아가기를 빈다. 근대 법화계 불교단체에서는 선조先祖공양에 힘을 쓰고 있는데, 그 '선조'로는 모셔지지 않는 사람들까지 포함하여, '삼계만영三界萬靈'에 대한 공양이라는 성격도 갖고 있다. 1970년경부터 퍼진 미즈코공양(水子供養)은 현대의 원령공양怨靈供養의 새로운 형태라고 볼 수 있겠다.

제2차 세계대전에서 돌아가신 분들에 대한 위령이나 공양은 현대 일본의 종교문화에서 큰 부분을 형성하고 있다(제7장). 야스쿠니신사(靖国神社), 고코쿠신사(護国神社), 치도리가후치(千鳥ヶ淵) 전몰자 묘역이나 오키나와 마부니(沖縄摩文仁) 평화기념공원, 원폭위령 시설, 각지의 충령탑이나 전사자 위령비 등 그리고 대재해 피해자를 위한 기도의 장소, 가깝게는 한신·아와지 대지진이나 동일본 대지진 희생자를 위한 위령·공양의 장소를 생각할 수 있겠다.

아다시노 넨부쓰지와 미즈코공양

미즈코공양이 그 이름으로 알려진 것은 1970년 경부터이지만, 유산·사산한 태아나 죽은 아기를 위한 기도가 그 시기에 새롭게 시작된 것은 아니다. 예를 들면, 교토시 우교구(京都市 右京区)에 있는 아다시노 넨부쓰지(化野念仏寺)의 미즈코공양에 대해 『슈칸여성(週刊女性)』(1980년 12월 23일 호)에서는 다음과 같이 전하고 있다.

> 1970년 4월, 홋카이도(北海道) 아사히카와(旭川)에서 찾아온 노부부의 발원으로 미즈코지장을 모시고, 1970년 불당을 건립하면서부터 시작되었다. 구루메(久留米), 나고야(名古屋), 시코쿠(四国) 등 그 절에 속한 지역의 10곳에서 미즈코공양이 이뤄졌다. 메이지(明治) 중기에 나카야마 쓰유(中山通幽)가 아다시노에 흩어져있던 석탑들도 함께 경내에 모았던 것이 어느 사이엔가 사이노카와라(西院の河原)라고 불렸고, 8월의 지조본(地蔵盆)에 만등회萬燈會가 열리게 되었다. 6월 24일에는 미즈코공양을 하는 것으로 되어있다(森栗茂, 1995: 108).

아다시노는 예로부터 장송이 이뤄지던 땅이다. 처음에는 시신을 방치만 했었는데, 나중에 매장이 이뤄지고, 사람들이 석불을 모시면서 영원한 이별을 슬퍼하는 장소가 되었다. 그곳에 구카이(空海)가 고치잔(五智山) 뇨라이지(如来寺)를 개창하였고, 그 후 호넨(法然)의 상념불도량常念佛道場이 되었다고 한다. 현재는 정토종 가사이잔(華西山) 도젠인(東漸院) 넨부쓰지(念仏寺)가 되었다. 경내에는 많은 석불과 석탑이 있는데, 예전에 아다시노 일대에 매장되어 있던 사자들을 위해 세워진 것들이다. 몇백 년이라는 세월이 지나면서 무연불이 되었고, 아다시노의 산야에 흩어지고 매몰된 것이다.

이러한 석불과 석탑들을 모아, 1903년, 4년경에 나카야마 쓰유(1862~1936, 다다 쓰유(多田通幽)라고도 함)가 새로운 공양 장소를 마련했다. 오카야마현(岡山県) 다카하시(高梁)에서 태어난 그는 구도의 마음이 강했다. 도잔파(当山派)에서 슈겐도(修験道)를 배웠고, 이노우에 엔료(井上円了)의 철학관(哲学館, 현재의 도요대학(東洋大学))에서 수학하였으며, 간사이 철학관(関西哲学館)을 열기도 했다. 그 후 무연불이나 동물에 대한 공양에 힘써, 1895년에 오사카에 무엔호케이코(無縁法界講), 1908년에는 후쿠덴카이(福田海)라는 종교단체를 설립했다. 이들 단체는 무연불의 공양과 무연묘를 모아 제단을 만들어 안치했다. 그리고 천등공양千燈供養(많은 등불을 켜서 사자의 명복을 기도하는 의례)으로 극진히 애도하고, 더나아가 묘상墓相을 연구해 좋은 묘를 널리 알리는 활동을 전개했다. 쓰유가 모은 무연묘는 20만기가 넘는다고 한다. 종교단체인 후쿠덴카이는 현재도 있으며 오카야마현에 본부를 두고 있다.

미즈코공양 배후의 비탄

『슈칸여성』의 기사에서는 현재의 아다시노 넨부쓰지의 광경을 다음과 같이 묘사하고 있다.

책자에는 "죽림과 다몬헤이(多門塀)를 배경으로, 초가의 작은 불당에는 이 세상의 빛은 물론 어머니 얼굴조차 보지 못한 채 이슬로 사라진 '미즈코'의 영혼을 공양하는 미즈코지장존이 있고, 매월 지장재일에는 본당에 미즈코지장화상을 모십니다. 무사히 아이의 성장과 안산을 빌고, 또 의도치 않게 미즈코를 보낸 사람들의 참배가 이뤄집니다"라고 쓰여있다. 경목료經木料 1,000엔, 연등 봉납료 3,000엔, 미즈코부채공양 1,000엔, 연등 공양자 성별을 보면, 30건 중에 여성 13명, 남녀 15쌍, 남성 1명, 의료법인 1곳이다. 매월 참배하는 50세 이상의 여성이 많고, 젊은 사람은 관광을 겸해서 들르는 경우가 많다고 한다. 여성 또는 남녀의 여정이 포함되는 것으로 공양이 이뤄지고 있다(森栗茂, 1995: 108).

오사카부(大阪府) 미노오시(箕面市) 가쓰오지(勝尾寺)는 사이고쿠 33곳(西国 三十三所) 중의 한 곳으로, 전쟁 후 미즈코관음이라고 불리게 되었다고 한다. 모리쿠리 시게카즈(森栗茂一)의 『신기한 골짜기의 아이들(不思議谷の子供たち)』에는 다음과 같이 소개되어 있다.

왼손에 아기를 안고 발밑에는 2명의 아이가 매달려 있는 미즈코관음상이 있다. 그곳에는 장난감과 종이학이 바쳐져 있다. 원래는 자모관음慈母観音이었지만, 1945년 11월 3일에 누군가가 미즈코공양을 시작하면서 입소문으로 참배하는 사람도 늘어나, 지금은 미즈코관음으로 불리게 되었다고 한다. 또 주지스님의 부인이 유산할 뻔했는데, 무사히 출산할 수 있게 되면서부터라고도 한다. 1970년 오사카 만국박람회가 개최되던 해에 교통도로가 생기면서 참배자가 늘었고, 각자 성의로 준비했던 공양료는 1975년에 통일하여 현재에 이르게 되었다(森栗茂一, 1995: 114).

낙태와 마비키에 대한 죄의식과 비탄

미즈코에 대한 죄의식은 결코 새로운 것이 아니다. 모리쿠리는 이하라 사이카쿠(井原西鶴)의『호색일대녀好色一代女』(권6)「매춘부의 소리(夜発の付声)」가운데 한 절節을 다음과 같이 인용하고 있다.

> 일생 중에 이리저리 즐겼던 생활을 생각해내고 관념의 창문을 통해 들여다보면, 연잎 갓을 쓴 것 같은 아이의 모습, 허리 아래로는 피가 묻어 있고, 95, 6명 정도가 나란히 서서 끊임없는 소리로 "업어줘, 업어줘"라고 말하며 운다. '이것이 전해지는 우부메(うぶめ)인가'하고 잘 봤더니, 각자가 "미운 어머님"이라고 말한다. '그러고 보니, 옛날에 낙태한 아기인가'란 생각에 슬프다(森栗茂一, 1995: 30).

"업어줘, 업어줘"라고 울부짖는 아이의 모습이 떠오른다. 모리쿠리는 '연잎 갓'이 포의를 나타낸다고 보고 있다. 또 '우부메'는 죽은 임산부(태아를 살리려다 죽게 되고 앙갚음을 하게 된 산모)를 보통 가리키는데, 여기에서는 낙태된 부모 없는 아이를 의미하는 것으로 해석하고 있다. 모리쿠리는 야나기타 구니오(柳田國男)의「고향 70년故郷七十年」에서, 소년시대의 야나기타가 이바라키현(茨城県) 도네가와정(利根川町) 후카와(布川)의 지장당에서 본 '고가에시 에마(子がえしの絵馬)'에 대한 서술도 인용하고 있다.

그 그림의 내용은 산후의 여인이 머리띠를 하고, 방금 태어난 영아를 꽉 누르고 있는 비참한 모습이다. 장지문에 그 여자의 그림자가 비치는데 거기에는 뿔이 솟아 있다. 그 곁에 지장보살이 서서 눈물을 흘리고 있는 그 의미를, 나는 어린 마음에 이해하고서 마음이 서늘했던 기억이 있다 (森栗茂一, 1995: 26-27).

'고가에시'라는 것은 태어났어야 할 아이를 태어나기 전의 상태로 되돌려서 다시 태어나게 한다는 사죄의 마음이 섞인 표현이라고 할 수 있겠다. '에마'의 제작과 봉납에는 승려들이 타이른 영향도 있을 수 있으며, 죄의 의식과 슬픔의 심정이 배후에 숨어 있다고 봐도 좋을 것이다.

주인공 시즈토에게 '애도'란?

지금까지 일본에서의 변사자에 대한 위령·공양이라는 문화전통의 흐름을 다시 살펴본 것은 『애도하는 사람』의 '애도' 행위가 일본의 위령이나 공양의 전통에서 무엇을 이어받고 또 어떤 점에서 새로운 것인지 확인하기 위해서이다.

『애도하는 사람』에서 '애도하는' 사람은 어떤 사람들일까. 우선 비명에 죽어 잊힌 자, 잊히게 될 비명에 죽은 자를 고집한다는 것이 하나의 특징이다. 사가쓰키 시즈토가 애도 대상으로 하는 것은 신문기사의 구석에 실린 사자들이다. 신문기사에 실렸으니 궁금하기는 하다. 즉, '비정상'인 죽음, 무참하고 억울한 죽음인데, 많은 사람들이 계속해서 관심을 갖지는 않는다. 금방 잊히게 되는 개별적인 사건의 희생자들이다. 시즈토는 한 명 한

명에 대해 자신만의 고유한 방법으로 애도하고 싶었다.

또 하나의 특징은 '애도'라는 말의 의미와 밀접한 관련이 있다. '기도'한다는 것이 아니다. 그는 대학 졸업 후, 의료기기회사에 다니면서 무명의 사자들에 대한 망각에 마음이 아팠다. 그리고 신문기사에서 찾은 사고·사건 희생자들의 연고가 있는 장소를 찾아가는 행위를 시작하게 되었고, 이윽고 직장을 그만두고 '애도' 순례의 길에 나서는 생활을 하게 되었다.

직장을 다니면서 '애도' 행위를 시작했을 때, 어머니 준코는 "타인의 죽음을 찾아다니면서 무슨 위안이 되느냐, 어떤 의미가 있는가"하고 시즈토에게 따졌다.

'애도'란 어떤 것인가?

> 시즈토는 괴로운 표정으로 고개를 가로저었다. 왜 그렇게 하는지 자신도 설명할 수 없는 모양이었다. [(시마조노 주) 여동생인] 미시오(美汐)가 속을 끓이며 "설마 일본의 모든 사람의 죽음을 기도하며 다닐 생각은 아니죠?"라고 말했다. "기도라니 주제넘게…"라고 시즈토는 답했다. 자신에게는 기도할 자격도 권리도 없지만, 사람이 죽은 장소를 걸어보니 알게 되었다고 한다. "그럼 뭘 하는 거야?"라고 미시오가 물었다. "'기억하고 있을 수는 없을까'라고 생각하고 있어. '어떻게든 계속 기억할 수는 없을까'라고…"(天童荒太, 2011: 上250).

'애도'한다는 것은 '기도'와 다르다. 거기에는 죄악감이 관여되어 있다. 아버지인 다카히코(鷹彦)도 시즈토 본인도 죽어가는 타자에게 아무것도 하지 못하고, 살아남게 된 자신을 자책할 수밖에 없다는 것에 괴로워하고 있었다. 죄악감은 있지만, 그것을 '기도'하는 것으로 위로할 수는 없다고 느끼고 있다.

이해력이 뛰어난 어머니 준코의 물음을 받고, 이윽고 시즈토는 '애도'라는 말이 생각났다.

> 사람이 죽은 장소를 찾아가 고인에 대한 생각을 하는 행위를 시즈토는 처음으로 '애도한다'라고 표현했다. 말의 의미를 묻자, 명복을 비는 것이 아니라 사자를 기억하려는 마음의 움직임이기 때문에, 기도보다 '애도'라는 말이 적절한 것 같다고 나지막하게 소곤거리듯이 답했다(天童荒太, 2011: 上255).

'기도'는 응답하는 존재가 전제되어 있다. 그러나 시즈토는 악을 경험하면서 응답이 없다는 것에 괴로워하고 있다. "악은 어디에서 오는 것일까", "어떻게 하면 악을 극복할 수 있을까"―전통적인 종교는 답을 가지고 있다. 그 답에 따라 '악에 대처하는 기도'가 있다. 그런데, 이제 그 답을 받아들일 수 없는 사람들이 많다. 아니 신자여도 전통적인 답으로는 충분하지 않다고 느끼고 있을 때가 많다.

억울한 죽음 · 내버려진 죽음

텐도 아라타의 소설 『애도하는 사람』과 그것을 바탕으로 한 영화작품은 무참한 죽음, 억울한 죽음과 어떻게 마주하고 있는가 하는 물음을 주제로 하고 있다는 것을 살펴봤다. 동일본 대지진 이후에 그 작품을 보면, 작가가 시대의 심층을 잘 통찰하고 있다는 것을 알 수 있다. 영화 〈굿 바이〉나 〈스틸 라이프〉에서도 아무도 보살펴주지 않는 가운데 떠난 자, 내버려져 죽어가는 사자에 주목하고 있다. 이것은 최근에 '고독사'라고 하는 것과 관련이 있다. 앞에서도 언급했지만, 2018년 1월, 영국에서 고독부 장관이라는 자리가 만들어진 것도 생각난다.

그런데, 무참한 죽음, 억울한 죽음 혹은 내버려진 사자라면, 꼭 새로운 것도 아니다. 제2차 세계대전에서 많은 사람들이 죽었고, 그것은 지금도 우리에게 무거운 물음을 던지고 있다. 전쟁 중에 해외에서 목숨을 잃은 많은 병사들, 원폭이나 공습, 오키나와 싸움에서 돌아가신 분들, 또 일본군에 의해 살해당한 사람들을 쉽게 잊을 수는 없는 일이며, 또 잊어서는 안 된다고 많은 사람들이 생각하고 있다.

전쟁사망자를 위한 종교적 추도행사도 많이 이뤄지고 있다. 8월 6일, 9일, 15일을 전후하여 진행되는 추도행사는 여전히 많은 국민이 중요하다고 생각하고 있다. 이 70년 사이에 전국적으로 이뤄진 전쟁사망자를 위한 위령·추도의 비석 숫자만도 상당히 많다. 이것에 대해서는 『근현대의 전쟁에 관한 기념비―「비문헌의 기초연구」보고서(近現代の戦争に関する記念碑―「非文献資料の基礎的研究」報告書)』(国立歴史民俗博物館, 2003)에서 그 전모를 파악할 수 있을 것이다. 제8장에서 자세히 언급하겠지만, 마을 여성들이 진행해오던 어영가강御詠歌講이 전쟁 후에 전통불교 교단으로 계승되고 왕성하게 이뤄지게 된 것도 전사자의 위령·추도라는 동기가 크게 관여하고 있기 때문일 것이다.

그런데, 동일본 대지진 후에 무참한 죽음, 억울한 죽음 혹은 내버려져 이 세상을 떠난 사자가 생각날 때, 거기에 새로운 양상이 더해져 있다는 것을 알아차릴 수 있을 것이다. 예를 들면, '그리프 케어'에 대한 관심이 높아지고 있다는 것이다.

공인되지 못한 비탄

'그리프 케어'라는 말이 알려지게 된 약 30년 전에, 미즈코공양에 대한 움직임이 시작되고 있었다는 것은 흥미롭다. 이것은 일본의 종교문화에는 익숙한 '내버려진 사자'를 애도하는 새로운 의례라고 볼 수 있다. 무연불을 공양하는 신앙은 예전부터 진행되던 것이지만, 메이지 시대에 아다시노 넨부쓰지에서 나카야마 쓰유가 새로운 무연불공양 활동을 전개하였고, 그것이 1970년경 이후의 미즈코공양으로 왕성하게 이어지고 있다. 텐도 아라타가 『애도하는 사람』에서 묘사한 사자들 가운데도 '내버려진 사자들'이 많다.

이 '내버려진 사자들'을 애도하고 명복을 비는 쪽에 초점을 맞추면, 그것은 '남몰래 애도하고 명복을 비는 사람들'이 될 것이다. '남몰래 애도하고 명복을 비는 사람들'은 옛날부터 있었을지도 모른다. 그런데 그것에서 현대적인 양상을 볼 수도 있다. '남몰래 애도하고 명복을 비는 사람'은 비탄을 고독한 마음속에 품고 있는 사람들이다. 비탄을 타자와 함께 나누는 데에 매우 어려워하는 사람들이다. 이러한 사람들이 늘어나고 있다. 그리고 비탄을 안고 있는 많은 사람들에게 '남몰래 애도하고 명복을 비는 사람들'의 비탄이 가깝게 느껴지게 되었다.

그리프 케어 영역에서 이렇게 '남몰래 애도하고 명복을 비는 사람들'이 주목받고, '공인되지 않은 비탄(disenfranchised grief)'이라는 말이 사용되고 있다. 1989년에 케네스 도카(Kenneth Doka)가 제시한 이 개념은(坂口幸弘, 2010: 5-6), 사회적으로 정당성이 인정되지 않는 비탄을 가리킨다. 예를 들면, 숨은 가족(동성애 커플의 상대)이나 애인(불륜 상대), 친구의 죽음, 낙태나 유산, 어린아이의 죽음, 자살이나 에이즈 환자의 죽음 등을 겪는 경우이다. '공인되지 않은 비탄'은 스스로 가슴속에 깊이 넣어버리기 때문에, 타자와 나눌 기회 또한 거의 없거나 적다. 그것이 살아남은 사람을 고립시키고 심한 비탄에 빠지고 치유받지 못하는 것으로 만들어버린다. 상실로 인한 타격에서 빠져나가기 힘든 비탄을 '복잡성 비탄'이라고 부르고 일반적인 비탄과 구별하기도 한다. '공인되지 않은 비탄'은 이러한 '복잡성 비탄'이 되기 쉽다.

비탄을 함께 나누는 장과 관계를 모색하며

그런데, 현대사회에서는 비탄을 안고 있는 사람이 고립되기 쉽고 타자와 비탄을 나눌 기회를 얻기도 쉽지 않다. 많은 비탄이 마치 '공인되지 않은 비탄'인 것처럼 느끼게 되어버린다. 다시 말해서, '함께 비탄을 산다'는 것에 대한 실감이 거의 없다는 것이다. 미즈코공양을 하는 사람들은 마치 숨듯이 참배를 하러 간다. 이것은 바로 '공인되지 않은 비탄'을 거치기 위한 행동이다. 한편, 『애도하는 사람』에서 등장하는 인물들은 각자의 사정으로 비탄을 공인되지 않은 것으로 받아들일 수밖에 없는 사람들이다.

비탄의 중심에 있는 사람들은 예전에는 가족이나 친척, 혹은 지역사회 등 공동성 안에 있었다. 심한 상실을 경험하는 사람들은 '비탄을 함께 살아가는' 사람들의 실재를 느끼면서 외로움이나 고통을 보내는 경우가 많았다. 많은 사람들은 성장 과정에서 비탄을 안고 있는 사람들과 함께 비탄을 나누는 행사에 참여하고 그것을 지키는 경험을 갖고 있었다. 그런데 현대 사회에서는 그러한 공동성이 적어지거나 희미해지고 있다. 그래서 타자의 지원이 이뤄지는 가운데 비탄을 나누는 장이나 관계가 요구되고 있다.

2011년 동일본 대지진은 그것을 알기 쉽게 보여주는 기회가 되었다. 1995년 한신·아와지 대지진에서는 정신과 의사나 임상심리사의 '마음의 케어'가 주목받았다. 그런데 또 한편으로는 자원봉사자들의 다가서는 지원활동이 확산되고 있었다. 이번 장의 앞부분에서 언급했던 것처럼, 그 후에 각 지역의 지진이나 사고·사건 등을 통해 다가가는 형태의 지원활동에 대한 의의가 인식되기 시작했다. 그것은 고독 속에 갇히기 쉬운 비탄을 나누는 새로운 장이나 관계가 모색되는 과정이었다.

그리프 케어가 목표로 하는 것은 개개인의 비탄에 대한 정신의학적·심리학적인 케어임과 동시에 이러한 새로운 장이나 관계의 구축이기도 하다. 일본 사회는 더욱 고립화가 진행되고 있다. 고령자만이 아니다. 히키코모리(은둔형 외톨이)인 사람, 학대받는 아이들, 가정을 따뜻한 환경으로 만들 수 없는 부모들, 자살을 생각하는 사람들, 우울증으로 힘들어하는 사람들 등 서로 공감하는 관계를 모색할 수 없는 사람들이 많다. 비탄으로 괴로워하는 자와 다가가서 타자를 지원하고자 하는 사람들이 서로 겹쳐있다. 그것에서 생기는 장이나 관계는 효율성이나 대가의 제공에 매인 평소의 사회생활에서는 배제되기 쉬운 것들이다. 그리프 케어는 이러한 사회의 모습을 다시 묻는 움직임이기도 하다.

참고문헌

ジークムント・フロイト，「悲哀とメランコリー」("Trauer und Melancholie,"
    1917)，『フロイト著作集』6，井村恒郎・小此木啓吾他訳，人文書院，
    1970.

エリザベス・キューブラー・ロス，『死ぬ瞬間—死にゆく人々との対話』，川口
    正吉訳，読売新聞社，1971(On Death and Dying, 1969)

エリザベス・キューブラー＝ロス，『ダギーへの手紙—死と孤独，小児ガンに
    立ち向かった子どもへ』(アグネス・チャン訳)，佼成出版社，一九九
    八(A Letter to a Child with Cancer, 1979)

アルフォンス・デーケン，『死とどう向き合うか』，日本放送出版協会，1996.

島薗進，「死生学とは何か—日本での形成過程を顧みて」，島薗進・竹内整一
    編，『死生学[1] 死生学とは何か』，東京大学出版会，2008.

高木慶子・上智大学グリーフケア研究所・柳田邦男編著，『〈悲嘆〉と向き合
    い，ケアする社会をめざして—JR西日本福知山線事故遺族の手記と
    グリーフケア』，平凡社，2013.

柳田邦男，『犠牲(サクリファイス)—わが息子・脳死の11日』，文藝春秋，1995.

天童荒太，『悼む人』，文藝春秋，2008(文春文庫，全二冊，2011)

天童荒太，『静人日記—悼む人Ⅱ』，文藝春秋，2009(文春文庫，2012)

森栗茂一，『不思議谷の子供たち』，新人物往来社，1995.

柳田國男，「故郷七十年」，『柳田國男』，ちくま日本文学，2008.

国立歴史民俗博物館編，『近現代の戦争に関する記念碑—「非文献資料の基礎
    的研究」報告書』(『国立歴史民俗博物館研究報告102号』)，2003.

坂口幸弘，『悲嘆学入門—死別の悲しみを学ぶ』，昭和堂，2010.

제2장 그리프 케어와 종교의 역할

재해지원과 승려의 활동

앞 장에서 언급했듯이, 1995년의 한신·아와지 대지진의 피해자 지원에서는 '마음의 케어'라는 말이 널리 사용되었고, '그리프 케어'라는 말을 들었던 사람은 별로 없었을 것이다. 당시 불교계의 지원활동은 주목을 덜 받고 있었다.

'마음의 케어'라고 하면 정신과 의사나 임상심리사를 떠올리게 된다. 그에 비해 '그리프 케어'라고 하면 종교와 관련 있다는 뉘앙스가 강하다. 2005년의 JR후쿠치야마선(다카라즈카선) 탈선사고에서는 '그리프 케어'가 주목받았다. 제1장에서는 『'비탄'과 대면하고 케어하는 사회를 향해』라는 책에 수록된 유가족의 수기를 통해, 종교적인 요소가 포함된 케어, 즉 영적 케어가 요구되는 경향이 있었다는 점을 언급했다.

한신·아와지 대지진에서는 불교계의 지원활동이 주목받을 기회가 적었다고 했지만, 그들의 활동이 없었던 것은 아니다. 종교사회학자 미키 히즈루(三木英)는 『종교와 지진재해-한신·아와지, 동일본의 그 후(宗教

と震災-阪神・淡路、東日本のそれから)』에서 고야산 진언종 청년교사회 高野山真言宗青年教師会가 실시한 '지진재해기념 순례'에 대해 언급하고 있다. 그것은 지진재해 7주기(2001년), 13주기(2007년). 17주기(2011년)에 진행된 것이다.

고야산 안쪽에 있는 등롱당燈籠堂의 '빈자의 한 등'(貧者の一灯), 그것을 피해 재난지역의 지진재난 기념탑 앞에서 들고 희생자의 명복을 빈다는 것이 내용이다. '빈자의 한 등'이란 가난한 여성이 스스로 머리카락을 판 돈으로 기름을 사서 속죄를 위해 바쳤다고 하는 이야기의 전승이다. 마음을 담은 행위의 존엄함을 나타내는 것으로서, 재해 지역에서 발휘되는 자원봉사 정신과도 통하는 것으로 해석된다(三木英, 2015: 144).

지진재난 기념탑 순례

미키는 2001년의 기획에 대해, "종교인이라야 가능한 대응이며, 승려의 진지함을 그곳에서 느낄 수 있다"고 언급하면서 그 내용을 소개하고 있다.

그해 1월 10일에 분등된 '빈자의 한 등'은 고베시(神戸市) 히가기나다구 (東灘区)의 사원을 경유하여, 동월 15일에 고베시 히가시유원지(東遊園 地) '1.17 희망의 등'까지 모든 거리에서 도보로 옮겨졌고, '희망의 등' 앞에서 12개의 등으로 나눠 옮겼다. 그것을 각 그룹이 피해재난 지역까지 차로 옮기고, (그 시점에서 존재가 확인되어 있던) 120기 지진재난 기념탑에 바치면서 희생자의 명복을 빌었다(三木英, 2015: 144).

많은 신자들이 그 순례에 감사하며 환영했을 것이다. "법요에 참가하여 스님과 함께 기도를 드린 사람도 적지 않았고, 행사장에서 종교인을 보고 함께 기도한 일반 참가자들도 있었을 것이다"(三木英, 2015: 145). 확실하게 불교가 종교적인 케어에 관여한 의미 깊은 기획이었다.

미키는 또 다음과 같이 덧붙이고 있다. "그런데 그것에서 종교인과 신자가 아닌 '구' 재난피해자들과의 연대를 찾아내기는 어려웠다"(三木英, 2015: 144). 이러한 점은 불교 승려가 그리프 케어에 공헌했다고 해도, 전통적인 의례의 실시에 역점을 두었다는 것을 시사한다. 한신·아와지 대지진에서는 불교 승려의 의례가 재난피해 주민과의 케어 형태로 눈에 띄게 이뤄지지는 않았던 것으로 보인다.

그 후의 재해지원과 동행

그런데, 그 후 상황이 변했다. 앞장에서 제시된 것처럼, 2005년 JR후쿠치야마선(타카라즈카선) 탈선사고에서는 다카키 요시코 수녀가 그리프 케어에 큰 역할을 다했다. 『'비탄'과 대면하고 케어하는 사회를 향해』에서는 불교 승려가 케어에 관여했다는 내용이 조금 보이고, 같은 시기에 불교 승려의 그리프 케어나 곤궁자 지원 활동도 다양하게 이뤄지기 시작했다.

1975년에 발족된 전국 조동종曹洞宗 청년회는 18세부터 42세까지 약 3,000명의 회원이 활동하는 조직이다. 이 청년회가 재해 봉사에 관여하기 시작한 것은 한신·아와지 대지진 이후의 일이다. 1995년까지는 그러한 활동에 익숙하지 않았지만, 그 후 2004년 10월 23일 니가타현(新潟県) 주에쓰(中越) 지진, 2007년 3월 25일 노토반도(能登半島) 지진 등에서 적극적으로 활동하며 경험을 쌓아갔다.

노토반도 지진에서 조동종 청년회 멤버들이 행한 지원 활동은 조동동 시즈오카현(静岡県) 제1종무소 청년회 홈페이지에 게재된 홍보지『완보緩歩』3호의 기사를 통해 알 수 있다. 내용은 4월 초에 대본산 소지사조원(總持寺祖院)이 있는 와지마시(輪島市) 몬젠초(門前町)의 재난피해자에 대한 지원 활동이다. "이번에는 주로 간식 제공 봉사를 했습니다"라고 하고 있는데, '간식 제공'이라는 것은 '따뜻한 차와 과자를 먹으면서 마음을 다스리고 천천히 이야기를 나누는 것'이다. 그렇게 하면서 마음의 케어와 피해자의 요구사항에 대한 조사를 겸한다. 기사에서는 "시즈오카 특산의 찻잎과 찻주전자, 명산물인 과자를 선물로 가져가 활동에 참여했습니다"라고 말하고 있다.

2004년, 주에쓰 지진의 지원활동에 대한 '니가타 주에쓰 지진 자원봉사 보고서'를 보면, 주된 활동은 음식 제공이나 뒷정리였다. 그 사이에 '차 제공' 봉사가 고안되었고, 동일본 대지진에서는 그것을 큰 기축으로 하여, 장기간에 걸쳐 활동이 이뤄지게 되었다. 재난피해자에게 다가가서 경청하는 지원 활동이 점점 그 중요성을 확대하게 되었다는 것을 알 수 있다.

죽은 자를 애도하고 산 자에게 다가서다

젊은 승려가 그리프 케어에 종사한다는 것, 동일본 대지진에서는 이 활동이 눈에 띄었다. 그렇다면, 그것은 전통불교의 승려에게 있어서 완전히 새로운 종교활동이었을까?

단가제도 속에서는 자각하기가 어려웠을지 모르지만, 승려가 장례에 관여하는 것은 사자를 애도하고 남겨진 사람의 슬픔에 다가서는 자비행이라는 측면이 강하다. 예를 들면, 미야기현(宮城県) 와타리초(亘理町)의 진언종 지산파智山派 관음원観音院 경내에서의 일이다(北村敏泰, 2013: 43).

관음원에는 2011년 3월 22일부터 희생자 총 121명이 가매장되었다. 근처에서 900명 가깝게 사망자가 나왔지만, 매장할 곳을 찾는 데에 어려움을 겪고 있었다. "모두가 힘들 때 도움을 주는 것이 절이다"라는 신념을 가졌던 혼고 쇼한(本郷正繁, 69세) 주지스님은 나서서 경내를 제공했다. 매장을 기피하는 분위기와 함께 그에 대한 반발도 있었다.

> 더 나아가 비탄이 있는 한, 그것과 마주하여 치유할 것을 생각했다. "이것이 승려의 역할입니다." 무덤 옆에 분향대를 마련하고, 관을 묻을 때에 꽃공양을 하거나 유가족에게 조금씩 흙을 뿌리며 기도할 수 있도록 했다. 옛날 매장의 의례이다. (중략) 그런데, 그 가매장은 "장례가 아니다"라고 혼고 주지스님은 강조한다. 세속의 이름을 그대로 사용했고, 사자에게 마지막 법어도 하지 않았다. 그것은 돌아가신 분이 다른 절의 단가일 수도 있기 때문이었다. (중략) 혼고 스님은 "어디까지나 공양, 이것이 제 마음입니다"라고 말하며, 보시도 받지 않고 49재 법요도 사찰의 판단으로 [(시마조노 주) 본당이 아니라] 신도회관에서 진행했다.

관음원에는 신원 불명자를 확인할 수 있도록 단서가 되는 시신의 의복을 보관하고 있었다. 세탁기를 2대 구입해서 흙투성이인 의복을 세탁한 뒤 볼 수 있도록 나열했다.

어느 날 방문한 사람 중에 딸의 핑크색 작은 점퍼를 찾아낸 아버지를 위해, 관을 발굴하고 확인도 했다. "역시······" 그렇게 말한 채, 아버지는 조용히 사랑하는 다섯 살 난 딸의 볼을 계속 쓰다듬었다. 그 후에도 신원 불명의 시신과 의복은 사찰에서 계속 보관했다.

비탄에 다가서는 불교의 실천

매장하는 것을 납득하지 못하는 사람들이 많았기 때문에, 나중에 발굴해서 다시 화장하기로 했다. "시신 발굴은 처참하기 그지없었다. (중략) 경내에 대량의 석회를 살포하고 소독하는 지옥과 같은 작업의 모습을 견디면서, 혼고 스님은 현장에서 계속 독경했다. 단가가 아니더라도 "승려로서 당연한 일입니다." 혼고 스님은 희생자의 유가족들에게 "절에서 공양을 잘 올리고 있으니 안심하시기 바랍니다. 힘들겠지만, 다들 서로 도우면서 살아가시기 바랍니다"라고 말씀드린다고 했다.

단가제도 내에서는 자각하기 쉽지 않았지만, 승려가 장례에 관여하는 것은 사자를 애도하고 남겨진 사람의 슬픔에 다가가는 자비행이라는 측면이 강하다, 쓰나미의 비참한 피해에 맞서면서, 동북지역의 승려와 사람들은 체감하게 된 것 같다. 『고연苦緣』의 저자인 기타무라 도시히로(北村敏泰)는 "혼고 주지스님은 사자에게 깊이 관여함으로써 '생명'에 다가서고, 남겨진 사람들의 비탄에 다가서게 된 것 같다"고 했는데, 충분히 납득할 수 있는 말이다.

원래 장례는 불교에서 이뤄지던 의례란 것을 동일본 대지진은 새삼 생각나게 해줬다. 죽은 자를 특히 친한 자의 죽음을, 또 사별의 슬픔에 큰 충격을 받은 사람을 앞에 대했을 때, 많은 일본인은 부처의 자비를 가까이에서 느낀다.

『불교성전佛教聖典』에서는 '영원한 부처'의 '자비와 서원'에 대해 다음과 같이 『관무량수경』의 한 구절을 인용하고 있다.

부처님의 마음은 대자대비하시다. 대자심은 온갖 수단으로 모든 사람들을 구하려는 마음이고, 대비심은 다른 사람과 함께 앓고 함께 괴로워하는 마음이다.

마치 자식을 생각하는 어머니처럼, 잠깐이라도 버리는 일이 없이 지키고 키우고 구해내는 것이 부처님 마음이다. "너의 괴로움은 나의 괴로움이고, 너의 기쁨은 나의 기쁨"이며, 잠시도 버리는 일이 없다(仏教伝道協会, 1973: 15).

부처의 '대자비'나 '대비'를 사람으로서는 따라 하려고 해도 할 수 없다고 생각할지 모른다. 그러나 어머니와 자식의 비유를 통해, 사람 속에도 부처의 마음이 내재되어 있다고 받아들일 수 있을 것이다.

사람들의 마음속에 존재하는 부처의 자비

『불교성전』「자비와 서원」은 이어서 어머니와 자식의 마음 교류의 예를 다음과 같이 알기 쉽게 언급하고 있다.

부처님의 대비는 사람들의 필요에 따라서 생기고, 이 대비를 느낀 자에게는 믿는 마음이 생기며, 믿는 마음에 의하여 깨달음을 얻게 된다. 그것은 자식을 사랑함으로써 어머니임을 자각하고, 어머니의 마음을 느껴서 자식의 마음이 평안해지는 것과 같은 것이다(仏教伝道協会, 1973: 15).

정토교에서는 두드러지는데, 영원한 것이라는 부처의 서원 속에서 우리는 살고 있다. 아니 살아간다고 느껴진다. 그렇다면, 어머니로부터 자식에게 전달되듯이, 부처님의 자비심도 어느 정도 우리의 마음과 몸을 통해 살아있을 것이다.

『불교성전』은 이어서 『묘법연화경』「여래수량품」의 한 구절을 인용하고 있다.

> 부처님의 자비가 오직 이번 한 생만을 위한 것이라고 생각해서는 안된다. 그것은 오래전부터 있어 온 것이다. 사람들이 태어나서 죽고, 죽었다가 다시 태어나며, 이렇게 미혹을 거듭해 온 태초부터 지금까지 부처님의 자비는 이어지고 있다(仏教伝道協会, 1973: 16).

사람의 생명 원천인 '무한의 생명', '영원한 생명'으로서의 부처라는 신앙은 『정토삼부경浄土三部経』에도 『묘법연화경』에도 통하고 있고, 일본불교의 기층에 있다. 그리고 사람은 부처의 자비 속에서 살고 있고, 부처의 자비를 사람으로서 살아가는 것도 가능하다고 해석하고 있다.

보살의 4가지 서원

『불교성전』「자비와 서원」에는 이어서 『심지관경心地觀経』에서 '사홍서원四弘誓願'을 인용하고 있다.

> 사람들의 미혹은 한이 없으므로 부처님의 일도 한이 없고, 사람들의

죄가 너무나 깊어 바닥이 없으므로, 부처님의 자비에도 바닥이 드러나지 않는다.

그러므로 부처님은 수행을 처음 시작하면서 네 가지 큰 서원을 세웠다. 하나는 모든 사람들을 제도하기를 서원하고, 둘은 모든 번뇌를 끊을 것을 서원하고, 셋은 모든 가르침을 배울 것을 서원하고, 넷은 위 없는 깨달음을 얻기를 서원하였다. 이 네 가지 서원을 바탕으로 부처님은 수행하셨다. 부처님의 수행의 근본이 바로 이 서원이라는 것은 부처님의 온 마음이 그대로 사람들을 구하려는 대자비라는 것을 보여준다(仏教伝道協会, 1973: 16-17).

이 내용은 후에 천태 지의天台智顗의 『마하지관摩訶止觀』에 "중생을 다 건지오리다. 번뇌를 다 끊으오리다. 법문을 다 외우오리다. 불도를 다 이루오리다."(衆生無邊誓願度 煩悩無量誓願斷 法門無盡誓願智 佛道無上誓願成)라는 구절로 적혀, 보살이 불도를 구하면서 세우는 기본적인 서원으로 알려지게 되었다. 이 내용은 부처가 일으키는 '대자비'로서, 보살이 가야 하는 불도의 기본이라고 믿게 되었다.

이렇게 생각하면, 『불교성전』의 제1장 「역사상의 부처」(석가모니 부처님)에 이어서, 제2장 「영원한 부처」의 처음 절에 '자비와 서원'이라는 주제가 나타나는 것은 의미가 깊다. 이 주제를 또 '슬픔'의 주제라고 말할 수 있지 않을까. '사람들의 미혹'에는 한이 없고, '사람들이 저지르는 죄의 깊이'에 끝이 없다는 것은 인간의 존재 조건이고 슬픔의 원천이기도 할 것이다. 어머니에게서 자식으로의 '자비'는 죽을 수밖에 없는 자와 애도하는 자로서의 '슬픔'을 서로 나눈다는 것에도 통한다.

지진재난 지원과 평상시 장례의 공통사항

도쿄에서 '사람의 고통에 다가서는' 활동을 하고 있는 '한 숟가락 모임 (ひとさじの会)'의 젊은 승려들, 동일본 대지진에서 사자를 애도하고, 사별의 슬픔으로 지내는 사람들을 받아들이는 승려들은 일본 중세에 죽음에 대한 부정不淨의 인식을 넘어 사자를 공양했던 승려들의 정신을 이어가고 있다. 그리고 그 정신은 대승불교의 근본과 통하는 그 무엇이기도 할 것이다. '무연사회無緣社會'라고 불리는 현대사회의 어려움, 또 동일본 대지진을 통해서 다시 자각된 인간의 약함과 생명의 덧없음, 즉 인간의 '고苦'라는 현실을 통해 일본인은 어느 정도 불교를 가까운 것으로 느끼게 된 것이 아닐까.

이동식 경청 카페-Cafe de Monk

동일본 대지진에서 재난피해자를 격려하는 일을 했던 종교인의 활동 가운데 하나가 '카페 드 몽크'이다. 지금까지 현대 일본의 불교가 불교 전통을 되살리면서 새로운 모습을 보여주고 있다는 것을 예시로 보여줬지만, 이 카페 드 몽크의 사례는 특히 주목해야 할 것이다. 자세한 소개와 함께 그 특징에 대해 살펴보자.

인터넷 웹상의 '미야기현 부흥 응원 블로그 고코로 프레스(宮城県復興 応援ブログ ココロ プレス)'에 게재된 "카페 드 몽크는 이동식 경청 카페, 승려가 하소연(文句)을 들어줍니다."(2012년 2월 20일)라는 기사와 기타무라 도시히로의 『고연』에 기술된 내용에 따라 설명하고자 한다.

승려들이 경트럭에 카페 도구 일체를 싣고 재난피해지를 도는 '이동식 경청카페.' 맛있는 커피를 무료로 제공하면서, 재난피해자의 하소연을 듣고 아늑한 공간을 제공하고 있습니다. 전대미문의 이 프로젝트를 시작한 것은 쓰키다테(築館)에 있는 쓰다이지(通大寺)의 가네다 다이오(金田諦應) 주지스님(「カフェ・デ・モンク」は移動傾聴喫茶).

가네다 스님이 주지를 맡고 있는 쓰다이지는 내륙인 구리하라시(栗原市) 쓰키다테에 있다. 구리하라시는 대지진 당시 현내에서 진동이 최대로 관측되었고, 통신과 교통이 어려운 상황이어서 타지역의 실정도 알기 어려웠다. 그러나 쓰나미로 인해 많은 인명을 잃게 되었다는 것은 휴대용라디오를 통해 당일부터 알고 있었다. 그날 밤, 가네다 스님은 하늘 가득한 별을 올려봤을 때, 미나미산리쿠(南三陸)의 바다에 수없이 많은 시신이 떠도는 광경이 마음속에 떠올랐다. 그리고 "'나와 당신의 구별이 사라지는 감각'에 사로잡혔다"고 한다(北村敏泰, 2013: 270).

일주일이 지나면서 40㎞ 떨어진 미나미산리쿠조로부터 시내의 화장장으로 시신들이 옮겨오기 시작했다.

처음에 온 시신은 2명의 초등학생. 친한 사이였던 둘은 적어도 함께 화장해주고 싶다는 부모의 바람. 젊은 승려들은 떨렸습니다. 몸이 떨리고 목이 메이면서도 독경. 쓰러질 정도로 스님들은 계속 독경을 했습니다(「カフェ・デ・モンク」は移動傾聴喫茶).

자타불이와 자비

가네다 스님이 그렇게 말한 것은 아니었지만, '나와 당신의 구별이 사라진다'고 하는 것은 대승불교에서 '자타불이自他不二', '자타일체自他一体', '자타호융自他互融'의 용어로 표현되는 경지를 의식한 것이리라. 자비의 실천을 받쳐주는 윤리는 '자타불이'의 경지에서 나오는 것으로 이해된다. 나카무라 하지메(中村元)의 『자비慈悲』에서는 다음과 같이 말한다.

> 자비의 실천이란, 타인의 시점에서 본다면 자신과 타인이 대립하고 있는 경우에 자기를 부정하고 타인에 합일하는 방향으로 움직이는 운동이라고 볼 수 있다. 그것은 차별에 따른 무차별의 실현이다(中村元, 1956: 93).

이것을 정형화한 대승불교의 선지식인 샨티데바(寂天, 650년?~750년?)는 "수행자의 이상은 '자타평등(parātmasamatā)'이고 '타인을 자기 안에 바꿔놓는 것(parātmaparivartana)'을 목표로 해야 한다"고 말했다(中村元, 1956: 93-94). 훨씬 시대는 내려가지만, 조동종 승려인 스즈키 쇼산(鈴木正三, 1575~1655)은 "자타무차별이라고 아는 것은 '이理'이며, 자비심을 주된 것으로 하는 것은 '의義'이다"라고 말하고 있다(中村元, 1956: 95). 지진이 일어난 당일 밤, 가네다 스님이 체험한 것은 이 경지에 동하는 것이리라.

> 이 자연, 이 우주, 얼마나 잔혹하고 슬프고 아름다운 것일까. 이때 우주까지 벗어 나가는 감각이라고 할지, 생명이 하나가 되는 느낌이 있었다(「カフェ・デ・モンク」は移動傾聴喫茶).

이것은 또 미야자와 겐지(宮澤賢治)의 『나메토코산의 곰(なめとこ山の 熊)』마지막에서 사냥꾼인 고주로(小十郎)를 곰들이 애도하는 장면을 떠올리게 한다.

『나메토코산의 곰』에서는 한 무리의 친구들의 죽음과 비정한 운명을 견디며 살아가야 하는 생물들의 슬픔, 그리고 슬픔을 내면에 서로 껴안기 때문에, 따뜻하게 남을 아끼는 자비의 힘이 고주로와 곰들의 유대를 통해 그려지고 있다. 가네다 스님의 모습이 고주로와 겹쳐지는 일화이다.

49일의 행각과 거기에서의 마음

가네다 스님은 재난 이후로 49일의 재일에 미나미산리쿠 해변으로 독경 행각을 했다. "절목節目이기도 하고 희생된 분들의 진혼을 위하여 미나미 산리쿠조로 합동행각을 했다고 한다. 승려와 목사 12명, 다이오(諦應) 스님은 등을 들고 걸었다. '생명의 등'으로서…"(「カフェ・デ・モンク」는 移動傾聴喫茶).

자위대원도 많이 있고 묵묵히 시신을 수습하고 있었습니다. 어떻게든 49재까지는 찾고 싶다는 마음이 전해졌어요. 그날 6명의 시신이 발견되었습니다. 마지막에는 눈물 때문에 경을 읽을 수가 없게 되었고……. 이것을 하면서 자신에게 의문이 생겼어요. '종교란 무엇인가', '현실이란 무엇인가' 라고. 신도 부처도 없는 것 같은 상태였으니까. 그 무너진 잔재들을 보고요. "신이나 부처의 조화가 이런 것인가!"(「カフェ・デ・モンク」는 移動傾聴喫茶).

그때 폐허 곁에 핀 산벚꽃의 아름다움에 넋을 잃었다. "눈앞의 참상도, 선명한 꽃도, 모두 같은 신불의 힘이로구나"라고 불법의 핵심에 닿는 감각을 느꼈다고 한다(北村敏泰, 2013: 271).

49재가 끝난 후, 승려들끼리 식사제공 봉사를 시작했는데, 바로 '이동식 경청 카페를 하자!'는 생각이 떠올랐다. 지진 당일과 49재 때의 체험을 바탕으로 바로 종교인이 할 수 있는 지원이란 무엇일까 하는 생각에서 얻어낸 아이디어였다.

지진재난에서 보이기 시작한 전통불교의 힘

동일본 대지진에서는 일본불교의 힘이 재인식되었다. 고난 속에 있는 사람들에게 손은 내밀어, 좌절할 뻔한 마음을 건져 올리는 움직임이 눈에 띄었다. 앞에서 언급했던 승려들의 움직임은 그런 좋은 사례들이다.

일본불교사의 책을 펼쳐보면, 그러한 불교의 움직임은 아주 많아서 전혀 드문 일도 아니지만, 제2차 세계대전 후 전통불교는 고통의 현장에서 세상 먼 곳으로 떨어져 있다는 인상이 강했다. 속세를 떠났는데, 그런 것치고는 세속적으로 되어버린 절이라는 이미지이다.

'장례 불교'라는 말은 1960년대 초에 쓰이게 된 말인데, 거기에는 그러한 전통불교에 대한 초조함도 포함되어 있다. 마침 신종교는 대발전의 시기를 맞이해서, 재가불교를 주창하는 레이유카이(靈友会), 릿쇼고세카이(立正佼成会), 소카가카이(創価学会) 등이 급성장하고 있었다. 보살행으로서 고통의 현장에서 서로 돕는 활동은 이들 신종교 교단에서 매우 활발하게 전개되고 있었지만, 전통불교교단의 사원들은 사람들과 접하는 자리가 장례식에 특화되어 있었고, 생명력이 사라져 버린 것으로 그렇게 느껴지고 있었다.

그런데, 카페 드 몽크의 사례를 보면, 그것은 착각이었나 하는 생각이 든다. 고통의 현장을 찾아 사람들을 지원하는 전통불교에서의 승려의 움직임은 놀라웠다.

설법하지 않는 카페 드 몽크

지인인 파티셰에게 부탁해서 받은 케이크, 테마음악은 델로니어스 몽크 (Thelonious Sphere Monk)의 재즈, 애칭은 '간디 가네다'라고 장난기 있게 짜여져 있다. 차에서 내려 세워진 작은 안내판에는 다음과 같이 쓰여있다.

'Cafe dé Monk'는 승려가 운영하는 카페입니다.
Monk는 영어로 승려란 뜻.
원래의 평온한 일상으로 돌아가기 위해서는 오랜 시간이 걸리겠지요.
'하소연'이라도 하면서 좀 한숨을 돌리지 않으실래요?
승려도 당신의 '하소연'을 들으면서 함께 '고민'합니다(「カフェ・デ・モンク」는 移動傾聴喫茶).

이 카페에서는 예를 들면 다음과 같은 대화가 이뤄진다.

딸: [부고가 오기 직전, 창가에 온 휘파람새를 지칭하며] 그것은 할아버지가 마지막 작별인사를 하러 온 것일까요?

가네다 스님: 그렇네, 할아버지네. 생명은 다 이어져 있으니까, 다음은 잠자리가 되어서 올지도 모르겠네. 그러니까 외로워하지 말아야 지…(北村敏泰, 2013: 272-273).

많은 재난피해자가 여기에서 마음의 위안을 얻는 시간을 보냈다. 가네다 스님은 전통불교의 저력을 보였다고 볼 수 있다. 그런데 그 방법이 창의적이고 독특하다. 위로부터 기존의 가르침을 설하는 것이 아니고, '경청'의 자세로 다가선다. 조동종 고유의 가르침은 말속에서 나오지 않는다. 종교와 종파를 넘어서 '마음의 상담실'에 모이는 종교인이 함께 협력하고, 기도의 행각도 함께 하는 형태이다.

'마음 상담실'의 새로움

'마음 상담실(心の相談室)'은 센다이(仙台)에서 3.11직후에 생긴 연합체이다. 미야기현(宮城県) 종교법인연락협의회宗敎法人連絡協議会 소속 단체의 종교인들이 합동으로 위령행사를 하면서 시작되었다. 센다이에서 오랫동안 임종기 환자의 임종지키기 특히 재택 완화케어를 해온 오카베 다케시(岡部健) 의사를 실장으로 하고, 도호쿠대학(東北大学) 종교학연구실에 사무국을 두고서 활동을 시작했다. 종교인, 의료인, 종교학자, 그리프 케어 전문가들과 협력하면서 활동을 계속 이어가고 있다(高橋原, 2012).

'마음 상담실'의 활동은 시영장례식장에서 진행되는 매월 합동위령제, 종교인의 무료 전화상담, 종교인이 가설주택을 돌면서 여는 경청카페 '카페 드 몽크', 라디오판 '카페 드 몽크' 등이다.

라디오판 카페 드 몽크는 원래 이와테, 미야기, 후쿠시마의 3개 현에서 FM으로 방송되었지만, 지금은 종료되었다. 매번 게스트가 질문에 답하는 형식으로 재난피해자나 지원자들의 마음에 닿는 메시지를 전하려고 했었다. 종교인이 많았지만, 학자나 문화인 등도 참여했었고 나도 출연했던 적이 있다. 이것은 가네다 다이오 스님 등 '마음 상담실'이 계획하고 실시했던 활동이었다.

종교·종파를 넘는다는 것은 '다가서다'라는 자세와 밀접하게 관련되어 있다. 고난에 빠진 사람들의 요구에 맞춰 응답한다. 이미 있는 가르침을 이쪽에서 전달하라는 것이 아니다. 상대의 마음에 다가서서 최대한 이해하고 함께 느끼고 받아들일 수 있도록 한다는 것이다.

손바닥 지장보살

'손바닥 지장보살'도 이러한 의도에 따라 만들어진 것으로, 지장보살을 통해 불교의 가르침을 설하려는 것이 아니다. 이것은 가네다 스님이 구리하라시의 승려들과 상의하면서 만들기 시작했다. 구리하라시의 도예가가 시가현(滋賀県) 시가라키산(信楽産)의 점토를 무상으로 제공하고 유약과 가마 사용에 협력하면서, 승려들이 주로 10cm 전후의 도자기 지장보살을 만들게 되었다. 아이나 유아, 야구소년, 신선 등 개성 있는 지장보살을 만들고, 쓰나미로 돌아가신 고인을 기념한다(河北新報, 2012). 승려들의 수제 '손바닥 지장보살'은 카페 드 몽크에서 재난피해자들에게 건네준다.

[도자기 지장보살을 보면서] 순간 고인을 떠올리며 눈물을 흘리는 사람들도 있다. 사자의 영혼을 가까이에서 여실히 느끼는 사람도 있고, 사자의

영혼을 위로하기 위한 기도처로 삼기도 한다. 마음에 응어리졌던 생각들이 표현의 장을 찾게 되고, 그리프 케어로서 탁월한 힘을 발휘하게 된다. 이것을 불교의 가르침으로 설명할 수도 있겠지만, 그것은 종교인 측의 과제이고 피해자가 지금 구하고자 하는 것이 아니다.

마음 상담실의 이전 역사

가네다 스님 등의 카페 드 몽크는 재난피해자들의 마음을 풀어주고 슬픔을 견디는 데 공헌했다. 손바닥 지장보살을 손에 들면, 갑자기 죽은 이의 생각이 떠올라 눈물을 머금고, 그와의 마음 교류가 되살아난다. 거기에 사자가 현현한다. 그것을 자택의 거실에 두면 사자의 영혼이 가까이에 있는 것처럼 느낄 수 있다. 사자의 영혼을 위로하기 위한 기도처가 될 수도 있다. 소중한 동반자나 부모, 자식을 잃은 분들에게 손바닥 지장보살은 큰 힘이 되었으며, 그리프 케어의 장으로서 카페 드 몽크가 가져오는 역할을 상징하는 아이템이 되었다.

카페 드 몽크가 '마음 상담실'의 일환으로 진행되어 왔다는 것은 이미 앞에서 말했지만, 3.11 후 센다이에서 마음의 상담실이 빠르게 만들어졌던 이유에는 여러 가지가 있다. 하나는 미야기현 종교법인연락협의회라는 여러 종교와 종파의 연계조직이 있었다는 것이다. 이것은 어느 도도부현에나 있는 것이 아니다. 또 하나는 임종을 지키는 대처 활동 가운데 종교의 역할을 중시해온 오카베 다케시의 활동이다. 그러한 생각은 뜻밖에도 자신의 죽음을 주시할 수밖에 없는 상황에 처하면서 더욱 깊어졌다. 그것에서 죽음을 둘러싼 고뇌나 비탄 속에 있는 사람들을 케어할 수 있는 종교인을 양성하려는 '임상종교사'에 대한 구상을 키워나갔다. 그 후 얼마 지나지 않아 2012년 9월 27일에 오카베 의사가 돌아가셨다. 그의 족적을 따라가 보자. 왜냐하면, 그가 남긴 것은 현대 일본불교의 본연의 자세를 생각하는 데 큰 도움이 된다고 생각하기 때문이다.

궁금한 어느 의사의 존재

나보다 2살 아래(향년 62세)로서, 솔직하고 거만하지 않고 허세를 부리지 않는, 왠지 '선생님'으로는 보이지 않는 오카베 의사였다. 그래도 '의사 선생님'이기 때문에, '오카베 선생님'이라고 부르고 싶지만 그런 마음은 참고, 이 글에서는 '오카베 의사'라고 부르겠다. 그 오카베 의사의 이야기를 처음 들은 것은 10년 전의 일이다. 당시 나는 도쿄대학 대학원 인문사회계 연구과(문학부)에 소속되어 있었다. 거기에서 '사생학'연구 프로젝트가 생긴 것이 2002년이다. 거점리더로 지정되어 어쩔 줄 모르고 있었는데, 그때 바로 생각난 분이 도호쿠대학의 시미즈 데쓰로(清水哲郞) 교수님이었다.

시미즈 교수는 서양중세 철학을 전문으로 하는 철학자이지만, 가족이 암에 걸리게 되면서 임상철학 연구도 시작했다. 의료기관과 협력관계를 맺어 임상 장면에서 생기는 문제에 대해, 인문사회계열의 학문적 사고로 응답하는 시도를 삿포로(札幌)와 센다이에서 계속하면서, 『의료현장에 임하는 철학(医療現場に臨む哲学)』(2권)을 저술했다. 그 시미즈 교수의 기획을 배우는 것이 꼭 필요하다고 생각했다. 시미즈 교수는 도호쿠대학 문학부 철학과 소속이지만, 바로 인근의 종교학과 연구자들도 시미즈 교수의 그룹에 참여하고 있었기 때문에, 종교학을 전공한 나로서는 접근하기 쉽기도 했다.

시미즈 교수와 그 그룹의 젊은 연구자들과 교류하게 되면서, 오카베 의사의 이름을 자주 듣게 되었다. 철학, 종교학, 사회학 등을 공부하는 젊은 연구자가 오카베 의사와 접하면서 의료현장에서 배우고 있다는 것을 알게 되었다. 사후의 세계를 엿볼 수 있는 '오무카에 현상(お迎え現象)'[5])에 큰 관심을 갖고 있다는 것도 듣게 되었다. 종교학을 연구하는 나에게는 흥미진진한 일이었다. 언젠가 찾아뵈어야겠다고 생각했었다. 처음 뵈었을 때, 오카베 의사는 이미 몸상태가 온전하지 않았다.

오카베 다케시 의사의 행보

오카베는 1950년생이다. 2010년 1월에 위암이 발견되었고 나중에 간에 전이된 것을 알게 된 뒤, 2년 반 정도 뒤에 돌아가셨다. 오카베의 그 마지막 2년 반 정도 되는 시기에 동일본 대지진이 일어났다. 그리고 '임상종교사' 구상을 목표로 그는 마지막 힘을 쏟았다.

다행히 2012년 1월, 숨을 거둘 때까지 계속 인터뷰를 한 오쿠노 슈지(奥野修司)의 『임종지킴이 선생님의 유언-암 환자가 편안한 임종을 맞이하기 위해서(看取り先生の遺言-がんで安らかな最期を迎えるために)』에서 오카베의 업적을 본인의 밀을 통해 정리해주고 있다. 그는 임종지킴 활동에 종사하는 의사로서. 현대 일본의 종교인들에게 큰 기대를 갖고 있었다. 죽음을 눈앞에 둔 사람들이 온화하고 편안하게 죽음을 맞이하기 위해서는 바로 종교인이 힘이 된다고 믿고, 그것을 사회에 계속 알리고 있었다. 그

---

5) (역자 주) 임종 때 돌아가신 가족이나 지인, 신이나 불, 보살 등이 보이는 경험을 말한다.

뿐만 아니라 그러한 기대를 구체적인 형태로 만들기 위해 임상종교사 교육프로그램의 실현에 크게 공헌했다.

그렇다면, 오카베는 어떻게 해서 종교인에 대한 큰 기대를 안고 종교인을 통해서 일본의 의료현장을 바꾸고 싶다는 바람을 가지게 되었을까? 호흡기계 외과의가 되고 암과 싸우는 데에 열정을 기울이던 오카베 의사였지만, 점차 환자에게서 편안한 죽음을 맞이하는 방법의 중요성을 배우게 되었다. 특히 집에서 임종을 맞이하는 것이 본인이나 주위 사람들에게 얼마나 바람직한지를 알려준 기회가 있었다.

오카베는 자신이 배운 핵심적인 내용을 다음과 같이 말하고 있다. "재택의료라는 것은 문화운동이라고 생각한다. 마지막까지 집에서 지낼 수 있는 조건을 만들어도 최종적으로는 가족이나 가까운 친지가 임종지킴을 지지할 수 있어야 하기 때문에, 임종을 지켜보는 문화기반이 없으면 괴로움만 남게 된다. 그래서 마지막 순간(土壇場)에 구급차를 불러버린다. 이것은 일본에서 임종지킴의 문화가 상실되어 버렸기 때문일 것이다(奧野修司, 2013: 150).

불교와 임종지킴의 의료

동일본 대지진에서 불교인이나 사찰이 큰 역할을 할 수 있던 배경에는 불교가 임종지킴의 의료에 관여하는 움직임이 있었기 때문이다. 그것은 종교 측에 지원을 구하는 의료 측의 자세 변화와도 관련되어 있다. 센다이의 '마음 상담실'이나 카페 드 몽크 활동은 영적 케어를 요구하는 의료 측의 요구에 지원 협력을 한 것이었다.

1997년, 오카베 의사는 호흡기 외과의로 근무하고 있던 마야기현립 암센터를 사직하고 재택 임종지킴을 전문으로 하는 클리닉을 시작했다. 그는 센터 재직 중에도 입원기간을 단축시키는 데 노력하고 있었다. 검사나 치료를 너무 많이 하는 현대의료의 태도에 그는 이미 한계를 느끼고 있었기 때문이다.

그러나 그것에도 한계가 있었다. 암센터(대형병원)와 개업의가 연계를 취하면서 암환자의 임종을 지키는 방법으로는 지금 히로시마나 오카야마의 사례가 자주 거론되고 있다. 비슷한 시도는 미야기현 암센터에서도 추진되고 있었다. 그러나 그 경우에 개업의의 진료도 왕진보다 외래가 주가 된다. 의사가 주체가 되면, '환자의 요구'라는 입장을 고려할 때 철저하게 생각할 수 없게 된다.

가족과 상의 없이 갑자기 암센터를 그만둔 것도 오카베 의사답다. 또 '임대'란 종이가 붙여진 낡은 미용실을 진료소로 개조하고 기계도 구입하지 않았다고 한다. 설비에 묶이게 되면 원하는 본래의 임종지킴 의료를 할 수 없다고 생각했기 때문이다. 환자의 입장에 철저히 서기 위하여 그렇게 한 것이다.

재택 임종지킴의 중요성

또 하나는 '죽음'을 테마로 한 의료이기 때문에, 그에 대처하자는 마음이 높아지고 있었다는 것이다. 특히 28살에 죽은 여성의 임종을 지킨 경험이 컸다. 의료만으로는 돌볼 수 없는 영역인 개호관련 기관의 협력이 필요하다는 것을 통감한 것도 컸지만, 죽음을 맞이하는 그 여성의 자세에서 배운 것도 많았다.

그 여성은 치명적인 암을 앓고 있다는 사실을 알게 되자, 바로 "아이와 함께 지내고 싶다"고 하면서 재택을 결정했다. 나중에 병 상태가 진행되고 실명하게 되자, 그 여성은 다음과 같이 말했다고 한다.

선생님, 집에서 지낼 수 있어서 정말로 다행이었어요. 눈이 안 보여도 집에 있으면, 아래층에서 아이들이 시끄럽더라도 어느 방에서 뭘 하고 있는지 손에 잡힐 듯 알 수 있어요. 어둠 속에서 주변을 상상할 수 있죠. 병원에 있었다면 정말로 무서웠을 거예요. (중략) 안심하라고 해도 모르는 사람들이 만지고 맥을 짚고…무섭기만 하죠. 집에 돌아올 수 있어서 정말로 좋아요(奥野修司, 2013: 116-117).

그 후 재택 임종지킴을 보다 좋게 만들기 위해, 오카베 의사가 한 것 중의 하나가 공동으로 이용할 수 있는 휴식공간을 만드는 것이었다. 그것도 실내가 아니다. 5천 평의 숲을 싸게 사서 거기에 작은 집을 짓고, 야외 욕장을 만들고, 조리장을 만들고, 피자 화덕도 샀다. 이것이 '오카베 마을'이다. 봄에는 '꽃구경 모임', 가을에는 '이모니 모임(芋煮の会)'을 열어 환자들을 초대한다. 환자들로서는 포기했던 희망의 불이 켜지게 되는 것이기도 하고, 가족들에게는 소중한 추억이 될 수 있는 장소가 되기도 한다.

'오무카에 현상'에 주목

28세인 여성 환자로부터, 오카베 의사로서는 중요한 의미를 갖게 되는 '오무카에(お迎え) 현상'에 대한 이야기를 듣게 되었다. "할아버지가 맞이하러 오셨는데, 아이는 아직 유치원에 다니고 있고 어려서 싫다고 돌려보

냈어요"(奧野修司, 2013: 117). 아직 아이를 돌봐주고 싶으니까 저승에는 가고 싶지 않다는 뜻인 것 같다. 그것이 '오무카에' 이야기를 처음 접한 경험이었다. 오카베는 그것이 중요한 의미를 가지고 있다고 직감했다고 한다.

'오무카에 현상'이 종교와 깊은 관련이 있는 것은 말할 것도 없다. '오무카에 현상'에 접하면서, 임종지킴과 관련된 의료인은 종교인의 참여가 없으면 안 된다는 것을 느끼게 된 것이다. 오카베도 그랬다. 원래 종교에 관심이 깊었지만, '오무카에'에 관한 이야기를 많이 듣게 되면서, 더욱 온화하게 죽고 편안하게 사자를 보내기 위해서는 종교가 중요하다는 생각이 강해졌다.

재택 임종지킴에 집중하게 되면서, 오카베 의사는 '오무카에'를 경험한 환자들의 말에 주목하고 조사도 했다. 집에서 세상을 떠난 682명의 환자 가족에게 스태프가 실시한 설문조사(회수 366명) 회수에서는 '오무카에'체험이 있었다는 회답이 42.3%에 이르렀다고 한다.

'오무카에'로 인한 편안함

예를 들면, 75세 여성은 다음과 같이 말했다.

'엄마'가 마중 나와 주셨다. "요시코, 그렇게 힘들면 여기로 와."라고 말해서 갈 뻔했다.

또 다른 날에는 일바지를 입은 모습으로 어머니가 나타나서 "오렴, 이리와", "힘드니? 안아줄게, 이리로 오렴."이라고 말했다. 그런데, 다른 날에는 오라고 하지 않고, "아직 일러, 오기에는 아직 일러"라고 말했다(奧野修司, 2013: 171).

젊은 사람인데도 '오무카에'에 절실하게 관심을 갖는 사람이 있다. 암이 뼈로 전이되고 있던 30대 후반의 남성이었는데, "오무카에가 나타나지 않아요. 안 나타나요"라고 고민했었다. 그래서 오카베 의사는 다음과 같이 말했다고 한다.

오무카에가 나타나게 해달라고 저 세상에 등록했어요? 불단이 있으면 불단에 잘 공양하고, 저 세상 사람과 얘기하지 않으면 안 되지요. 이야기도 하면서, "여기에 있어요"라고 말하지 않으면, 저쪽에서도 알 수 없잖아요(奧野修司, 2013: 187).

오카베는 "의사로서 말할 수 있는 것은 거기까지였다."라고 적었다. 여기에 종교인이 나설 자리가 있는 것이다. 그는 또 다음과 같은 사례도 들고 있다.

이것은 최근 환자(남성)인데, "돌아가신 아버지가 보인다"고 하니까, 부인이 놀라서 나에게 전화해왔다. 그래서 내가 본인에게 "아버지가 보여서 걱정인가요?"라고 묻자, "아니요. 마음이 차분해져서 좋습니다."라고 말했다. 그래서 내가 부인에게 말했다. "저 세상과의 연결을 구축할 수 없으니까 죽음이 불안해지는 거예요. 저 세상이 있든 없든 오무카에가 있으면, 저 세상과 이어졌다는 느낌으로 떠날 수 있으니, 마음도 편안해질 수 있는 겁니다. 본인도 마음이 차분해진다고 하잖아요. 무서워할 필요 없으니,

이해하세요."

여러 번 설득을 시도해봤지만, "저 세상에 데려갈 것 같아서 싫어요", "무서워요"라고 하며, 아무리 해도 받아들이지 않았다(奥野修司, 2013: 181).

죽음을 둘러싼 종교문화 재인식

2011년 8월, 도쿄에서 진행된 고야산 의료포럼 강연에서 오카베 의사는 다음과 같이 말했다.

사람이 죽어가고 있을 때 느끼는 "어둠으로 내려간다"고 하는 감각입니다. 산길을 올라가서, 오른쪽에는 살아가는 세계가 있고 왼쪽에는 죽어가는 세계가 있습니다. 죽음은 자연현상이라서 어쩔 수 없습니다. 그런데 지금의 의료는 완화케어를 포함해서 오른쪽의 살아가는 수단의 정보만이 대량으로 있습니다.

죽음은 항상 불합리하고 부조리한 것입니다. 불합리하고 부조리한 것을 잘 관리, 케어 등을 할 수 있는 시스템은 역시 종교성이 아닐까? 종교 쪽의 지혜의 축적을 제대로 받아들이지 않으면 안 된다는 것이 제가 병을 얻고서 체험하고 느낀 것 중의 하나입니다(心の相談室, 2014: 11).

오카베는 죽음을 앞에 둔 인간에게 '저 세상'의 존재를 믿는 것이 필요하다거나 종교 가르침에 따라야 마음이 편안해진다고 말하려는 것이 아니다. "저 세상이 있든 없든⋯저 세상과 연결되어 있다는 느낌"을 갖는 것이나, "종교 쪽의 지혜의 축적을 제대로 받아들이는" 것의 의의를 묻고 있는 것이다. 즉, 종교문화가 전해온 것을 현대적으로 이어가는 것을 바라는 것이다.

그리프 케어와 종교문화

그리프 케어가 요구되는 현대사회는 예전에 큰 역할을 담당했던 종교문화가 후퇴하면서, 그리프 케어의 자원이 후퇴되어가는 시대가 되었다. 이 점에 대해서는 제4장에서 자세히 소개하겠지만, 영국이나 미국을 염두에 두고 제프리 고러(Geoffrey Gorer)가 『현대 영국에서의 죽음과 슬픔, 애도』(1965, Death, Grief, and Mourning in Contemporary Britain)에서 논의했다. 일본의 상황에 대해서는 이 책의 제8장에서 논의하겠다.

이번 장에서 논의하고 있는 것은 예전의 종교문화가 후퇴하고 있는 한편 종교문화나 종교문화를 이어가는 국민문화를 재검토하면서 소위 재활성화 또는 재활용하려는 동향이다. 가네다 다이오 스님의 카페 드 몽크나 오카베 다케시 의사의 임상종교사에 대한 구상은 이러한 동향의 표현이라고 볼 수 있다. 이것이 그리프 케어를 연구하고 보급해가려고 하는 움직임과 표리일체로 진행되고 있다.

'서장'에서 언급한 영국·이탈리아 합작영화인 〈스테이 라이프〉, 제1장에서 언급한 영화 〈애도하는 사람〉은 모두 사자를 보내는 종교적인 의례의 중요성을 강조하고, 위령·추도의 의례를 하는 장면이 작품의 중심에 놓여 있다. 사자와의 교류를 다룬 현대영화나 현대소설도 적지 않다.

종교문화·국민문화의 재활성화

예를 들면, 이토 세이코(いとう せいこう)의 소설 『상상라디오(想像ラ ジオ)』는 쓰나미 사망자인 주인공이 살아남은 자들과 주고받는 대화가 주 축을 이루고 있다. 이 작품에 대해, 나는 저서 『종교를 이야기로 풀다(宗教 を物語でほどく)』에서 다음과 같이 소개했다.

사자의 목소리를 '상상'으로 듣는다는 것이 이 작품의 틀이다. 동일본 대지진 후에 살아남은 재난피해자들의 목소리를 점점 들을 수 있게 되었 다. 그런데, 그런 피해자들은 사자의 목소리를 자주 듣고 있다. 다른 세계 에서의 목소리를 듣는 것은 '죽음을 초월한' 존엄한 것의 표현이고, 민속종 교에서는 이타코(イタコ) 등의 샤먼을 통해 경험되는 일이다. 그런데, 이 타코와 같은 전문가를 거치지 않아도 사람은 자주 꿈이나 환상 속에서 사자의 소리를 듣는 경험을 한다. 그것은 사별한 소중한 사람과 소원해진 사이를 넘는 치유의 경험으로도 된다.

'상상라디오'는 많은 사자들이 라디오의 시청자들처럼 사자끼리의 이야 기에도 참여하고, 함께 비탄의 한 가운데에서 아픔을 나누는 과정을 그려 내고 있다(島薗進, 2016: 302).

이 작품은 동일본 대지진 이후에 진행되는 그리프 케어의 과정을 재현 하고 있는 것 같은 분위기가 있다. 그리고 거기에는 고대 메소포타미아의 길가메시 신화가 인용되고 있고, 중요한 역할을 담당하고 있다. 죽음을 넘는 세계를 표상한 고대 신화가 재활성화되고 있는 것이다. 현재의 그리프 케어가 이렇게 고대 이래의 종교문화에 다시 관심을 돌리고 있는 동향에 대한 하나의 좋은 예라고 말해도 좋을 것이다.

참고문헌

三木英, 『宗教と震災—阪神・淡路、東日本のそれから』, 森話社, 2015.

北村敏泰, 『苦縁—東日本大震災　寄り添う宗教者たち』, 徳間書店, 2013.

仏教伝道協会編, 『仏教聖典』, 仏教伝道協会, 1973.

「『カフェ・デ・モンク』は移動傾聴喫茶。お坊さんが文句を聴きますよ。」(1)(2)

中村元, 『慈悲』, 平楽寺書店, 1956.

高橋原, 「『心のケア』に大きな力—宗教の果たす公共的役割とは」, 『中外日報』, 2012.9.8.号.

「震災犠牲者 形見の代わりに—僧侶ら, 『手のひら地蔵』政策」, 河北新報, 2012. 5.26.日付.

三浦正惠・エフエム仙台・板橋恵子 他, 『ラジオ「カフェ・デ・モンク」—インタビュー集・震災後を生きるヒント』, 心の相談室, 2012.

清水哲郎, 『医療現場に臨む哲学』全二冊, 勁草書房, 1997/2000.

奥野修司, 『看取り先生の遺言—がんで安らかな最期を迎えるために』, 文藝春秋, 2013.

心の相談室編, 『故岡部健先生追悼緊急シンポジウム報告集「医師岡部健が最後に語ったこと」』, 心の相談室, 2014.

いとうせいこう, 『想像ラジオ』, 河出書房新社, 2013.

島薗進, 『宗教を物語でほどく—アンデルセンから遠藤周作へ』, NHK出版新書, 2016.

제3장

그리프 케어가 알려지기 이전

프로이트와 '상喪의 일'

그리프 케어란 무엇인가. 여기에서는 학문적인 전개를 살펴보자. 그리 프 케어라는 것이 의료나 심리학에서 주요 개념의 하나라는 것을 보여주는 것은 제1장에서 언급한 것처럼 정신분석의 창시자 지그문트 프로이트(1856- 1939)이다. 1917년, 프로이트는 「비애와 멜랑콜리(Trauer und Melancholie)」 라는 논문을 발표했다. 사별의 슬픔을 견디는 '상(喪, 비애)'은 영어로 'mourning'이라고 한다. 일본어로 '소우(喪, そう)'라고 하면, 오쓰야(お通 夜)[6]나 장례식에 입고 가는 '상복', 새해 인사를 거르게 되었다는 것을 전 하는 '상중喪中' 엽서가 생각난다. 감독이나 팀원 등이 죽었을 때, 스포츠선 수가 '상장喪章'을 달고 경기에 임하는 것을 본 적도 있을 것이다.

'상'은 사자를 애도하고 그 마음을 표현하며 스스로 행위를 삼가는 것을 의미한다. 그래서 '상을 입다'라는 표현을 쓴다. 국기 등을 높이 올리지 않고 중간 높이에 올리는 것을 '반게양'한다고 해서 상을 입었다는 것을

---

6) (역자 주) 상가에서 향을 태우며 유족과 지인들이 밤을 지샌다.

나타내기도 한다. 최근 몇 년 사이에 상을 입었다는 것을 분명하게 표시하는 상황이 줄어들고 있기는 하지만, 마음으로 상을 입었다는 것을 나타내는 경우도 있다. 시끄러운 자리에 나가지 않거나 불단에 향을 계속 피우기도 한다.

'상'이라는 것이 외적인 형태에 머물지 않고 내면, 즉 마음 내적으로도 무언가를 하고 있다면 그것은 무엇일까? 프로이트는 그것을 '애도 작업(喪の仕事)'이라고 했다. 영어의 'grief'나 'mourning'에 해당하는 독일어는 'Trauer', '상의 일'에 해당하는 독일어는 'Trauerarbeit'이다. '애도 작업'은 '비애 작업', '비탄 작업'이라고도 할 수 있다. 영어로 번역하면 'grief work'가 된다. 여러 가지 상실에 동반하는 비탄의 작업 가운데 특히 사별로 인한 상실 후의 일들이 '애도 작업'이라고 볼 수 있다. 소중한 사람을 잃은 사람은 그 사람을 향한 자신의 마음 에너지를 다시 잡으면서 그 상실을 받아들인다.

'대상 상실'과 사랑의 행방

프로이트는 비애의 상태에 있는 어떤 마음을 우울(melancholie) 상태의 마음과 비교하고 있다. "비애는 반드시 사랑하는 자를 잃은 것으로 인한 반응 혹은 조국, 자유, 이상 등 사랑하는 자를 대신하는 추상물의 상실에 대한 반응이다. 이것과 같은 영향하에 있고 병적인 소질이 의심되는 사람들에게는 비애 대신 멜랑콜리(melancholie)가 나타난다"(ジークムント・フロイト, 1970: 137). 다만, 그것이 비애라고 알고 있는 경우에 정신과 의사나 정신분석가는 그것을 병이라고 하지 않는다. 나중에 극복된다는 것을 예상할 수 있기 때문이다. 그런데, 양자 모두 "고통으로 가득한 불쾌

함, 외계에 대한 흥미의 상실이 있고―외계가 사랑하는 자의 추억과 연결되지 않는 한―새로운 사랑의 대상을 고르는 능력의 상실로―애도하는 자를 대신할지 모르는데도―사자의 추억과 관련된 것 외에는 모든 행동을 회피하다"(ジークムント・フロイト, 1970: 138)는 것이 인정된다.

사람은 비애의 시기를 지날 때, 어떤 마음의 움직임이 있을까? 프로이트는 심적 에너지(리비도, libido)의 방향을 바꾸는 것으로 파악한다. "현실을 검토함으로써 사랑하는 대상이 이제는 존재하지 않는 것을 알고, 모든 리비도는 어쩔 수 없이 그 대상과의 연결에서 떠나는 것으로 되지만, 이것에 대해 당연히 반항이 생긴다―흔히 보이는 일이지만, 인간은 리비도의 방향을 바꾸려고 하지 않고, 그 대신으로 될 수 있는 것이 이미 유혹하고 있는데도 불구하고, 여전히 바꾸지 않는다. 이 반항은 강하기 때문에, 현실로부터 외면하는 것으로 되고, 환각적인 원망정신병願望精神病이 되어 대상을 고집하게 된다. 정상이라는 것은 현실존중이라는 승리를 지켜나가는 것이지만, 그 사명이 바로 결과를 내지는 않는다. 그것은 시간과 충당 에너지를 많이 소비하면서, 하나하나 수행해가는 것이고, 그동안 잃어버린 대상은 계속 마음속에 존재하고 있다"(ジークムント・フロイト, 1970: 138). 여기에서 현실에 따른 리비도 충당으로 향할 때까지 마음속에 잃어버린 것과의 교류가 진행된다. 이것이 '애도 작업'이다.

일단, 소중한 타자는 애착의 대상이기 때문에, 그 애착을 다시 파악하지 않을 수 없게 된다. 자신이 많은 것을 서로 나누고, 애착만이 아니라 원망, 증오를 포함한 많은 심적 에너지를 투입해온 상대와 자기 자신의 관계를 파악하고, 심적 에너지를 안으로 거둬들인다. 사랑의 대상을 잃게 된 것이기 때문에, '대상상실(object-loss)'이 일어나는 것이다. 사랑이 거부되는 것과 같은 사태이지만, 그것이 사랑 자체를 부정하는 것은 아니라는 것을 납득할 수 있다면, 새로운 대상으로 사랑을 돌릴 수 있게 된다. 이것을 할 수 없는 상태가 이어진다면, 현실에 대한 관심을 가질 수 없어서 안쪽으로 틀어박히게 된다. 그 상태는 우울상태와 비슷하다.

마음에는 '있다'가 현실에는 '없다'

이 폐쇄상태를 타개하기 위해서는 애도 작업이 유효하게 이뤄지고, 새로운 애착과 관심을 가지고 타자로, 그리고 세계로 심적 에너지가 향할 수 있도록 해야 한다. 이와 같이 애도 작업(喪の仕事)이라는 말은 슬픔이 마음의 '일'이라는 것을 나타낸다. 사실 프로이트는 자신의 아버지가 죽자, 마음이 닫힌 상태에서 괴로웠던 적이 있었다. 그러나 그 괴로움 속에서 정신분석이라는 새로운 사상과 학문 분야를 만들어냈다. 스스로 그 경험을 파악하면서 '애도 작업'이라는 개념에 도달했다.

사랑의 대상을 잃게 되는, 자신이 소중하게 여기고 있는 세계가 없어질 때, 죽은 사람은 없어지는 것일까, 이런 생각을 해도 좋을 것이다. 죽은 사람은 남아있는 사람에게 어떤 의미로는 매우 현실적으로 존재한다. 사자는 남겨진 자에게 말을 거는 것처럼 느껴지며, 자신의 마음은 늘 그곳으로 향한다. 죽은 사람이 없다고 하기는 어렵다. 그러나 그 사람이 이쪽으로 작용해오는 일은 없다. 마음으로는 '있다'고 하겠지만 현실에서는 '없다'는 것이 대상상실의 뜻이다. 그래서 현실에는 '없음'이 마음속에는 지금도 '있는' 타자와의 관계를 다시 묻게 되는 것이다. 따라서 마음의 작업은 계속된다.

〈천 개의 바람이 되어(千の風になって)〉라는 노래가 있다. 그 노래가 마음에 와닿는 힘은 어디에서 오는 것일까. 하나는 죽은 타자가 말을 거는 것이다.

> 나의 무덤 앞에서 울지 말아요.
> 그곳에 난 없어요. 죽지 않았어요.
> 천 개의 바람, 천 개의 바람이 되어,
> 저 커다란 하늘을 자유로이 날고 있어요

　사자 자신이 "무덤 안에 없어요", "죽지 않았어요"라고 말하고, "울지 말아요"라고 말을 건다. "당신이 있는 곳 어디에나 있어요"라고 시사해준다. 이 노래를 들으면 죽은 사람과 이야기하고 있다는 기분이 든다. 사람이 죽으면 '아아, 그 사람이 없구나'라고 절실하게 외로워지겠지만, 꿈속이나 이야기 속에서는 죽어있는 사람이 말을 걸어온다. 이것은 '모닝워크(mourning work)'나 '그리프 워크', 즉 마음속의 '상喪의 일(애도 작업)', '슬픔의 일'을 통해 사자가 새로운 형태로 다가오는 존재로 바뀌는 것이라고 볼 수 있다.

갈등을 자각하고 성숙해가는 과정

　애도 작업에는 더 괴로운 것도 있다. 소중한 사람의 죽음에 대해 자신에게 책임이 있는 것처럼 느끼는 경우도 적지 않다. 그것에는 자신이 사랑하는 사람에게 가졌던 싫은 생각에 대한 자각도 포함되어 있다. 사랑의 대상에 대해 동시에 증오나 적의가 담겨 있다는 통찰은 '양가성(ambivalence)'이라는 말로 표현된다. 아버지에 대해서는 사랑과 함께 사랑을 방해하는 힘의 주인으로서 몰래 적의를 지닌다. 이것이 오이디푸스 콤플렉스(Oedipus complex)이다. 소중한 타자의 죽음으로 인해, 그 대상에 대해 자신이 갖고 있던 적의를 직시하고, 자신을 자책하는 마음이 밀려오게 된다. 마음속 갈등을 새로운 사랑으로 승화시키는지에 대한 여부가 애도 작업의 과제이기도 하다.

타자의 죽음으로 마음이 천 갈래 만 갈래로 찢어지는 경험을 하지 못한 사람이라면, 상대가 살아있더라도 이미 슬픔은 시작된다는 것을 생각해보면 될 것이다. 이것을 '예비 비탄'이라고 한다. 알고 있는 사람이 병을 앓고 이제 죽어가고 있다면, 지금은 그가 살아있어도 슬프다. 소중한 사람과 무정하게도 곧 헤어지지 않으면 안 된다. 시험에 실패해서 자신의 희망을 포기하지 않으면 안 된다, 혹은 아이가 죽을 수도 있고 고통을 받고 있다는 것을 알고 있다면, 부모는 마음이 아프다. 사랑하는 대상의 상실을 예기하고서, 가슴이 답답하고 힘도 나지 않는다. 이러한 걱정이나 좌절의 예감과 슬픔은 매우 가까운 것이다.

슬퍼하는 것은 나쁜 반응이 아니다. 잃어버린 소중한 것을 다시 안아 품는 '일'이다. 이런 의미에서, 더 잘 살아가기 위한 불가결한 '일'이다. 슬픔을 제거하는 것은 마음속의 소중한 것을 잘라버리는 것과 같은 것이다. 슬픔이라는 마음의 일을 시간을 들여가며 행하는 것은 성숙으로 연결되고, 그때보다 더 깊은 삶의 보람을 찾아내는 것과 통하는 것이다.

프로이트 자신의 애도 작업

이미 언급한 것처럼, 「비애와 멜랑콜리」에서 프로이트는 '멜랑콜리', 즉

우울 상태와 비탄이 서로 비교될 수 있다고 하고, 우울병에 대한 설명을 시도하려고 한다. 그런데 그에 앞서 프로이트는 『꿈의 해석』(1900년)에서 아버지의 죽음에 대한 자신의 애도 작업에 대해 자세히 말하고 있다. 또 그 후의 여러 저작 중에서도 애도 작업의 과제를 계속하고 있다. 오코노키 게이고(小此木啓吾)의 『대상 상실─슬퍼한다는 것(対象喪失─悲しむということ)』(제3장)은 프로이트의 애도 작업을 알기 쉽게 해석하고 있다.

40세에 아버지를 잃은 프로이트의 마음은 우선 아버지에 대한 경애의 마음으로 가득 차 있는 것처럼 보인다. 그런데 점차 자신이 아버지의 죽음을 바라지 않았을까 하는 자책감에 시달리게 된다. 죽음의 과정에 있는 아버지 곁에 있으면서, '자기는 살아있어서 다행이다'라든가, 마음 한구석에서는 '빨리 편하게 가셨으면 좋겠다'고 하는 마음이 커지고 있었다는 것을 자각하게 된다. 그것에는 단지 죽음의 직전만이 아니라 오랜 세월에 걸쳐 무의식 속에서 아버지에 대한 반항심이나 자기가 아버지를 넘어서고자 하는 자기중심적 욕구가 잠재되어 있었다는 생각에 이르게 된다. 그리고 그것은 아버지만이 아니라 스승이나 선배, 동료 등 모두에 대해 경쟁상대로 느끼며 살아남으려고 하는 심정이라는 것을 자각한다.

일반적으로 사별 후에 남겨진 자는 자신의 부주의나 태만 때문에 사랑하는 사람을 죽게 한 것이 아닌가 하는 강한 죄책감에 시달리고, 그것에서 간단히 빠져나올 수 없게 된다. '강박성 자책'이라고 불리는 이것은 상실 후 경험하는 우울 상태의 주요 요인이기도 하다. 생각해보면, 사람은 누구에게나 자신의 에고이즘을 통해 관계하고 있는 측면이 있다. 그것에 만족하지 못한 경우에, 불만이나 분노, 적의로 향하게 된다. 애정의 뒷면에는 이러한 증오의 심정도 숨겨져 있다. 친한 타자와의 관계에서는 이러한 양

가적인 요소가 따라오고, 상실 후에는 이것이 자책감・죄악감을 일으
킨다.

친한 자의 사후, 사람은 타자에게 향했던 적의를 마치 자기 자신에게
향하도록 하는 것 같다. 프로이트의 경우는 그것을 자신의 체험에 따라
아버지와 아들의 갈등(오이디푸스 콤플렉스)의 형태로 인식해 간다. 그
자책감・죄악감과 타협해가는 것이 프로이트가 생각하는 애도 작업의 큰
과제로 된다. 남겨진 자는 곧 죄의식을 자각적으로 인식하여, 자책하는
것보다 속죄하는 대상으로서 타자를 바꿔 인식해 간다. 마음속에 '자신들
을 용서해 주는 사자', '자신들과 화해를 해주는 관용적이고 온화한 사자'의
상을 만들어간다. 그것은 '사자에 대한 순종'으로도 된다. 많은 일본인들은
불단이나 무덤에 머리를 숙이는 행동을 하는데, 그것은 '사자에 대한 순종'
을 알기 쉽게 표현해주는 형태일 것이다.

아이의 애착과 상실

프로이트의 애도 작업 이론은 후에 그리프 케어 이론의 기반이 되는데,
그것에도 큰 한계는 있었다. 이론의 배후에는 아버지 사후, 자신의 비탄
경험이 있고, 아버지에 대한 아들의 적의라는 모델에 크게 영향을 받고
있다. 프로이트 이후의 비탄(grief) 연구에서는 보다 다양한 상실 경험에
따른 고찰이 진행되었다.

부자 관계와 마찬가지로 모자 관계가 중요하다는 것은 프로이트 이후의
발달심리 연구에서 하나의 초점이었다. 비탄과 어머니에 대한 애착 관계
에 대해서는 존 보울비(John Bowlby)의 연구가 잘 알려져 있다. 부모가

죽거나 부모와 헤어진 아이가 정신적으로 곤란을 경험한다는 것은 산부인과 의사나 소아과 의사, 정신과 의사, 임상심리사, 그리고 아동양호시설 전문가 등에 의해서도 많이 관찰되는 점이다. 정신과 의사이자 아동심리 전문가인 보울비는 이러한 관찰을 종합하고 동물행동학의 성과 등도 편입시키면서, 작은 아이가 소중한 것을 잃었을 때의 반응에 대해 고찰했다.

부모가 없어진 아이는 어떻게 할까? 이것을 가까이에서 경험한 사람은 적을 것이다. 나는 집에서 키우고 있던 애완견을 생각해본다. 태어나고 얼마 안 되어서 우리 집에 데려온 그 강아지는 처음에 쌓여있던 천을 평생 소중히 하고 있었다. 입에 물고 흔드는 등 그 천이 있으면 힘이 나서 이런저런 짓들을 다 한다. 그리고 죽을 때까지 그 천에서 떨어지지 않았다. 애완동물의 대부분은 큰 상실을 경험하고 주인집에 온 것이다. 이러한 사례처럼, 비탄의 원형을 어머니와 떨어진 아이의 반응에서 찾는 것은 당연한 접근이라는 것을 이해할 수 있을 것이다.

스피츠(Rene Spitz)와 울프(Peter H. Wolff)라는 정신분석학자는 1946년에 몇 개월간 어머니나 양육자에게 애착과 의존의 관계를 경험하던 유아가 어머니에게서 떼어졌을 때 일으키는 대상상실의 반응을 '유아 우울'이라고 하였다(小此木啓吾, 1979, 제1장의 내용). 이러한 아이들은 어머니를 잃고 나서, 까다로워지고 자주 울고 곁에 있는 어른을 붙잡으려고 한다(1개월 후). 이어서 몸무게가 감소하고, 큰 소리로 울음소리를 내고, 발달이 늦어지고, 표정이 굳어진다. 수면장애가 일어나고, 이상한 자세를 취하고, 주위의 작용에 거부하기 시작하며, 운동이 완만해지고 여러 가지 병에 걸리기 쉬워진다(3개월). 그 이후는 더이상 울거나 소리 지르는 것도 하지 않고, 멍한 눈으로 무표정하게 되며, 주위에 대한 반응에 둔해지고, 계속

잠에 빠지게 된다고 한다.

어미를 잃은 아이의 심리

보울비는 이러한 병적인 전개로 향하는 사례만이 아니라 건전하게 전개
되는 경우도 많다는 것을 전제로, 어머니에게서 떼어진 영유아의 변화를
파악하려고 했다. 영유아의 반응은 대상성 상실에 대한 항의와 불안의 단
계에서 절망과 비탄의 단계로, 그리고 잃어버린 대상으로 향하고 있던 관
심이나 욕구를 없애거나 잊고, 다른 대상으로 향해가는 이탈의 단계로 전
개해간다. "항의의 단계에서 영유아는 어머니를 찾아 구하면서 돌아올 것
을 기다리고, 자신이 버려졌다는 분리불안(separation-anxiety)을 노골적으
로 표현한다. 마치 어머니를 잃은 현실에 항의하고 그 운명에 거스르며
필사적으로 잃은 상대를 되돌리려고 하는 것처럼 보인다"(小此木啓吾,
1979: 51). 서글픈 상태이다.

그다음 단계에서, 영유아는 어머니를 찾아 구하는 노력에 지치고 그러
한 노력이 무의미하다는 것을 깨닫게 된다. 어머니의 품에 돌아간다는 희
망을 버릴 수밖에 없게 되고, 심각한 비탄에 휩싸인다. 이 단계가 그리프
의 단계이다. 이대로 진행되면 병적인 상태에 이르게 되는데, 많은 아이들
은 점차 어머니에 대한 집착을 버리고, 어머니를 잊은 것처럼 행동하며,
어머니를 대신하는 양육자에게 마음을 향하게 된다. '이탈'의 단계로서,
그것은 새로운 대상에게 마음의 에너지가 향하는 긍정적인 단계이기도
하다. 대상 상실로 인해 애도(mourning)의 심리가 진행되고 있지만, 그것
에서 '절망과 비탄'의 단계를 통과한다. 보울비는 특히 이 단계를 나타내는

용어로 '그리프(grief)'를 사용했다. 그런데, '애도 작업(mourning work)'이 잘 진행되면 슬픔이 힘든 경험으로 이어지더라도 새로운 인생을 향해 힘을 얻어가는 적극적인 경험으로 될 수 있다.

더 자란 뒤에도 부모와 헤어지는 것은 매우 힘든 일이다. 7, 8세에 부모가 죽거나 이별한 경우, 아이의 아픈 마음을 상상할 수 있다. 건강 측면에서 부모 곁을 떠날 수밖에 없는 유아는 처음부터 슬픔을 배워나가게 된다. 여러 시기가 있겠지만, 사람은 누구나 부모로부터 떨어져 나간다. 점차 부모로부터 자립하는 것이 성장에는 빼놓을 수 없다. 옛날에는 훌륭한 사람, 왕족이나 귀족, 장수 등도 부모와 떨어져 자라는 경우가 많았다. 기숙학교에서 자란 아이 등 부모와 그다지 같이 지낼 수 없는 사람들도 있다. 부모나 선생님에게 미움을 받는다고 생각해서 힘들게 느끼는 아이도 있다. 인간은 평생 슬픔을 경험하면서 자라고, 애착의 대상과 떨어지면서 생활영역을 넓혀간다고도 말할 수 있다. 부모의 품에서 벗어나 고향을 떠나고, 그때까지 강하게 애착을 가졌던 것에서 떨어져 나가는 것으로 자신의 폭을 넓혀간다.

불교와 아이의 비탄

일본 정신사에 큰 업적을 남긴 저명한 불교인 중에는 어린 시절에 부모와 사별한 경험을 가진 사람이 눈에 띈다. 유소년기에 부모가 죽은 탓에 출가했다는 사례도 적지 않다. 호넨(法然), 도겐(道元) 등도 그렇지만 묘에(明恵, 1173-1232)는 부모의 상실로 인한 마음의 아픔을 강렬하게 표현한 것으로 알려져 있다. 그러고 보니, 불교의 근본이 되는 부처 자신도 태어나서 바로 어머니를 잃었다.

도가노오(栂尾)의 고산지(高山寺)에 주석하면서 화엄학의 학승으로도 이름 높은 묘에는 기슈(紀州) 아리다군(有田郡)에서 태어났다. 8세 때, 먼저 어머니를 잃고 같은 해 아버지마저 전사했다. 다음 해, 다카오(高雄/高尾) 진고사(神護寺)에 들어갔는데, 그때의 일을 「도가노오 묘에 상인 전기(栂尾明恵上人伝記)」에서는 다음과 같이 전하고 있다.

> 9살이 되던 해, 8월에 친지를 떠나 이미 다카오산에 올랐다. 왠지 고향을 떠나기가 서운하여 울면서 말을 타고 갔다. 나루타키(鳴滝)라는 강을 건너는데, 말이 멈춰 물을 마시려는 것을 고삐를 조금 당기니 걸으면서 물을 마시려고 한다. 변변찮은 축생도 사람의 마음을 알면서 가려는지 걸으면서 물을 마신다. 부모의 유명으로 사찰에 들어가지만, 친척과 헤어지기가 서운하여 울고 있는 것이 말보다도 훨씬 못하다는 생각에, 바로 그리운 마음을 접고, 오로지 고승이 되어 부모도 중생도 인도할 수 있기를 마음속으로 발원했다(喜海, 1981: 107-108).

묘에는 '불안불모佛眼佛母'라는 부처님 그림을 평생 소중히 가지고 있었다. '불안불모'는 '부처의 지혜의 눈'을 하나의 부처로 비유한 것인데, 일체의 부처를 낳는 어머니라는 뜻으로 '불모佛母'라고 불린다. 그 화상의 좌우 위쪽 구석에는 "함께 사랑스럽게 생각해주세요, 부처님. 그대 이외에 아는 사람도 없습니다"라고 적혀 있다. 또 "저를 불쌍히 여기소서. 영겁토록 잠시도 떠나지 않겠습니다. 나뭐불안불모님, 나뭐불안불모님 전에", "석가여래멸후의 유법遺法 어애자御愛子 죠벤(成弁) 기슈(紀州) 산중비구 사룁니다"라고 쓰여있다. 묘에는 부처를 연모하여 조금이라도 부처와 가까워지려고 인도까지 건너가는 것을 꿈에도 그렸다고 한다. 그렇게 조금이라도 부처 가까이에서 도를 닦고 싶다는 구도심이 작고한 어머니를 애타게 그리워하는 심정과 이어지고 있다는 것을 묘에는 숨기지 않았다.

아이덴티티와 비탄

보울비 등 발달심리학 전문가들은 많은 어린이의 반응을 보면서, 애착대상의 상실과 성장에 대해 생각했다. 프로이트 이후의 정신분석에서 점차 강조되지만, 사람이 자라는 과정에서 최초에 어머니의 사랑에 둘러싸여 있다는 경험이 얼마나 큰 은혜일까? 에릭슨(Erik Erikson)의 말에 따르면, 세계에 대해 또 살아가는 것에 대해, '기본적 신뢰'를 가지는 것은 그 후의 성장을 지지하는 양식이 된다. 그것은 또 생명의 은혜, 원천으로의 감수성을 키우는 것이기도 하다. 일본인에게 생명의 원천, 그것은 어머니이기도 하지만 또 가족이나 지역 사람들의 사랑이기도 하고, 고향의 자연이기도 하다. 비탄과 함께 살아가는 것은 생명의 원천에 대한 감각을 가지는 것이기도 하다. 그렇게 느끼는 사람이 적지 않다.

에릭슨은 유대계 덴마크인인 어머니에게서 태어났지만, 아버지가 누구인지 알 수 없었다. 그는 빈(Wien)에서 프로이트의 딸인 안나 프로이트(Anna Freud) 밑에서 정신분석을 배우고, 미국으로 이주하였다. 그는 발달심리학과 라이프 사이클의 이론가로서, 또 정신분석과 문화연구를 연결시켜 독자적인 자신의 연구영역을 개척한 학자로 알려지게 되었다. 라이프 사이클의 어느 단계에서 사람은 '아이덴티티'(자기동일성)의 탐구에 대처

한다. 청년기에는 인생을 살아가는 지침의 토대가 되는 "나 자신은 누구일까"라는 물음에 해답을 찾아내고자 한다. 많은 사람과 공유하며, 미래 자신의 방향을 정하게 될 만한 역사적·사회적인 정신적 대상에 자신을 연결시키고, 사회적인 자신의 자리매김을 포함한 자기다움의 감각을 얻으려고 한다.

에릭슨의 초기 저작, 『아동기와 사회(Childhood and Society)』(1950년)의 전반에서는 미국 원주민 아이들의 육아 방법과 문화적 가치관에 대한 고찰이 이뤄져 있고, 후반에는 히틀러(Hitler)나 고리키(Maksim Gorky), 그리고 미국인의 아이덴티티 형성에 대해 논하고, 현대문화의 심리역사적인 진단을 시도하고 있다. 이어서 에릭슨은 마르틴 루터(Martin Luther)의 아버지와의 심리적 갈등과 종교개혁이라는 서양정신사의 대전환을 연결시켜서 이해하려고 했다(エリック・エリクソン, 1958). 개인으로서의 아이덴티티 갈등이 서양의 새로운 아이덴티티의 역사적인 모색으로 이어지는 사태를 이해하려고 했던 것이다. 아이덴티티의 상실은 비탄을 초래함과 동시에 그것의 자각까지도 잃어버리게 만든다. 인생에 대한 전망을 상실한 인간은 이해관계에 따라 형성되는 눈앞의 생활로부터 떨어져서 높은 시점에서 살아가는 의미를 다시 파악하는 것이 불가능하게 되는 것이다.

슬퍼하는 힘을 잃은 사회

에릭슨의 심리역사적인 고찰은 비탄을 집합적, 또 문화적인 경험으로 파악하려고 하는 시점까지 포함하고 있다. 슬픔은 상실로 인해 일어나지만, 상실이 너무 심하면 슬퍼할 수조차 없게 된다. 집합적·문화적인 상실

에 대해 생각하면, '슬퍼하는 힘의 상실'이라는 것에도 생각이 미칠 수밖에 없게 된다. 그것을 주제적으로 논한 것이 독일의 정신분석가인 미처리히 부부(Alexander and Margarete Mitscherlich)이다(アレクサンダー・ミッチャーリッヒ, マルガレーテ・ミッチャーリッヒ, 1984).

미처리히 부부는 제2차 세계대전 후의 독일인이 나쁜 과거를 모두 히틀러에게, 또 나치스의 잘못으로 귀결시킴으로써 자기상自己像을 잘 구성할 수 없게 되었다고 논했다. 전쟁 후 독일의 '슬퍼할 수 없는' 사회심리를 지적하고, 왜 그것이 이어지고 있는지를 분명히 하려고 했다.

어느 공동체, 즉 600만 명이나 되는 인간을 자신의 공격적인 욕구라는 이유만으로 죽였다고 자각하고, 어떠한 지지도 잃어버린 공동체가 도대체 어떤 것을 이루면 좋다고 하는 것일까? 거기에는 그 동기를 더 광범위하게 부인하거나 그렇지 않으면 우울증으로 퇴각해버리는 것 이외에는 길이 없는 것처럼 보인다. 그런데, 20년이나 지나고서-아이히만(Eichmann)처럼-체포된 국가사회주의 활동분자는 결코 심각한 심적 압박을 받지 않았다는 사실이 명확해졌다. 더구나 그들은 자신들이 민족 살육에 직접 관여하지 않았고, 따라서 [과거 죄과의] 부인과 자기무해화自己無害化를 주장하면서, 그 곤경에서 벗어나기 위한 여러 가지 핑곗거리를 찾고 있다. 우울 반응이나 자기비판, 짊어진 죄의 크기에 대한 절망 등은 극히 드물었다(アレクサンダー・ミッチャーリッヒ, マルガレーテ・ミッチャーリッヒ, 1984: 30).

이것은 나치스 가담자만이 아니다. 많은 독일인이 나치스의 악을 히틀러에게 떠맡기고, 왜 히틀러의 대두를 막을 수 없었고, 나치스 독일의 융성기에는 왜 그에 기뻐했는지, 그 이유를 돌아보고, 어디에 잘못이 있었는지에 대해 반성할 줄을 마음으로부터 이해하지 못하고 있다. 전쟁 후의 경제성장을 통해, 전쟁 전의 악은 극복된 것처럼 느끼고 있다. 이것은 집단적인 '애도 작업'의 결여라고 미처리히 부부는 논하고 있다.

비탄의 집합적인 차원

일본인에게도 귀 아픈 논의가 아닐까? 전쟁 전의 일본이 중국이나 한국에 대해 공격적인 억압 정책이나 군사행동을 했던 것, 그것을 막을 수 없었다는 것, 또 국민 대다수가 군국 일본에 갈채를 보냈던 것에 대해 지금도 적절히 이해하고 있다고는 말할 수 없지 않을까? 또 그러한 반성을 할 수 없는 것은 아닐까? 러일전쟁에서 승리함으로써, 일본이 아시아 해방의 기운을 만들어냈다는 등 '빛나는 달성'만을 강조하고, 전쟁 전의 일본을 찬미하는 언설은 지금도 활발하게 이뤄지고 있다. 많은 국민에게 무참한 죽음을 강요하고 무수한 해외 사람들의 생명을 빼앗고 상처를 준 무모한 전쟁을 일으킨 이유에 대한 '애도 작업'이 적절하게 이뤄지고 있는지, 반성하지 않을 수 없다. 이 문제에 대해서는 제7장에서 다시 생각해보자.

에릭슨이나 미처리히 부부가 개척한 것은 개인적·사회적 아이덴티티의 혼란과 비탄이 밀접하게 얽혀 있다는 것이다. 비탄은 이뤄져야 하는 마음의 일이라는 것을 그들은 강조한다. 그리고 현대사회에서는 비탄이 억압되고, 회피되고, 망각되어버리는 경향이 있다는 것을 언급하고 있다. 독일이나 일본과 같은 패전국이 분명한 사례가 되겠지만 그것만이 아니다. 미국 등에서는 냉전에 승리했다는 자기 과신도 있어서 베트남전쟁이나 이라크전쟁을 실패라고 인정하는 것을 회피하는 경향이 강하다. 이것은 미국뿐만 아니다. 오히려 자본주의를 통한 경제성장으로 희망을 찾아내고 있는 세계에서 공유되고 있는 경향인지도 모른다.

에릭슨이나 미처리히 부부의 일은 비탄을 집합적인 문제로 생각해 가는 실마리를 제공했다는 점에서 의의가 크다. 일본에서는 동일본 대지진과 도쿄전력 후쿠시마 원전사고 이후에 그리프 케어에 대한 관심이 한 단계 더 높아진 것으로 보인다. "잊지 마세요", "없던 것으로 하지 말아주세요" 라는 목소리가 들린다는 것의 의미도 다시 생각하고 싶다.

애매한 상실

상실과 비탄을 둘러싼 연구에서 몇 가지 큰 전개의 내용을 언급해왔는데, 최근 몇 년의 전개 과정에서 주목할 만한 것은 '애매한 상실'에 관한 것이다. 그리프 테라피(grief therapy)라는 새로운 이론으로서, 이 이론의 제창자는 폴린 보스(Pauline Boss)라는 미국 임상심리학자이다. 일본에서도 보스의『상실, 트라우마 그리고 회복(Loss, Trauma, And Resilience: Therapeutic Work With Ambiguous Loss)』등의 책이 많이 읽히면서, '애매한 상실(ambiguous loss)'이란 말이 알려지게 되었다.

'애매한 상실'이란 무엇일까? 잃어버렸는지 부재인지 불확실하기 때문에, 비탄이 도사리고 있거나 오래 이어지기도 하는 것을 말한다. 크게 두 가지 타입이 있다. 신체적으로는 부재이지만 심리적으로는 실재감이 강한 경우와 신체적으로는 존재하지만 심리적으로는 부재인 경우이다.

전자의 전형적인 예는 '행방불명'인 사람의 경우이다. 보스는 2001년 9

월 11일, 미국의 동시다발 테러 때, 뉴욕 무역센터빌딩에 있었다고 추측되는 행방불명된 가족의 치유 과정을 경험했다. 이것이 '신체적으로는 부재이지만 심리적으로는 실재하고 있는' 친한 사람의 애매한 상실의 알기 쉬운 예이다. 일본에서 동일본 대지진의 쓰나미로 인해, 행방불명이 된 사람과 그 가족이 바로 떠오른다. 후자의 전형적인 예는 치매증 환자의 가족인 경우이다. 그곳에 친하고 소중한 사람이 있지만, 그 사람으로부터 응답은 거의 없고, 이야기를 나누거나 마음을 나눌 수도 없는 것에 아파한다. 이것이 '신체적으로는 존재하지만 심리적으로는 부재'인 경우로서, 친한 사람의 애매한 상실의 예이다. 치매만이 아니다. 그 외에도 의식이 명확하지 않은 경우가 있고, 의존증이나 우울증인 사람이 있는 가족의 아픈 마음도 그에 준하는 것이 될 수 있다.

'애매한 상실'의 퍼짐과 '마음의 가족'

위의 '애매한 상실'의 예는 전형적인 경우이지만, 보스는 그다지 명확하지 않거나 흔히 경험되는 상황으로도 관찰의 범위를 넓히고 있다. 이것에 대해서는 번역서 보스(ポーリン・ボス, 2015, 12) 〈그림 1〉 '파격적이어서 예기치 못한 타입의 애매한 상실의 상황(여러 차원의 경계의 애매함을 일으킴)'이 참고될 수 있다. '예기치 못한 비참한 상황'은 '전쟁', '감금', '탈주', '인지증', '의존증', '우울증', '혼수상태' 등 일부 사람이 경험하는 매우 특수한 경우이다. 한편, '보다 일반적인 상황'으로는 '이주', '청년이 집을 떠나서 자립하는 것', '향수병', '일중독', '컴퓨터게임이나 인터넷, 텔레비전에 과잉 몰두' 등 많은 사람이 일상적으로 경험하는 경우이다.

공통점은 '경계의 애매함'이다. 친한 타자가 '응답해주는지', '부재인지'가 불확실하기 때문에, 트라우마적인 경험이 증폭되고 스트레스가 오래 이어지게 된다. 이러한 '애매한 상실'로 인해 고통받는 사람을 구하기 위해서는 개인의 마음만을 상대로 하는 것이 아니라, 개인이 있게 된 맥락에 주의하고, 가족이나 커뮤니티를 통해서 개선을 도모할 필요가 있다.[7] 주요 컨셉트의 하나는 '마음의 가족(psychological family)'이다.

'마음의 가족'이라는 것은 인간의 마음속에 본질적으로 존재하고 있는 것입니다. 그것은 인간 경험의 기본적인 특징이라고도 할 수 있는 상실을 보완하는 것입니다. 마음의 가족이란 단지 깨지기 쉬운 사람들로 모아 이뤄진 것이 아닙니다. 그것은 생생하게 마음이 통해서 연결된 것이며, 상실이나 트라우마 속에 있는 사람들이 그 시기를 살아가는 것을 도와주는 것입니다. 사랑하는 사람으로부터 신체적으로, 심리적으로도 분리된 사람은 자신의 마음속에서 인식할 수 있는 고향이나 가족과 연결됨으로써, 상실에 대처해갈 수 있습니다. 이와 같은 심리적으로 구축된 가족은 때로는 공적으로 기록되어 있는 가족이나 현재 함께 살고 있는 가족과 겹칠 수도 있고 다를 수도 있습니다(포―린·보스, 2015: 37-38).

유대의 분단과 유대의 회복

당사자(내담자)가 누구를 마음의 가족으로 삼고 있는지는 테라피스트(therapist)에게도 매우 중요하지만, 그것이 반드시 바로 보인다고는 할 수

---

7) 포―린·보스(2015)의 p. 21에 거론된 문제군 참조.

없다. 이것을 놓치면, 비탄을 안고 있는 당사자의 힘든 점을 더욱 알기 어렵게 된다. 그렇다면, "미해결인 채로 있는 비탄 증상의 근원을 놓쳐버리게 될지 모릅니다. 이 일은 특히 명확하게 죽음을 확인할 수 없는 경우에 말할 수 있는 것입니다"(포―린·보스, 2015: 38).

이 '마음의 가족' 개념은 사별경험자와 사자와의 관계에 대해 제4장에서도 다루는 데니스 클라스(Dennis Klass)의 '지속적인 결속(continuing bonds)'과 통하는 부분이 있다. 죽더라도 사자와의 유대는 존재하지만, 그 사자는 없다. 그러한 간극의 절실함을 사람들과 함께한다는 것은 쉬운 일이 아니다. '지속하는 결속'을 사람들과 공유할 수 없다는 것은 마음의 고립이나 닫힌 마음이 일어나도록 한다. 그러므로 테라피스트는 치료목표를 '사람과의 유대'를 중시하는 것으로 정한다.

재난피해자는 커뮤니티의 누군가 친한 사람, 관계가 지속될 수 있을 것 같은 사람과 연계될 필요가 있습니다. 개인요법이라도 가족이나 커뮤니티를 고려해서 개입을 추천합니다. 제 경험으로는, 그런 치료에는 피해자의 주위 사람들과의 여러 조합-파트너, 배우자, 친구, 가까운 가족, 친척, 동료, 이웃, 그리고 종교적인 조언을 하는 사람이나 연장자 등을 포함할 수 있습니다. 그러나 그것에는 항상 마음의 가족이 포함됩니다. 내담자 자신이 정의한 가족이나 커뮤니티 시스템 속에서, 전문가는 자신들의 입장이 일시적이라는 인식하에 있게 됩니다(포―린·보스, 2015: 54-55).

베트남전쟁에서 행방불명된 병사의 가족과 접촉한 이후, '애매한 상실'의 그리프를 안고 있는 내담자의 치료경험을 쌓아온 폴린 보스이지만, 그 이론의 방침이 되는 강력한 실제 사례는 2001년에 뉴욕 등에서 일어난 9.11테러이다.

9.11테러와 '애매한 상실'

9.11테러로 트라우마를 입은 가족들은 행방불명된 사랑하는 사람을 찾으며 슬퍼했다. 테러 후 몇 주간 사람들은 그들에게 동정적이었다. 뉴욕의 도로에는 친족들이 행방불명된 사랑하는 사람의 사진이나 포스터를 들고서, "그를 보셨나요?", "그녀를 봤습니까?"라고 부르며 헤맸다(ポーリン・ボス, 2015: 55). 그중에는 이상한 행동을 보이는 사람도 있었다.

어떤 사람은 자살충동에 사로잡혔고, 트라우마가 심해서 입원해야만 하는 사람도 있었습니다. 대부분은 일시적으로 망연하고 혼란을 경험했지만, 일상생활을 하기에는 충분히 평정을 회복할 수 있었습니다. 그러나 9.11테러에서 일어난 일은 우리 모두에게 통상적인 예상을 넘는 것이고, 세계는 공정하고 도리에 어긋나지 않는 장소라고 하는, 누구나 지니고 있던 견해를 부쉈던 것입니다. 행방불명된 병사의 가족, 부상이나 인지증으로 인해 사랑하는 사람의 정신적 부재를 경험하는 가족들과 마찬가지로, 사람들은 9,11테러 후에도 여전히 비탄에 잠겨서 그로부터 회복할 수 있는 만족스러운 방법을 찾지 못했습니다. (중략) 이러한 종류의 트라우마적인 상실에서 종결이라는 것은 불가능이었습니다(ポーリン・ボス, 2015: 56).

이 내용은 한신・아와지 대지진이나 동일본 대지진, 미나마타병(水俣病)이나 옴진리교(オウム真理教) 사건, 후쿠시마 원전재해를 경험한 일본

인에게도 매우 가깝게 느껴질 것이다. 트라우마적인 사건이나 재해로 인한 상실이 가져오는 '이해불가능'한 감각, 망연자실할 수밖에 없는 경험을 겪을 때, 비탄이나 치료의 '종결'이 이뤄지지 못하는 사례는 수많이 발생할 수 있다. 그러나 그것을 "사랑하는 사람이 부상이나 인지증으로 인해 정신적인 부재로 되어버린 가족의 경우와 같다"고 할 수 있는가에 대해서는 의문이 남을 수 있다.

왜 상실이 힘들고 오래 이어지는 것일까

보스의 '애매한 상실'이론은 현대에 두드러진 것으로서, 힘들고 오래가는 비탄인 것으로 주목을 받고 있다. 그 이론에서 염두에 두고 있는 것은, ① 충격적인 사건·사고·재해로 인한 상실, 또는 ② 가까운 사람의 인지증이나 의존증, 우울증으로 인한 상실이다. 거론되는 사례들에 대한 통찰을 통해 배워야 할 점이 많은데, '마음의 가족'이라는 개념은 매우 시사적이다. 치료를 위한 개입은 가족이나 커뮤니티를 통해서 실시될 필요가 있다는 점, 또 당사자나 관계자의 문화적 배경에 대한 이해를 깊게 할 필요가 있다는 점 등도 타당한 지적이라고 본다.

그런데, 두 종류로 분류된 상실경험을 '애매한 상실'이라는 개념으로 묶고, '실재인지 부재인지 애매하다는 것'이 주요 문제라고 하는 인식은 타당할 것일까? 보스는 제2장 '트라우마와 스트레스'에서 우선 '스트레스'와 '트라우마'를 정의하고 있다. '스트레스'에 대해서는 "현 상태의 시스템에 대한 중압"이라고 정의하고, "개인이나 가족에게 치환되면 무엇인가가 중압감을 만들고, 그것이 너무 크기 때문에 좋지 않은 변화(붕괴나 기능 정지)

가 일어날 위험성이 있다는 것을 의미"한다고 말하고 있다. 또 '트라우마'란 "그것이 너무나 크고 예기할 수 없기 때문에, 그것에 대해 방어하거나 대처, 관리하는 것이 불가능할 정도의 스트레스"라고 정의하고 있다(포一린·보스, 2015: 52).

그리고 '스트레스와 트라우마는 어떻게 애매한 상실과 관련되는가?'라는 항목에서는 다음과 같이 서술하고 있다.

> 애매한 상실이 스트레스 요인이 되었을 때, 이 스트레스와 트라우마는 개인을 둘러싼 애매함이라는 맥락에서부터 확산되는 혼란과 무력감이 원인이라는 것을 테라피스트는 생각해내야 합니다. 이해하기 힘들고 비논리적이고 혼란스럽고 무의미하며 불공평하고 개인의 통제를 넘는 그러한 상황하에서는 어떻게 대처할 것인가 하는 이성적인 사고가 방해됩니다. 그리고 자신에게 과실이 없더라도 사람은 트라우마와 스트레스를 경험합니다. 왜냐하면, 사랑하는 사람이 존재하고 있는가 없는가 하는 당연한 일이 이해불가능하게 되어버리기 때문입니다. 다른 어떠한 상실도 이렇지는 않습니다. 다른 어떠한 스트레스도 이렇게까지 힘들지는 않습니다 (포一린·보스, 2015: 57).

공유, 공감을 얻기 힘든 상실과 비탄

"이해하기 힘들고 비논리적이고 혼란스럽고 무의미하며 불공평하고 개인의 통제를 넘는" 상실체험이라는 것은 어떤 것일까? 자살로 인한 '마음의 가족'의 죽음 또한 그럴 것이다. 행방불명이 아닌 전쟁이나 테러로 인한 죽음도, 재해나 사고로 인한 죽음도 그럴 것이다. 이러한 상실을 받아들이기 힘든 특성을, 행방불명으로 인한 실재와 부재의 애매함으로 귀결시키는 것은 타당할까? 또 이러한 것과 인지증이나 의존증, 우울증으로 인한 상실의 고통을 '애매함'이라는 공통의 특성에 따른 것으로 인식하는 것도 이해하기 쉬운 것은 아니다.

이러한 상실경험은 왜 생기는 것일까? 사고나 사건, 전쟁이나 테러 등 상황은 각각 다양하며, '종결'이 이뤄지기가 어렵다. 제2차 세계대전에서 죽은 일본인들의 경우가 대부분 그렇다. 이런 생각은 원자폭탄으로 인해 죽은 자의 경우 특히 심하다. 예를 들면, 원자폭탄이든 미나마타병이든 피해 인정이 늦어진 것은 비탄의 장기화와 관련되어 있다. 그때 피해를 인정하는 사람과 피해가 있는 것을 인정하지 않는 사람과의 사이에 분단이 일어난다. 이것은 '애매함'의 요소도 있지만, 피해자의 인간성을 경시한 불합리한 가해의 특성, 가해자측이 책임을 인정하지 않는 것, 피해자를 차별하기 쉬운 것 등과 관련이 있다. 한편, 인지증, 우울증, 의존증 등의 경우, 자살과 같이 심리적으로 부재가 된 사람의 고통을 불명예라고 느끼고, 그 일을 타자에게 말하기 어려워하는 것이 비탄의 무거움이나 악화, 장기화를 초래하는 것이다.

이렇게 비탄의 무게나 악화, 장기화에는 다양한 요인들이 관련되어 있다. 그런데도, 그것을 당사자의 실재와 부재의 '애매함'이라는 한 가지로 집약하려는 것은 성급한 일반화가 아닐까? 이러한 단순화에도 불구하고, '애매한 상실'의 이론에 많은 사람이 공감하는 이유는 무엇일까?

그것은 상실의 원인이 무엇인가 하는 인지와 그것에 따른 감정이 공유되기 어렵고, 따라서 비탄이 증폭되는 경험이 늘고 있기 때문일 것이다.

지금까지도 '병적인 비탄', '복잡성 비탄', '공인되지 않는 비탄' 등에 대해 논의해왔지만, 평온함을 가져오기 어려울 정도의 힘든 비탄의 특징을 새롭게 '애매한 상실로 인한 비탄'이라는 것을 통해 인식하려고 하는 시도가 나타나서, 공감을 불러일으키고 있다. 그런데 그것은 공감하기 어렵기 때문에 생기는 비탄의 증폭이라고 인식하는 것이 좋을 것이다.

그것은 개인과 가족, '마음의 가족'이 고립되어, 비탄에 공감하는 타자나 공동체를 찾기 어려워지는 것이 주요 요인의 하나일 것이다. 또 상실의 요인에 대해, 사회에서 다른 인식이 병존하면서 인지와 감정의 분단은 넓어지고, 그 때문에 비탄에 공감하고 서로 나누는 것이 어려워지고 있기 때문은 아닐까.

이상과 같이 생각해보면, 이번 장의 앞부분에서 에릭슨이나 미처리히의 이론을 통해 소개된 것과 같은 상실과 비탄의 집합적 차원의 중요성을 알아차릴 수 있을 것이다. 비탄을 함께한다는 경험이 그 사회에서 어떤 형태를 가지고 있는가 하는 문제이다. 그것은 또 상실과 비탄을 함께 경험한다는 문화적 차원으로 주의를 돌리는 것이기도 하다. 비탄을 함께하는 것이 쉽지 않게 된 것, 여기에 그리프 케어가 요구되는 배경이 있다고 볼 수 있다. 다음 장부터는 이러한 문제에 대해 고찰하고자 한다.

참고문헌

ジークムント・フロイト, 「悲哀とメランコリー」("Trauer und Melancholie", 1917), 『フロイト著作集』6, 井村恒郎・小此木啓吾他訳, 人文書院, 1970(原著1916).

小此木啓吾, 『対象喪失—悲しむということ』, 中公新書, 1979.

ジョン・ボウルビィ, 『ボウルビィ母子関係入門』, 作田勉監訳, 星和書店, 1981
　　　(The Making & Breaking of Affectional Bonds, 1979).

ジョン・ボウルビィ, 『母子関係の理論』全三巻, 黒田実郎他訳, 岩崎学術出
　　　版社, 1977-81(Attachment and Loss, 1969-1980).

喜海, 「栂尾明恵上人伝記」, 久保田淳・山口明穂校注, 『明恵上人集』, 岩波文
　　　庫, 1981.

エリック・エリクソン, 『幼児期と社会』全二巻, 仁科弥生訳, みすず書房,
　　　1977, 80(Childhood and Society, 1950).

エリック・エリクソン, 『青年ルター』全二巻, 西平直訳, みすず書房, 2002,
　　　03(Young Man Luther: A Study in Pcychoanalysis and History,
　　　1958).

アレクサンダー・ミッチャーリッヒ, マルガレーテ・ミッチャーリッヒ, 『喪
　　　われた悲哀—ファシズムの精神構造』, 林峻一郎・馬場謙一訳, 河出
　　　書房新社, 1984(Die Unfahigkeit zu Trauern, 1969).

ポーリン・ボス, 『あいまいな喪失とトラウマからの回復—家族とコミュニティ
　　　のレジリエンス』, 中島聡美・石井千賀子監訳, 誠信書房, 2015(Loss,
　　　Trauma, and Resilience: Therapeutic Work with Ambiguous Loss,
　　　2006).

デニス・クラス, 「遺された親の精神的、社会的ナラティヴに見られる亡き
　　　子どもの内的表象」, ロバート・A・ニーマイヤー編, 『喪失と悲嘆
　　　の心理療法—構成主義からみた意味の探究』, 富田拓郎・菊池安希子
　　　訳, 金剛出版, 2007(Meaning Reconstruction and the Experience
　　　of Loss, 2001).

제4장 그리프 케어를 가까이 느낄 수 있는 이유

슬픔을 나누는 문화의 후퇴

'슬퍼하는 힘의 상실'은 전쟁의 기억과 같은 영역에서만 일어나는 것이 아니다. 일본 민속학의 창시자인 야나기타 구니오(柳田國男)가 1941년에 강연한 내용 가운데, 후에 「체읍사담涕泣史談」이라는 제목이 붙여진 글이 있다. 그 문장에서 야나기타는 근년에 일본인은 그다지 울지 않게 되었다고 쓰고 있다. 슬픔을 표현하는 것이 어설퍼졌다는 것이다.

인용된 사례는 다음과 같다.

20세가 되던 여름, 친구와 둘이서 아쓰미반도(渥美半島) 와지(和地) 오사마(大山)에 등산하려고, 산자락 마을에 있는 민가에서 짚신을 갈아신고 있었다. (중략) 할머니 한 분이 가까이 와서 이런저런 것을 묻는다. 어디 사람이냐, 밥은 먹었느냐, 부모는 계시냐 등을 말하다가, 자신에게도 우리와 같은 손자가 있었다, 도쿄에 나가 죽어버렸다고 말하는가 싶더니, 놀랄 정도로 소리높여 바로 눈앞에서 울기 시작했다. 그 주름투성이의 얼굴만은 영원히 기억에서 사라지지 않는다(柳田國男, 2008: 327-328).

야나기타는 젊은 자신들을 보고 죽은 손자가 생각나, 젊은이들에게 자신의 깊은 비탄을 숨기지 않았던 그 할머니에게 깊은 경의를 표하며 문장을 쓰고 있다.

이런 사람이 적어졌다. 말로 표현하는 힘이 발달해서 울지 않는 것인가 하면 그렇지도 않다. 말로 슬픔을 나타내는 것도 판에 박힌 듯이 마음이 담겨 있지 않다. 야나기타는 동해 각지에서 오본(お盆)이나 오히간(お彼岸)에 사자를 맞이하기 위해, "할아버님, 할머님, 이 등불로 절 찾아오세요."라고 말하고, 보낼 때는 "오이냐레 오이냐레"(おいにゃれおいにゃれ)라고 하거나 슬픈 소리로 크게 울부짖는 사례를 들면서, 다음과 같이 서술하고 있다.

> 그것을 고나카리(コナカリ) 등으로 부르며, 주로 아이들의 역할인 것으로 하고 있다. 어쨌든 살아있는 사람뿐만 아니라 죽은 사람, 눈에 보이지 않는 영혼에게도 역시 슬픈 마음의 소리를 듣게 할 필요가 있다고 옛사람들은 생각하고 있었다(柳田國男, 2008: 339-340).

'고나카리'의 뜻은 잘 모르지만, 아이들도 함께 의례에 참가하며 사자들에 대한 비탄의 마음을 나눈다. 이러한 의례가 죽음을 대면할 수밖에 없는 사람들의 마음을 깊숙한 곳에서 지지해왔다는 것을 야나기타는 시사하고 있다.

슬픔을 나누는 의례의 후퇴

그리프 케어가 등장하기 전에 '슬픔을 나누는 문화의 후퇴'가 있지 않았을까? 이 문제에 대한 물음을 정면에서 제기한 책이 1965년에 출간된 제프리 고러(Geoffrey Gorer)의 『현대 영국에서의 죽음과 슬픔, 애도(Death, Grief, and Mourning in Contemporary Britain)』[8]이다. 이 책의 '자전적 서문'에는 책의 논점이 개인적인 경험과 연결되어 인상 깊게 설명되어 있다.

고러는 1910년 5월, 영국의 국왕 에드워드 7세(Edward VII)가 죽었을 때의 선명한 기억을 갖고 있다. 어느 일요일에 유모가 아이들을 공원에 데려갔는데, 많은 사람들이 햇볕을 즐기려고 나와 있었고, 여성들은 거의 다 상복을 입고 있었다고 한다. 이외에도 죽음을 가까이에서 느끼는 기회는 적지 않았다. 길거리에서 장송행렬을 마주치는 일도 많았고, 아이들은 행렬이 지나갈 때까지 모자를 벗고 가만히 있어야만 했다. 10세 때, 아버지가 돌아가셨다. 당시 여객선 루시타니아(Lusitania)호가 독일 잠수함에 침몰당했는데, 그의 아버지도 그 배에 타고 있었다.제1차 세계대전으로 인하여 사망자도 많았고, 그 시기에는 상복을 입은 여성들도 빈번히 보였다. 고러는 자신의 어머니의 경우, 행운이었다고 말한다. 왜냐하면, 상복을 입는 규정을 지키면서도 부상병을 돌보는 일에 종사할 수 있었기 때문이었다.

어머니의 생활에 생긴 구멍은 숙련이 필요한 일을 하게 되면서 적절하게 메워지게 되었다. 그 이전의 시대였다면, 어머니에게 이만큼 의지할

---

8) (역자 주) 일본어 역서는 『死と悲しみの社会学』(ヨルダン社, 1986)란 제목으로 출간됨.

수 없었을 것이다. 또 훨씬 이후의 시대였다면, 어머니는 자신을 지탱해준 상복 의례에 따른 혜택을 받을 수 없었을 것이다. 의례가 있었던 덕분에, 하나하나 자신이 결정해야 하는 번거로운 행위를 어머니는 하지 않아도 되었다(ジェフリー・ゴーラー, 1986: 18).

고러는 20세기, 두 차례의 세계대전을 겪으면서 상喪의 의례가 급속히 없어졌다고 파악하고 있다. 그 요인의 하나가 전사자의 아내들에 대한 배려라고 보고 있다. 그녀들이 오랜 기간 상복을 입는 것보다 새로운 인생을 향해야 한다는 생각이 여기에도 작용하지 않았을까 하고 추측하고 있다.

고러의 생애에서 힘들었던 사별의 경험은 어린 시절, 아버지와의 사별과 제2차 세계대전 후에 있었던 동생 피터(Peter)의 죽음이었다. 우수한 학자이고 행복한 가족생활을 하고 있던 장년기에 동생은 암을 앓았다. 그것이 치명적인 암이라는 것을 피터의 아내에게 말해야 할지 고민이었다. 죽음이 임박했다는 고지는 그 당시 영국에서도 이뤄지지 않고 있었다. 결국에는 알렸지만, 가족들의 마음은 계속 무거웠다. 피터의 사후에도 그의 죽음에 대해 친구들이 언급하는 것을 좋아하지 않았다. 아내 엘리자베스에게도 형 고러에게도 위로가 되지 않는 울적한 나날의 연속이었다.

고러가 동생의 죽음에 대해 언급한 것은 죽음을 언급하려고 하지 않는, 죽음을 숨기는 당시 주위 사람들의 문화나 습관과 관련이 있기 때문이다. 종교의례에 그다지 친숙함을 느끼지 않는 사회계층이나 그들이 받아온 교육의 원칙에 따라, 비탄의 과정이 막혀있었다는 것을 고러는 시사하고 있다. 당시 영국에서 의료관계자나 지적인 사고를 중시하던 사람들은 죽음에 관한 의례를 경시하였고, 결과적으로 죽음을 숨기는 이러한 문화 경향을 뒷받침하게 되었다고 보고 있다.

죽음의 포르노그래피

이러한 경험을 바탕으로 고러는 1955년에 '포르노화된 죽음(pornographic death)'이라는 제목의 문장을 발표했다. 그 글도 『현대 영국에서의 죽음과 슬픔, 애도』에 수록되어 있다. 사회인류학자인 고러는 세계 여러 민족에게서 사별의 비탄을 나누는 의례가 치밀하게 이뤄져 왔다는 점에 주목하고 영국에서도 예전에는 그랬었다고 말한다.

> 사망률이 높았던 19세기에 '아름다운 시신'에게 작별인사를 한 적이 없거나, 사람이 죽어있는 곳에 한 번도 입회한 적이 없는 사람은 거의 없었을 것이다. 장례식은 노동계급에게도 중류계급이나 귀족에게도 최대한 돈 보이도록 장식하는 기회였다. 공동묘지는 오래된 마을이면 어디든 그 중심에 있었고, 도시 대부분에서 눈에 쉽게 띄는 곳에 위치하고 있었다(ジェフリー・ゴーラー, 1986: 207).

그런데, 20세기를 지나면서 자연스러워야 할 죽음이 점점 '입에 올리지 못하는 것'으로 되었다. 종교심이 약해진 것과 명확한 관계가 있다. 사후의 생에 대한 이야기를 할 수 없게 되면서, 죽음에 대해 이야기하는 것도 쉽지 않게 되었다. 고러는 설문조사에서, 최근 5년 사이에 가족의 죽음을 경험한 사람들에게, 부모로서 그 죽음을 16세 미만의 아이들에게 어떻게 설명했는지에 대해 물었다. 50%보다 조금 적은 수의 부모가 아이들에게 아무

말도 하지 않았다고 답했고, 남은 부모들도 대부분 완곡한 표현으로 말했다고 답했다(ジェフリー・ゴーラー, 1986: 43-51).

"딸에게 할아버지는 천국의 예수님에게 가셨다고 말했어요. 거짓말이 되지 않는 범위에서 가능한 한 동화처럼 이야기하려고 노력했습니다."

"우리는 조용한 말투로 아들에게, 할머니는 멀리 가셨다고 말했어요."

"할머니는 잠들었고, 이제 너희들은 할머니와 만날 수 없다고 아이들에게 말했어요."

잘 이야기할 수 없었다는 부모들의 변명도 있다.

"할아버지가 돌아가셨다고 아이들에게 말했어요. 그것뿐입니다. 요즘 10대 아이들은 그러한 것에 괴로워하지 않아요."

"저는 설명하지 않았어요. 아이들이 학교에서 배웠을 것입니다."

"아이들에게는 우리가 하는 일에 참여시키지 않았어요. 그리고 묻지 않는 이상은 아무것도 이야기하지 않았습니다."

이와 같이 신변 가까이에서 자연적인 죽음에 대해서 숨기는 경향이 강해지고 있다. 애도 작업의 그릇이 되었던 의례나 가르침, 이야기가 멀어지고 있다. 한편 횡사나 비명의 죽음에 대해서는 뉴스나 엔터테인먼트에서 활발하게 다뤄지고 있다. 오락이나 남의 일로서, 자극이 강한 살인사건이나 사망자가 계속해서 나오는 전투장면을 접할 기회는 너무나도 많이 준비되어 있다. 마치 평소에 숨겨져 있던 성에 관한 표현을 포르노그래피가 노골적으로 다루는 것과 비슷하다고 고러는 말한다. 시기가 조금 지난 뒤

에, 시슬리 손더스(Cicely Saunders)가 런던에서 성 크리스토퍼 호스피스
(St. Christopher's Hospice)를 설립했는데, 그것은 고려와 같은 현대 선진국
문화의 난점을 알아차렸기 때문일 것이다.

비탄 문화의 힘과 그 회복

사별에 따른 상실로 아픈 사람들에게 비탄을 표현하고 나누는 문화는
큰 버팀목이 되었었다. 근대 이전의 사회에서는 비탄의 표현이 자연스러
운 것이라는 인식이 공유되고 있었고, 당사자의 주변 사람들은 당사자의
비탄을 나누면서 공감하는 마음, 지지해주는 마음을 무리 없이 표현할 수
있었다. '그리프 케어'라는 과제에 의식적으로 대처할 필요도 없이, 공동체
나 사회의 종교적 또는 관습적인 실천을 통해 저절로 애도 작업이 진행되
었다. 그리고 사람은 비탄을 통해 인간적으로 성장하게 되었다.

슬픔 그 자체는 결코 해악도 아니고 병도 아니다. 오히려 성장의 양식이
라고도 할 수 있다. 비탄 문화에 주목한 사람들의 논리에는 그것이 전제된
다. 앞에서 언급한 에릭슨이나 미처리히도 그랬었고, 방금 소개한 고려의
견해도 그렇다. 그들은 모두 현대사회가 '애도 작업'을 적절히 진행하는
문화장치를 잃어가고 있는 것은 아닌가 하고 생각한다. 인류문화라는 관
점에서 보면, 비탄에는 적극적인 의의가 있다고 인식하는 것이 자연스럽
다. 그것을 잃어버렸기 때문에, 새롭게 의도적으로 '그리프 케어'라는 행위
를 시작할 필요가 생겨났다고 볼 수 있겠다.

현대 그리프 케어에서는 다음과 같은 인식이 확산되고 있다. 비탄은
가능하면 경험하지 않는 것이 좋은 것이 아니라, 인간이 경험해야 하는

것으로 정해져 있고, 비탄을 통해서야 얻을 수 있는 경험 차원도 있다는 것이다. 이제는 비탄이 살아가기 위한 큰 힘이 된다는 합의가 되어있다. '트라우마 후의 성장'이라는 개념도 사용되고 있다. 그러나 20세기 중반, 의학에서 그리프 케어가 과제로서 강하게 의식되었을 때는 잘 극복할 수 없는 슬픔으로 인해 병적으로 되어버린 사람들의 사례가 주목받았다. '병적인 비탄'이라든가 '복잡성 비탄'이라는 말이 빈번히 사용되었는데, 후자는 지금도 자주 사용되고 있다.

슬픔의 힘과 병적인 비탄

'병적인 비탄'에 따른 이론이 나온 것은 1940년대의 일이다. 1944년, 린더만(Lindermann)이라는 의사가 비탄으로 인해 고통스러워하는 사람, 혹은 스스로 목숨을 끊으려고 하는 사람의 케어에 대해 논의했다. 보스턴(Boston)의 나이트클럽 '코코넛 그로브(Coconut Grove)'라는 가게에서 대화재가 일어났는데, 린더만은 그 피해자들 가운데 계속 회복하지 못하는 사람들이 있다는 것에 주목했다.

그 사고로 아내가 사망한 32세의 남성은 처음에는 힘도 있고 건강에 아무런 영향도 없는 것처럼 보여서, 잠깐 입원하는 것으로 끝났다. 그런데, 그 후 얼마 안 되어서, 그는 가족과 함께 병원으로 돌아왔다. 가만히 있지 못하고, "아무도 저를 구할 수 없어요. 저는 언제 죽는 겁니까? 죽는 거죠?"와 같은 말을 반복적으로 중얼거리고 있었다. 화재의 기억에 사로잡혀, 아내를 구하지 못하고 자신이 의식을 잃어버렸던 것을 용서하지 못하는 것 같았다. 입원 6일째, 그는 간호사의 눈을 피해 창문에서 뛰어내렸다(그

リック・リンデマン, 1984).

린더만은 이러한 사례를 '병적인 비탄'이라고 부르고, 그러한 사람을 의학적으로 케어하고 치료하기 위해, 어떻게 해야 좋은지에 대한 과제에 부응하려고 했다. 병적인 반응의 특징은, ① 신체적 고통, ② 고인의 추억 속의 모습에 집착, ③ 죄책감, ④ 적대적인 반응, ⑤ 행동양식의 상실 등이다. '적대적인 반응'이라는 것은 타자와 교류하면서도 따뜻한 마음을 가질 수 없어서 상대를 곤혹스럽게 만드는 행동에 나서는 것이다. 초조하거나 분노를 나타내거나 그냥 놔두라고 돌아서기도 한다. 본인도 그러한 상태를 다루기 어려워하며, 그것 때문에 사회관계를 유지할 수 없게 되는 것이다.

비탄의 단계와 비탄 과제

이후의 연구로서는 상실을 경험한 사람이 어떠한 심리적인 경과를 지나서 '회복'되어 가는지에 대해 단계를 상정하는 이론도 제시되었다. 보울비는 '항의', '절망', '이탈'이라는 3단계를 주장했다. 어머니를 잃은 아이는 "왜 엄마가 없어졌지?", "왜 나만 남의 집에 맡긴 거지?"라는 의문을 갖는다. 그러나 이제 무엇을 말해도, 무엇을 생각해도 사태를 바꿀 수 없다고 포기한다. 포기하게 되면, 마음을 가다듬고 새로운 대상에 심적 에너지가 향하기 시작한다. 엘리자베스 퀴블러 로스의 이론에서 스스로 죽음을 눈앞에 둔 사람이 죽음을 대했을 때의 의식, 즉 '부정', '분노', '타협', '우울', '수용'의 5단계와 같다.

그 이외에도 여러 가지 단계이론이 있다. 그러나 점차 단계이론에 대한 비판이 강해졌다. 상실에 대한 사람들의 반응에 다양하고 획일적인 패턴을 상정하는 것은 적당하지 않다. 유연한 대응을 방해할 수도 있고, 단계를 밟지 않는 사람을 이상하다고 오인할 수도 있다. 그것은 또 비탄으로부터 '회복'한다고 하는 목표를 상정하는 것에 대한 의문이기도 하다. '비탄과 함께 산다'는 것은 사랑과 등가인 것이며, 살아가기 위해서 중요하고 소중한 것을 계속 의식하는 것이다. 그러나 그것에는 여러 가지 형태가 있을 수 있다. '이탈'이라든가 '수용'이라는 목표를 상정하는 것은 '비탄과 함께 사는' 다양한 모습을 억지로 틀에 박히도록 하는 것일 수 있다.

그래서 비탄을 안고 있는 개개인이 완수해야 하는 몇 가지의 과제를 제시하고, 그 과제를 다 할 수 있도록 도우려는 입장이 등장한다. 윌리엄 워든(William Worden)으로 대표되는 과제이론이 있다. 워든은『비탄 카운슬링-임상실천 핸드북(Grief Counnceling and Grief Therapy: A Handbook for the Mental Health Practitioner)』(초판, 1982/제4판, 2008)에서 상실에 적응하기 위해서는 4가지 기본과제가 있다고 하였다. "그 과제는 특정한 순서에 따라 대응할 필요는 없지만, 각각의 정의를 생각하면 어느 정도의 순서는 있다고 가정되어 있다"(ウィリアム・ウォーデン, 2011: 37). 프로이트는 애도 작업이라고 파악했지만, 작업이라고 하는 것은 과제를 다하는 것이기 때문에, 애도 작업을 달성하기 위한 '애도 과제'라는 인식은 어느 정도 타당하다.

애도의 4가지 과제

그렇다면, 워든이 제시하는 '애도의 4가지 과제'는 무엇인가?

첫째, '상실의 현실을 받아들이는 것'이다. 보고에 따르면, 상실을 부정하려고 하는 마음의 움직임이 있다. 예를 들면, '죽은 사람은 나에게 큰 의미가 있는 사람이 아니었다'고 생각하거나, 죽은 사람을 기억에서 쫓아내거나, 유물을 미이라처럼 보존하고서 돌아오면 언제든지 쓸 수 있도록 놓아두거나, 나아가 영혼으로 살아있고 그를 부르면서 교류하는 것을 고집하는 모습 등이다. 이러한 환상에 의지해서 부정을 극복한다는 과제가 있다.

둘째, '비탄의 아픔을 소화해가는 것'이다. 비탄에 따른 고통(영어 pain, 독일어 Schmerz)을 소화한다(processing)는 것은 고통을 느끼지 않도록 하는 것이 아니다. 비탄에 따른 고통을 의식에서 내쫓거나 일시적으로 완화시키는 위안으로부터 도망치는 것이 아니라 비탄에 맞서 그것을 소화해가는 것이다.

셋째, '고인이 없는 세계에 적응하는 것'이다. 중요한 타자가 없어진 세계에서 살아가야 하며, 그러기 위해서 우선 그러한 환경에 대한 '외적 적응'이 필요하다. 또 사별로 인해 그 사람의 아이덴티티나 자존심, 자기효능감에 생기는 영향에 적절히 대응할 수 있는가('내적 대응'), 새로운 아이덴티티나 자존심, 자기효능감을 획득할 수 있는가, 그리고 '영적 적응' 즉, 의미 세계가 망가지는 것과 같은 충격이 있는 경우, 그것을 어떻게 다시 세워나갈 것인가 하는 과제가 있다.

넷째, '새로운 인생을 걷기 시작하는 길에서 고인과의 영속적인 유대를 찾아내는 것'이다. 비탄을 괴로워하는 사람의 마음속에서 소중한 고인은 나중에 안정된 위치를 갖고 떠올리게 되며, 계속해서 작용하게 된다. 그때, 고인과 산 자의 관계가 새로운 삶을 지탱해 키워주는 것으로 되는가 그렇지 않은가 하는 것이 과제가 된다.

이상의 '과제'를 지표로 카운슬러는 비탄을 안고 있는 사람을 인도해간다. 이것이 과제이론의 입장이다. 그러나 워든이 설정하는 '과제'의 해결이 비탄을 안고 있는 사람이 요구하는 것일까? 심리학자나 정신의학자가 이론화를 목표로 하는 것은 좋지만, 그것은 사람들을 어떤 틀에 박히도록 만들어버리는 것은 아닐까?

의미의 재구축이라는 틀

이러한 반성을 거치면서, 1990년대 이후 그리프 케어라는 새로운 이론이 제시되었다. 그 하나는 '의미의 재구축'이라는 틀로 비탄을 이해하려는 시도이다. 토마스 아티그(Thomas Attig), 로버트 네이마이어(Robert A. Neimeyer), 데니스 클라스(Dennis Klass) 등에 의해 제기된 것으로, 21세기에 들어서면서 지지자가 늘고 있다.

비탄의 모습은 다양하다. 사람 각자가 지니고 있는 개인사나 인간관계, 생활환경의 모습, 그리고 누가 어떠한 사정으로 상실했는지에 따라, 한마디로 같은 사별의 비탄이라고 하더라도 그 나타나는 모습은 다양하다. 자살유가족이나 주산기에 아이를 잃은 부모는 자신의 비탄이 잘 이해되지 않을 것이라는 생각에 빠지는 경우도 적지 않다, 비탄을 타자가 받아주지 못한다는 생각에서 비탄이 복잡하게 꼬이게 된다. 비탄 때문에 틀어박혀 있는 것이 비탄의 고통을 계속 받게 되는 하나의 큰 요인이기도 하다.

그래서 비탄의 다양성을 하나의 패턴에 집어넣는 것이 아니라 개개의 사람들의 내적 세계에 의거해서 이해하려고 하는 사고가 나온다. 각각의 사람은 중요한 타자의 상실로 인해, 무너져버린 '살아갈 의미'의 틀(의미 세계)을 다시 구축하는 작업(work)을 해야만 한다. 이것은 자기 자신의 이야기를 다시 조립하는 것이다. 자신은 누구이며, 무엇을 보람으로 살아왔고 살고 있는지에 대해 각자가 자전적인 자기 이해를 가지며 살고 있다. 중대한 상실로 인해, 그 이야기가 성립되지 않게 되었다. 그래서 남겨진 자는 자신의 이야기를 재구축하는 큰 과제에 나서게 된다. 유가족이 이야기(narrative)를 나누는 기회를 갖는 것이 그리프 케어에서 중요한 것은 바로 이것과 관련이 있다.

그것은 또한 타자와의 관계를 다시 조립해가는 것이기도 하다. 예를 들어, 죽은 아이에게 쏟았던 관심(심적 에너지)을 다른 아이들이나 동료들에게 향하도록 하는 것도 있을 것이다. 소중한 사람을 잃은 가족의 경우, 남겨진 사람들끼리 만들어내는 관계의 모습도 바뀐다. 서로가 아픔을 안고 있기 때문에, 그것에 곤란한 문제가 생기기도 한다. 새로운 타자, 예를 들면 같은 비탄을 품고 있는 사람들과의 만남이 큰 도움이 되는 경우도 있다.

그러나 잃어버린 타자라고 해도 완전히 없어진 것은 아니다. 데니스 클라스가 말한 것처럼, 유대는 이어지고 있다. 마음속에서 잃은 사람은 모습이 바뀌면서 살고 있다. 그 모습도 시간이 지나면서 변화한다. 남겨진 자는 '지속적인 결속(continuing bond)'을 강하게 느끼고, 잃어버린 사람의 '내적 표상(inner representation)'은 그 사람의 마음 세계에서 큰 위치를 차지하고 있는 경우가 많다.

남겨진 부모의 모임(Bereaved Parents)

클라스는 아이를 잃은 부모 모임의 이야기를 통해 배우면서, 남겨진 부모의 의미 세계의 변화를 묘사하고 있다(デニス・クラス, 2007). 그는 죽은 아이의 내적 표상과 남겨진 부모의 사회관계 변화에 주목하고, 비탄 후의 유가족의 마음 변화를 그려내고 있다.

사별 직후, 부모는 그 아이가 이제 없다는 사실에 도저히 마주할 수 없다고 생각한다. 현실과 괴리된 비현실적인 몽상에 들어간다. 혹은, 현실이라고 생각하고 싶지 않은 부인의 심리가 움직이도록 한다. '남겨진 부모의 모임(遺された親の会)' 회보에 다음과 같은 기사가 있다.

창문으로 들어오는 빛에 눈을 뜬다. 정말 아름다운 날이다. 그런데, 잠깐만…내가 꿈꾸고 있었나? 뭔가 이상하다. 왜 완전히 눈뜨는 것에 망설이지? 아니, 이건 악몽이 아니다. 현실이다. 이 방은 텅 비어있다.

(중략)…우리 마음은 절대 차지 않는 텅 빈 방과 함께 버려지게 되었다(デニス・クラス, 2007: 87).

평소 타자와의 관계가 원활하지 않아 그들은 고립감을 느낀다. 위로의 말인데도, 상처 주는 말로 받아들이게 된다. 회보에는 이런 기사도 있다.

제발, 우리에게 추억을 잊어버리라고, 힘을 내라고, 그 아이는 죽었지만 그래도 계속 살아가지 않으면 안 된다고 말하지 마세요. 아이들에 대한 애정은 죽음으로 끝나는 것이 아닙니다…그래요. 그 아이가 죽었다는 것

을 알고 있습니다. 이제 돌아오지 않는다는 것도…바로 그것이 힘듭니다. 제발, 우리를 가만히 놔두세요. 왜 우리가 지금 이렇게 행동하고, 이렇게 느끼고 있는지를 이해하려고 해주세요. 적은 말수, 행동으로 우리가 사랑하더라도, 울어도, 기억하고 있어도 된다고 전해주세요(デニス・クラス, 2007: 89).

시간에 지나면서 애도 작업이 진행된다. 아이의 '내적 표상'의 변화는 그 중요한 요소이다. 마음속에 아이는 남겨져 있다. 아이를 잃은 슬픔의 고통이 아이의 고통인 것으로 경험된다. 두 살 난 딸을 몇 개월의 입원치료 끝에 잃은 어머니는 검사를 위해 병원에 갔을 때, 아이의 아픔이 계속 기억났다. 그리고, 자신도 모르게 병원에서 딸에게 말을 거는 것처럼 느껴졌다. "엄마를 보세요. 피 뽑고 있어. 안 아픈 어른이 되세요. 보렴, J, 엄마는 어른이 되는 거예요."

그때의 채혈은 전에 없이 아팠다. 그런데 그것이 하나의 전기가 되었다. 그 어머니는 다음과 같이 말하고 있다. "직장에 돌아가는 길에 계속 울었다. J가 어떤 일을 겪었는지 알았다. 그다음에 채혈했을 때는 평소처럼 거의 아프지 않았다"(デニス・クラス, 2007: 91-92). 떠나버린 아팠던 딸의 '내적 표상'이 아픔을 극복해가는 어머니를 지키는 '내적 표상'으로 바뀌어가는 것이다.

비탄과 함께 살다

다시 시간이 흘러, 아이의 죽음을 받아들이고 슬픔과 함께 사는 모습을 찾아낸다. 데니스 클라스는 사자의 내적 표상에 대해 '손에서 내놓는 것', '매달리지 않으려고 하는 것'이라는 말로 그 과정에서 일어난 것을 표현하는 경우가 많다고 말한다. 아이를 잃은 부모의 자조모임 한 곳은 원 안에 양손과 양손으로부터 떨어져 있는 곳에 아이가 그려져 있는 로고 마크를 사용하고 있다. 사산의 경험이 있는 어머니의 이야기가 회보에 실려있다. 네 살 난 아이가 "왜 그 아이는 손에서 그렇게 떨어진 곳에 있어요?"라고 물었다. "그 아이는 죽었어요. 이 손은 엄마나 아빠의 손이고, 아이를 만지려고 하고 있어요."라고 엄마가 설명했다. 그랬더니 그 아이는 이렇게 말했다. "엄마, 그건 아닌 것 같아요, 이 손은 그 아이를 놓아주려는 거예요." 엄마는 그 여자아이의 말에 소중한 것을 배웠다고 말했다.

그 아이는 제가 아직도 만지려고 한다는 것을 알려줬습니다. B를 사산한 지 2년이 되었지만, 저는 아직도 뭔가를 만지려고 손을 뻗고 있었어요. 그것이 뭔지는 모르겠지만, 그것을 찾았을 때 알 수 있겠죠. 아마 그때, 저의 일부가 자유롭게 되겠죠(デニス・クラス, 2007: 95).

아픔을 내놓는다. 그 대신에 죽은 아이와의 명확한 유대를 얻을 수 있다. 잃은 아이가 마음속에서 안식처를 갖고, 비탄과 함께 살아가는 자신의 모습을 납득할 수 있게 된다. '남겨진 부모의 모임'은 그러한 마음 상태를 목표로 하고 있다. 이러한 마음 상태를 얻을 수 있게 되면, 사회생활의 여러 관계 속에서 잃은 아이의 위치도 보이게 된다. 죽은 아이 덕분에 자신의 현재 사회생활이 있다고 느낄 때도 있게 된다.

10년도 전에 아들을 잃은 어느 아버지의 경우이다. 그는 비탄 초기에 사람들이 자신의 앞에서 아들 이야기를 꺼내는 것을 어려워했지만, 이제는 아들의 일이 자연스럽게 대화에서 빈번하게 나온다고 말했다. 클라스는 다음과 같이 정리하고 있다.

> 아이가 존재하고 있다고 느끼고, 아이가 생각이나 일에 크게 영향을 주고 있다는 신념을 갖고, 또는 아이의 성격이나 미덕을 의식적으로 받아들이는 등 사별한 아이의 내적 표상과 활발한 교류를 보이는 현상에 대해, 이제 부모는 자신의 정신이 멀쩡한지 걱정해야 하는 것이 아니라, 일상생활 속에 긍정적인 일부로서 받아들이고 있다(デニス・クラス, 2007: 102).

이렇게 아이는 부모의 마음속에서, 또 사회생활 속에서 명확한 장소를 가지게 된다. 즉, 부모가 새로 구축해가는 의미 세계 속에서 일정한 자리를 갖게 되는 것이다.

케어하는 쪽에서 할 수 있는 일

이상에서 본 것처럼, 사별의 비탄을 전형으로 하는 비탄 심리에 대한 연구는 병적인 비탄에 대한 주목에서 흔히 보이는 비탄의 전반적인 것을 설명하려는 쪽으로 전개되어왔다. 그것에서 찾아낸 답은 '의미 세계의 재구축'이라는 말로 요약할 수 있다. 심각한 상실을 경험하고 '애도 작업'을 시작해야 하는 사람들, 즉 비탄과 함께 사는 길을 모색하는 사람들은 잃어버린 사람의 표상을 마음에 안고서 살아가는 의미를 다시 파악하고 다시 세계를 의미 있게 하려는 것이다.

그러나 의미 세계의 재구축은 인생의 전기나 어려움에 직면했을 때, 거의 모든 사람이 경험하는 것이기도 하다. 그렇다면 비탄의 도중에 있는 사람을 지원하는 그리프 케어도 특수한 스킬을 습득해야만 할 수 있는 것은 아닐 수 있다. 실제로 그리프 카운슬링 전문가인 로버트 네이마이어는 『〈소중한 것〉을 잃은 당신에게―상실에 대처하는 지침서(Lessons of Loss: A Guide to Coping)』(2002)에서 다음과 같이 말하고 있다.

그러면, 상실과 열심히 싸우고 있는 사람에게 무엇을 해주면 좋을까요? '답'은 단 하나입니다. 만약 그 사람이 마음에 걸린다면, 그리고 이야기를 듣고 아픔을 나누려는 마음이 있다면, 그 마음에 따라 성심껏 행동하는 것입니다. 상실 경험자가 자연스럽게 생각을 말하고 싶어지는 것은 예를 들면, "오늘은 기분이 어떠세요?"나 "그 일을 말하고 싶으세요?"라고 말을 걸었을 때입니다.

당신의 주된 역할은 즉시 답하는 것도, 해결책을 제공하는 것도 아니고, 그저 이야기를 듣는 것입니다. 그런데, 당신 자신의 상실 경험―가장 사랑하는 사람을 잃은 일이나 그 사람이 자신에게 얼마나 소중했는지, 그 사람과의 특별한 추억이나 짧은 에피소드―을 이야기해보는 것은 나쁜 일이 아닙니다. 상실 경험자가 기대하고 있는 것은 문제 해결이나 조언이 아니라, 함께 있어 주는 것이나 마음속 깊이 간직한 생각을 나누는 것입니다 (ロバート・A・ニーメヤー, 2006: 97).

네이마이어는 '나누는' 것, 또 '나누려는 마음으로 다가가는' 것이야말로 전부라고 말한다. 재해 후의 피해자 지원에서 반복해서 언급하고 있는 '경청', '다가감', 바로 그뿐이라는 것이다.

슬퍼하는 사람에 대한 '나쁜 접근법'

네이마이어는 이어서 그리프 도중에 있는 사람에 대한 '나쁜 접근법'과 '좋은 접근법'에 대해 기술한다(ロバート・A・ニーメヤー, 2006: 99-100). '나쁜 접근법'에 8가지를 거론하고 있는데, 예를 들면 다음과 같다.

- "당신은 마음이 굳세군요."라고 말하고, 상대에게 그렇게 행동하도록 강요하는 것. 상을 당한 사람은 기대에 부응해야 한다고 마음이 괴로워질 것이다.
- "필요한 것이 있으면 전화하세요."라고 말한다. 애매한 제의는 거절당하기 마련이다. 실은 전화를 받고 싶어 하지 않는다는 것을 상대는 꿰뚫어 본다.
- "시간이 모든 상처를 치유한다."라고 말한다. 상실의 상처는 결코 완치되지 않는다. 원래 애도 작업은 시간이 지나면 자연스럽게 완료되는 것이 아니라 능동적인 것이다.
- "당신의 마음을 잘 안다."고 말한다. 비탄은 각각 독자적인 경험이기 때문에, 상대의 고민을 함부로 추량할 것이 아니라 그 사람의 기분을 들어야만 한다.
- "기회는 얼마든지 있으니까 낙담하지 마세요." (중략) 등 흔히 하는 조의를 표한다. 이러한 말은 상중인 사람의 마음을 이해할 생각이 없다고 말하는 것과 같다.

'나쁜 접근법'은 어느 것이나 비탄 중인 사람의 마음을 이해할 생각이 없다거나, 슬픔을 나누려는 생각이 없다고 당사자가 받아들이도록 만들어 버린다. 본인이 부감하듯 바라볼 때는 당사자의 마음을 이해하거나 슬픔을 나눠 가질 생각이었는지 모르겠지만, 그것을 표현할 수 있는 말을 찾을 수 없어서 난처해하거나, 그 자리가 곤란하여 벗어나는 말을 하게 된다. 그것이 당사자의 입장에서는 차가운 소리로 들리는 것이다.

슬픔을 나누려고 하는 태도

한편, '좋은 접근법'은 당사자의 마음을 이해하려고 하는 태도나 슬픔을 나누려고 하는 태도가 절로 느껴지게 되는 것들이다.

- 대화의 실마리를 준비한다. 뭐라고 말하면 좋을지 모를 때에는 "오늘 기분은 어떠세요?"라든가, "어떠신가 궁금했어요. 그 후 좀 어떠세요?" 등의 말을 해본다.
- 귀를 기울이는 것 80%, 말하는 것 20%의 배분을 잊지 않는다. 누군가의 깊은 고민을 곰곰이 들어주는 사람은 드물다. 그 드문 한 사람이 되기를 바란다. 그 결과, 상대와 당신 모두에게 새롭게 배우는 것이 있을 것이다.
- 그 사람과 '함께 있는 것이다.' 마음을 여는 것, 걱정하는 것 이외에 도움의 규칙은 없다.
- 당신 자신의 상실 경험과 어떻게 적응했는지를 말해준다. 사람에 따라 대응의 형태는 다를지 모르지만, 당신이 이야기하면 마음이 편안해진다.

- 말이 나오지 않을 때는 상대의 어깨에 손을 얹거나 포옹을 하는 등 스킨십을 한다. 상대를 위로해주려고 자꾸 말하는 것보다 오히려 침묵을 편안하게 공유하자.

그렇다면, 왜 슬픔을 나누려는 태도가 이렇게까지 중요한가? 비탄의 도중에 있는 사람은 말하자면, 비탄에 갇혀있어서 고립되어 있다. 비탄의 도중에 있는 사람을 '가만히 놔두자'고 생각하는 것도 당연하다. 상을 당한 사람은 혼자 있는 것이 필요하다고 느껴질 수 있다. 나에게는 할 수 있는 일이 아무것도 없다고 하면서 조심스럽게 물러가는 것이 온당하다고 생각된다. 그러나, 그것은 비탄 경험의 일면일 뿐이다. 사자와 고독하게 교류하는 시간을 보내면서, 비탄과 함께 살아가는 태도가 된다. 그 과정은 오래 이어지지만, 그것에는 비탄을 나누고, 마음속 사자를 타자와 함께 애도하며, 함께 비탄을 살아가는 방향으로 걷기 시작하는 것이 필요하다.

그리프 케어가 필요하게 되기까지

1990년대 이후, 그리프 케어에 대한 논저는 '병적인 비탄'이라는 틀을 넘어서 있다. 의료의 도움이 필요한 것처럼, 마음을 아파하는 사람들만이 아니라 많은 보통의 사람들이 그리프 케어를 필요로 하고 있다. 그리고 그것에는 누구에게나 찾아오는 사별이나 상실의 경험에 따라, '비탄과 함께 사는' 삶의 이해가 깊어지고, 그 과정을 지원하기 위한 그리프 케어의 모습이 논의되고 있다. 케어하는 쪽에서 가장 소중한 것은 곁에 함께하거나 경청하는 자세로 당사자와 접하는 것이라고 한다. 바꿔 말하자면, 당사자의 마음을 이해하려고 하는 태도, 또 슬픔을 나누려고 하는 태도야말로 힘이 된다는 것이다.

그런데 여기에서 생각해야 하는 것은 왜 비탄이나 그리프 케어에 대한 이해가 20세기 말부터 21세기 초에 걸쳐서 갑자기 진전되었는가 하는 것이다. 내 생각으로는, 그것은 슬픔을 나눠갖는 것이 용이하지 않게 된 것과 관련이 있다. 나중에 자세히 언급하겠지만, 옛날에는 슬픔을 나누는 공동체가 있었고, 슬픔을 나누는 문화가 있었다. 예를 들면, 사자를 애도하는 여러 가지 의례가 있었고 행사도 있었다. 그런데, 그러한 집단에서 비탄을 나누며 널리 공유했던 모습이 후퇴되어왔다는 사실이다. 예를 들면, 상가에서 밤샘하거나 장례식 또는 제사 등 사자를 추도하는 모임으로서의 힘이 상실되고 있다는 것이다.

이러한 일이 근래 20년 정도 사이에 갑자기 일어난 것은 아니다. 전통적인 의례나 행사의 후퇴는 일찍부터 이뤄졌었다. 근대화의 과정에서는 그것을 대신하는 새로운 공동체가 형성되었다. 회사나 신종교 교단, 지역적 결사 단체, 동창회 등이 전통적인 공동체를 대처하는 공동체로서 기능한 시대도 있었다. 그것이 '제2의 마을'로 인식되기도 했다. 그 과정에서 비탄을 나누는 문화는 조금씩 모습을 바꾸면서도 계승되어 왔다. 내셔널리즘이나 '국민문화'라고도 불 수 있는 것이 그러한 것에 공헌한 것도 있다.

20세기 말부터 그러한 근대적인 비탄 문화도 후퇴되었다. 그리프 케어는 이러한 배경을 바탕으로 생기고 있다. 원래 비탄은 병리적인 것으로 취급되었다. 그것에는 비탄이 없는 것이 QOL(Quality of Life, 생활의 질)이 높다는 것으로 이해되기 마련이다. 그런데, 마음의 풍요로움이라는 관점에서 보면, 오히려 그 반대이다. 비탄이 계속되는 것, 중대한 상실의 경험을 잊지 않는 것이 오히려 마음의 풍요로움을 키우는 것이 된다. 이러한 역설적인 사태가 인간에게는 일어난다. QOL의 수치적 평가에 주의해야 하는 점이다.

생사학과 호스피스운동(죽음의 임상)

그리프 케어를 프로이트나 정신분석 이론의 발달에 따라 이해하다 보면, 정신의학이나 심리임상의 한 영역으로 보는 경우가 많다. 비탄은 정신 장해나 병적인 심리로서 대처가 필요한 것으로 된다. 한편, 사별을 전형으로 하는 그리프는 누구나 겪는 보편적인 경험으로서 인식될 수도 있다. 누구나 죽는다. 그것을 자각하면서 살고 싶은 것이다. 죽음을 자각하면서 사는 것과 사별의 경험을 떼어놓을 수는 없다. 그런데, 현대사회에서는 죽음을 마주 대하기가 어려워지고 있다. 고러가 '포르노화된 죽음'이라는 말로 언급하려고 했던 것은 이러한 사태였다.

이것에 대해, 1960년대부터 현대사회에서 주변화되기 쉬운 '죽음'을 다시 주제화하는 움직임이 일어나게 되었다. 호스피스운동이나 그것과 연결되어서 전개된 생사학(death studies)의 동향이다. 의료현장은 이러한 움직임의 중심이었다. 과학적 합리주의의 권위를 요구하기 마련인 현대의 생물학적 의료이지만, 그것에는 죽어가는 인간에게 어떻게 대처할 것인지에 대한 방법이 빠져있었다. 1967년, 시실리 손더스는 치료가 아니라 죽어가는 사람을 케어하기 위한 성 크리스토퍼 호스피스를 설립했다. 또 엘리자베스 퀴블러 로스는 죽어가는 사람의 마음 움직임을 그려낸 『죽음과 죽어감(On Death and Dying)』(1969년)을 발표했다. 이러한 '죽음의 임상'의 새로운 동향으로서, 죽음을 둘러싼 지식이나 사상의 전개가 활발히 이뤄지게 되었다. 이것이 생사학의 움직임이다.

그리프 케어도 이 '죽음의 임상'이나 생사학의 움직임에 큰 영향을 받는다. '죽음의 임상'이나 생사학에서 '영적 케어'나 '영성'은 중심적인 주제의 하나가 된다. 죽음과 대면하는 것은 사는 의미를 다시 묻는 것이거나 죽음의 불안, 공포에 견디는 무엇인가를 구하는 것을 포함한다. 살아있는 의미를 잃고 절망에 빠지는 것과 같은 영적 고통의 경험에 다가가려는 케어가 필요하게 되었다. 심각한 사별이나 상실의 경험도 살아가는 힘을 잃게 되는 영적 고통을 초래하는 경우가 있다. 원래 인생에서 통절한 상실을 경험한다는 것은 '작은 죽음'을 경험하는 것이라고 해석할 수도 있다. 죽음을 맞이할 때의 외로움은 사별에 따른 비탄의 궁극적인 형태라고 인식해도 좋을 것이다.

그리프 케어와 영성

20세기의 마지막 사반세기가 되면서, 그리프 케어를 영적 케어의 한 형태로 보는 견해가 확산되기 시작했다. '영성'이라는 말은 예전에 사람들이 종교를 통해 공유하던 경험의 차원을 개개인이 경험할 때의 것으로 사용하는 경우가 많다(島薗進, 2012). 비탄도 예전에는 종교문화를 통해서 나눠갖는 경우가 많았다. 종교문화가 공유되기 어려워지면서, 비탄을 경험하고 표현하는 모습, 예를 들면, '비탄의 그릇'을 잃게 되었다. 함께 울고 비탄을 표현하는 자리가 없어지고 있는 것이다. 야나기타가 「체읍사담」에서 말한 것이 이러한 사태였다.

이 일을 보다 체계적으로 말하려는 것이 고러의 『현대 영국에서의 죽음과 슬픔, 애도』일 것이다. 책에서는 20세기 영국에서 기독교 신앙이나 전통적인 비탄의 관습을 갖지 않는 사람들이 늘어나고 있었고, 그 사람들의 경우 비탄을 표현하고 사람들과 비탄을 나누는 것이 어려웠다는 사태를 표현하고 분석하고 있다. 21세기에 사는 우리에게 고러의 분석은 잘 이해될 수 있는 부분이 있다. 그러나 1960년대 중반에 『현대 영국에서의 죽음과 슬픔, 애도』를 쓴 고러에게는 보이지 않았던 새로운 국면도 있지 않을까? 그것은 새롭게 죽음을 맞이하고 비탄과 마주하려는 시도가 여러 가지 형태로 이뤄지고 있다는 것이다. '각각의 생사관'을 탐구하는 움직임도 그 일부이다. 전통적인 죽음의 문화를 대신하여, 다양성이 풍부한 새로운 죽음의 문화 조립이 진행되고 있다. 호스피스운동이나 생사학도 그 하나이지만, 현대 '그리프 케어'도 이런 맥락에서 파악할 수 있다.

그리프 케어의 역사라는 시각에서 보면, 정신의학이나 심리임상의 한 영역으로서 전개되어온 그리프 케어가 생사관을 둘러싼 새로운 문화 동향을 이끄는 것으로 나타나게 되었다는 것이다. 그것에는 영성이 중요한 구성요소가 되고 있다. 병적인 비탄이 주요한 문제로 생각되고 있는 것도 아니다. 사람들이 널리 경험하는 사항으로서, 사별이나 상실이 주제가 되고 '함께 비탄을 사는' 것의 의미를 다시 물으려는 것이다.

그리프 케어와 문화

실제적인 그리프 케어 활동이라고 해도, 예를 들면 동일본 대지진 후에 보이는 다가가는 활동이나 경청 활동에 대해, 그리프 케어라는 관점에서 배우고 생각하는 자세가 눈에 띈다. 또 근래 20년 사이에, 자살유가족, 아이를 잃은 부모들의 모임, 암 경험자 모임, 사고·사건 피해자 모임, 여러 가지 연연으로 유족회 등 비탄이나 상실을 둘러싼 다양하고 자조적인 모임이 형성되고 있다. 그리프 케어 전문가가 내담자를 치유하는 사항으로서가 아니라 서로 비탄을 경험하는 사람들이 타자를 지원하기 위한 무엇으로서 배우게 되었다. 이러한 그리프 케어의 실천이나 지식은 지금 급속히 발전하고 있다고 말할 수 있겠다.

여기에 하나의 큰 과제로서 떠오르고 있는 것이 사별이나 비탄을 둘러싼 문화 차이, 또 문화의 의의를 어떻게 인식할까 하는 문제이다. '비탄의 그릇'으로서의 종교문화에 사람들은 확실히 거리감을 느끼게 되었다. 그렇더라도, 사별이나 비탄을 둘러싼 문화의 영향력이 완전히 없어졌다는 것은 아니다. 예를 들면, 전통적인 장례식이나 사자의례를 익숙하지 않게 느끼는 사람이 늘고 있지만, 사자에 대한 추억이나 무상을 슬퍼하고 사별의 비탄을 표현하는 전통문화에 대한 친숙함은 별로 사라지지 않은 것처럼 보인다.

동일본 대지진 이후에 가모노 초메이(鴨長明)의 『방장기方丈記』가 자주 생각나고, 미야자와 겐지의 시가나 이야기를 다시 읽게 되었다. 모두 일본 불교의 전통과 깊은 관계가 있다. 한편, 사자의 영혼과 교류하는 민속종교적인 전통도 많은 화제가 되고 있다. 야나기타 구니오가 사라져가는 일본 고유의 종교문화를 생각하면서 기록에 남기려고 했던 사자와의 교류에 대한 감각에 대해, 새롭게 그 의의를 묻게 되었다. 현대에서 그리프 케어에 대처할 때, 애도를 둘러싼 문화 차이나 다양한 비탄의 문화를 계승해온 인류사회의 유산에 대해 생각하는 것도 하나의 중요한 과제가 되었다. 이와 같이 그리프 케어는 많은 과제를 갖는 풍성한 지식과 실천의 영역으로 전개되는 길 위에 있다.

참고문헌

柳田國男, 「涕泣史談」, 『柳田國男』, ちくま日本文学, 2008(初版, 1941).

ジェフリー・ゴーラー, 『死と悲しみの社会学』, 宇都宮輝夫訳, ヨルダン社, 1986(Death, Grief, and Mourning in Contemporary Britain, 1965).

エリック・リンデマン, 「悲嘆―症候と処置」, ロバート・フルトン編著, 『デス・エデュケーション―死生観への挑戦』, 斎藤武・若林一美訳, 現代出版, 1984(Death and Dying, 1969).

ウィリアム・ウォーデン, 『悲嘆カウンセリング―臨床実践ハンドブック』, 山本力監訳, 誠信書房, 2011(Grief Counnceling and Grief Therapy: A Handbook for the Mental Health Practitioner, 1st edition, 1982, 4th edition 2008).

トーマス・アティッグ, 『死別の悲しみに向きあう』, 林大訳, 大月書店, 1998 (How we Grieve, 1996).

デニス・クラス, 「遺された親の精神的、社会的ナラティヴに見られる亡き子どもの内的表象」, ロバート・A・ニーマイアー編, 『喪失と悲嘆の心理療法―構成主義からみた意味の探究』, 富田拓郎・菊池安希子訳, 金剛出版, 2007(Meaning Reconstruction and the Experience of Loss, 2001).

ロバート・A・ニーメヤー, 『〈大切なもの〉を失ったあなたに―喪失をのりこえるガイド』, 鈴木剛子訳, 春秋社, 2006(Lessons of Loss: A Guide to Coping, 2002).

島薗進, 『現代宗教とスピリチュアリティ』, 弘文堂, 2012.

제5장 비탄을 말하는 문학

비탄을 말하는 문학

예전에 사람은 상喪의 공동성을 통해 비탄에서 치유되었다. 사회는 비탄을 안고 있는 사람들을 대하는 의례나 행사, 생활양식을 가지고 있었고, 사별로 인한 아픔을 지닌 사람들은 그것을 통해 일상생활로 돌아가기 위한 힘을 회복했다. 그러한 공동생활에 담겨 있는 의례나 생활양식을 '상喪'이라고 하는데, 지금은 상喪의 공동성이 남아있다고 하더라도 간략화되고 실질적으로는 희미해지고 있다. 상복이나 상중의 엽서는 남아있으나, 상을 입은 사람을 걱정하는 사람은 적다. 상을 입었다는 것을 대문이나 현관 앞에 표지하는 집도 많지 않다. 장례식이나 제사도 간략해졌고 우란분절 행사라고 해도 모르는 사람이 많을 것이다.

이러한 '공동체적인 상喪의 후퇴'를 보완하는 것처럼 비탄을 나누는 자리가 확산되고 있다. '상喪의 후퇴'도 오랜 시간이 지나면서 진행되고 있겠지만, 비탄을 서로 나누는 다양한 양식에도 오랜 역사가 있다. '상喪의 후퇴'로 인해 처음으로 생긴 것도 있을 것이다. 그리프 케어의 모임이 이러한 것의 하나이다. 그런데, 극진하게 상례가 이뤄지던 시대로부터 비탄은 표출되어왔다. 그것이 새로운 양태를 가지고 전개되는 사례도 있다. 비탄의 문학이라는 것은 후자에 속한다. 예를 들면, '만가挽歌'는 『만엽집萬葉集』 시대부터 있었다. 앞의 장에서 '비탄의 그릇'으로서 종교나 전통의례에 대해 살펴봤지만, 문학이나 시가도 '비탄의 그릇'으로서 기능해왔다. 20세기 후반에는 '비탄을 말하는 이야기'가 많이 창작되었다. 그리고 영화나 만화, 애니메이션에도 상실과 비탄의 주제가 넘치게 되었다. 예를 들면, 오즈 야스지로(小津安二郎, 1903~1963)의 영화작품에는 상실과 비탄의 주제가 상세하게 담겨 있다. '서장'에서 언급한 〈이 세상의 한구석에〉는 이들 작품의 연장선상에서 찾을 수 있다.

역사를 되돌아보자. 고대 이후로 많은 이야기에는 '비탄을 말하는' 요소가 포함되어 있었다. 『다케토리 이야기(竹取物語)』가 바로 생각난다. 『고사기古事記』와 『일본서기日本書紀』의 신화에서 야마토 다케루의 이야기도 인상 깊다. 중요한 등장인물의 죽음을 말하는 이야기는 스스로 비탄을 이야기하는 문학의 특징을 갖는다. 그러면 영웅이나 시조始祖, 위대한 지도자가 아닌 평범한 한 사람, 말하자면, '보통사람의 죽음'과 그에 따른 비탄을 이야기하는 문학은 어떨까? 이것이 눈에 띄게 된 것은 비교적 새로운 일이 아닐까? 생각나는 것은 만 1세가 된 큰딸의 죽음과 그로 인한 비탄을 그린 고바야시 잇사(小林一茶, 1763~1827)의 『나의 봄(おらが春)』이다. 이것은 1819년의 일에 대해 쓴 것이지만, 책으로 간행된 것은 1952년이다.

메이지 유신 이후의 근대 일본에서는 어땠을까? 근대 일본의 '비탄을 이야기하는 문학'으로서 우선 손꼽히는 것은 우치무라 간조(内村鑑三, 1861~1930)의 『기독교 신자의 위로(基督信徒のなぐさめ)』이다. 이것이

걸출한 표현력을 가진 기독교도에 의해 간행되었다는 것이 매우 흥미롭다. 우치무라는 사람들이 공유해온 문화 양식에서 벗어나 있었기 때문에, 고립 속에서 힘든 비탄의 시기를 보냈다. 그래서 새로운 시대의 도래를 알리는 비탄의 이야기를 말할 수 있었다.

우치무라 간조의 제자들

우치무라 간조(内村鑑三)라고 하면, 근대 일본 기독교의 지적 지도자이고, 그의 제자들 가운데는 근대 일본의 문화나 정치에 큰 업적을 남긴 사람도 많다. 제일고등중학교의 교원을 사직하고, 야인이 된 우치무라는 바로 그렇게 했기 때문에 위대한 교육자가 될 수 있었다는 사실이 매우 흥미롭다. 그러한 우치무라의 지도력은 그가 사회적 리더로서 세상을 위해 봉사하려고 하는 자세와 신앙자의 지도자다운 모습을 함께 지녔던 것에 따른다. 또 우치무라는 반복된 좌절을 겪었고, 주변성 지식인이 됨으로써 오히려 많은 젊은 엘리트 후보자들에게 큰 영향을 미쳤다. 그가 제국대학 등의 교수가 되었다면 그러한 일은 없었을 것이다.

젊은 시절 우치무라에게 강한 정신적 영향을 받아 나중에 저명하게 된 사람은 많다(鈴木範久, 1980; 鈴木範久, 1984; 加藤節, 1997). 문부장관이 된 아마노 데이유(天野貞祐), 다나카 고타로(田中耕太郎), 모리토 다쓰오(森戸辰男), 마에다 다몬(前田多門), 도쿄대학 총장이 된 난바라 시게루(南原繁), 야나이하라 다다오(矢内原忠雄). 궁내청(宮内庁) 장관이 된 다지마 미치지(田島道治), UN대사가 된 사와다 렌조(澤田廉三), 국회의원이 된 쓰루미 유스케(鶴見祐輔), 도쿄부 지사가 된 가와니시 지쓰조(川西実

三) 등이 있고, 작가로는 구니키다 돗포(国木田独歩), 마사무네 하쿠초(正宗白鳥), 오사나이 가오루(小山内薫), 아리시마 다케오(有島武郎), 시가 나오야(志賀直哉) 등, 학계에는 난바라 시게루(南原繁, 정치학), 다나카 고타로(田中耕太郎, 법학), 야나이하라 다다오(矢内原忠雄, 경제학), 기타 세키네 마사오(関根正雄) 외 성서학자와 무교회파 지도자들도 다수 있다.

최근의 사례로 SEALDs(자유와 민주주의를 위한 학생 긴급행동)의 리더가 된 오쿠다 아키(奥田愛基), 그는 시마네현(島根県) 고쓰시(島根県)에 있는 그리스도교아이신고등학교(キリスト教愛真高等学校) 출신이다. 이 기숙 고등학교는 1985년 우치무라 간조의 제자인 다카하시 사부로(高橋三郎)가 "풍요로운 지성과 확고한 양심을 함께 지닌 책임 있는 주체인 독립인 양성"을 교육목표로 하여 설립을 제창하고, 88년에 개교한 곳이다. 자신이 무교회파라고 하는 기독교 신봉자는 감소하고 있지만, 그 정신적인 영향은 지금도 일정한 힘을 미치고 있다는 것이 하나의 사례라고 볼 수 있다.

문학가로서의 우치무라 간조

우치무라 간조가 이렇게 넓은 범위의 사람들에게 또 현대까지 크게 영향력을 미치는 이유는 무엇일까? 우치무라는 행동적인 측면과 내면적인 측면을 함께 지니고 있고, 그 두 측면을 잇는 '말(言葉)'을 일찍부터 갖고 있었다. 초기 우치무라 간조가 쓴 글 중에는 ① 기독교의 가르침에 따라 신앙을 깊게 하는 데에 도움을 주기 위해 쓴 글(『구안록求安録』, 『정조미담롯기貞操美談路得記』, 『전도의 정신(伝道之精神)』등, ② 비기독교도를 매우

의식하며, 일반사회인의 마음을 움직이게 하는 글(『기독교인의 위로(基督信徒のなぐさめ)』, 『지인론地人論』, 『후세에 남길 최대의 유물(後世への最大遺物)』 등과 영문으로는 『나는 왜 기독교인이 되었는가(How I Became a Christian)』, 『대표적인 일본인(Representative Men of Japan / Japan and the Japanese)』이 있다. 일반사회인 대상이라고 해도 『요로즈 초호(万朝報)』, 『도쿄독립잡지東京独立雑誌』 등에 정치·사회평론적인 글이 게재되어 있고, 사람의 삶에 관한 것, 실존적인 주제라고 할 수 있는 내용들도 있다.

후자의 저술은 독자적인 지위를 가진 '문학적' 저술이라고 할 수 있다. 그리고 이들 저술 중에는 현대의 일반 독자들에게도 호소력을 띠는 글이 있다고 생각한다. 우치무라에게는 사회를 변혁시키려는 행동적인 측면도 있었다. 그와 동시에 문학가적인 기질도 있고, 문학을 통해 종교성을 깊게 하는 자세도 있었다. '종교와 문학'은 우치무라에게 친숙한 논제였다. 우치무라는 낭만주의자 토마스 칼라일(Thomas Carlyle, 1795~1881)과 공감했다. 칼라일도 사회비평가이면서 문학가라는 것이 생각난다. 그는 사회적 리더로서 세상에 봉사하려고 하는 자세와 신앙인의 지도자다운 자세를 지닌 종교지도자로서의 자세도 함께 갖고 있었다.

이번 장에서 주목하는 것은 우치무라의 문학적 측면이다. 초기의 우치무라가 자신의 실존적인 주제를 명확하게 하면서 독자에게 말한 문학적인 저술에는 독자적인 힘이 있다. 현대의 독자가 읽어도 자연스럽게 공감할 수 있는 힘이 있다고 보는데, 왜 그런지에 대해 생각해보자.

주로 언급되는 것이 『기독교인의 위로』(1893년)와 『후세에 남길 최대의 유물』(1897년)이다. 『기독교인의 위로』의 제1장 「사랑하는 사람을 잃었을 때」는 근대의 애도 작업 문학의 효시라고 말할 수도 있겠다. 그 글에는 기독교의 틀을 넘으면서도 깊은 영성이 표현되어 있다. 우치무라는 어려운 상황에서도 자신을 지지해준 아내의 죽음에 대해 절절히 자신의 비탄을 적고 있다.

> 나는 회의의 악귀에 사로잡혀 신앙을 세워야 할 토대를 잃고, 이것을 땅에서 구해도 얻지 못하고, 이것을 하늘에서 찾지 못하고, 무한의 공간인데 나의 몸도 마음도 둘 곳이 없게 되었다(內村鑑三, 1939/1976: 16).

라고 말하며, 기독교 신앙의 근저를 흔들리게 하는 경험이었다는 것을 드러내고 있다.

이러한 실존적인 문학표현은 외향적인 밝은 말투로『후세에 남길 최대의 유물』에 이어지고 있다. 그것에서 제시되는 영성은 특정 종교를 넘어서 있고, 그런 이유로 많은 사람들을 종교적인 사고로 인도하는 힘을 가지고 있었다. 또『기독교인의 위로』의 제3장「기독교회에서 버림받았을 때」에는 인간의 다양한 생각이나 세계관·가치관을 바탕으로 집단으로서 신앙을 함께한다는 종래의 종교 모습을 넘어서려는 사고방식도 보인다. 종교의 틀을 넘는 사고라는 점에서『기독교인의 위로』와『후세에 남길 최대의 유물』사이에는 통하는 것이 있는 것 같다.

『기독교인의 위로』와 비탄 문학

『기독교인의 위로』는 제1장「사랑하는 사람을 잃었을 때」, 제2장「국민에게 버려졌을 때」, 제3장「기독교회에서 버림받았을 때」, 제4장「사업에 실패했을 때」, 제5장 「가난이 다가왔을 때」, 제6장 「불치병에 걸렸을 때」
로, 총 6개의 장으로 이뤄져 있다. 이 가운데 제1장은 애도 작업을 그대로
제목으로 올린 것이라고 볼 수 있다. 본문에서는 '그를 잃었다'라고 되어있
는데, 이는 1891년에 죽은 두 번째 아내 가즈코(加壽子)를 가리킨다. 이것
에 대해서는 1910년에 간행된 증보·개정판(제10판) 속표지에 다음과 같
이 기재되어 있는 것으로도 확인할 수 있다.

> 메이지 24년 4월 19일, 소위 '제일고등중학교 불경사건' 후에, 나를 위해
> 그 목숨을 버린 전처 우치무라 가즈코에게 삼가 이 책을 바친다. 부디 그녀
> 의 영혼이 하늘에서 주와 함께 편히 하기를. 간조(内村鑑三, 1980: 73).

가즈코가 사망한 것은 우치무라가 30세 때이고, 『기독교인의 위로』가
간행되기 2년 전의 일이다. 그 젊은 나이에 강하게 '위로'를 구할 수밖에
없는 경험을 계속 겪어왔던 우치무라였지만, 그중에서도 가즈코의 죽음으
로 인한 비탄은 컸다. 그것은 우치무라가 천황의 옥새가 찍힌, 즉 신성한
천황의 서명이 있는 '교육칙어敎育勅語'를 향해 경례하지 않은 것에 대해
문책당하고 사직까지 해야 하는 와중의 일이었다.

제일고등중학교에서 천황으로부터 하사된 교육칙어의 봉독식이 진행
된 것은 1891년(메이지 24)년 1월 9일의 일이었다. 일부 학생과 교원이
그것을 비난하자, 미디어가 시끄러워졌고 그는 자리에서 물러나게 되었
다. 지지하는 동료도 있었지만 격렬한 공격을 받았고, 2월 중에 의원해직
하는 것으로 되었다. 그런 가운데 우치무라는 독감으로 고생하였고, 가즈
코의 헌신적인 간호 덕분에 쾌유할 수 있었다. 그런데 퇴직하고 얼마 지나

지 않아, 가즈코는 병에 걸려 허망하게 세상을 떠났다.

2년 후에 간행된 『기독교인의 위로』의 「자서」에는 다음과 같이 서술되어 있다.

신앙과 인정으로 맺어진 형제자매로서, 저자와 함께 심령의 깊숙한 곳에서 성령인 신과 교류하고, 비애에 빠진 심령과 공감하고 바꿔 헤아려보려는 자는 이 책에서 다소의 도움을 얻을 것이라고 믿는다. 이 책은 저자의 자전이 아니다. 저자는 고통받는 기독교인을 대표하여, 몸을 불행의 극점에 두고, 기독교의 원리로써 스스로 위로받으려고 노력했던 것이다 (内村鑑三, 1939/1976: 5).

'자전'이 아니라고 하면서도 개인적인 비탄의 어조가 기조를 이룬 글이다. 가즈코와의 사별로 인한 비탄이 우치무라의 신앙에서 얼마나 큰 의의를 갖는지는 약 반년 후에 간행된 『구안록』의 첫머리가 '비탄'이라는 점에서도 헤아려볼 수 있을 것이다.

사랑하는 사람을 잃었을 때

제1장 「사랑하는 사람을 잃었을 때」는 다음과 같이 시작한다.

나는 죽음에 대해서는 생리학에서 배웠다. 이것을 시인의 애가에서 읽었고, 이것을 위인의 기록에서 보았다. 때로는 시신을 동물학 실험실에서 해부하며 생사의 이유를 연구했고, 때로는 죽음과 사후의 모습에 대해 높은 단에서 대중을 향해 나의 사상을 말하기도 했다. 사람의 죽음에 향해 나의 사상을 말하기도 했고, 사람이 죽었다는 것을 들으면, 성경의 구절을 인용하기도 하고, 영웅이 죽음에 임박했을 때의 모습을 이야기하며, 죽은 자를 슬퍼하는 자를 위로하려 하였다. 내 말에 의지하여 기력을 회복하지 못한 자가 있으면, 나는 은근히 마음속으로 그 사람의 신앙이 약하다고 탄식하고 이해가 둔한 것을 책망했다. 나는 안다. 죽음은 삶이 있는 자들이 피할 수 없는 일이고, 생물계가 연속하는 데 필요하다는 것을. 그리고 옛날의 영웅들은 용감하거나 또는 감사하며 세상을 떠났다는 것을. 나도 뭔가 마찬가지로 할 수 있지 않을까. 종교의 도움이 있고, 부활의 희망도 있다. 만약 내가 사랑하는 자가 죽는다면, 나는 그의 머리맡에 서서 찬미의 노래를 부르고 성경을 낭독하고, 예전에 그가 부모님의 안부를 물으러 잠시 고향으로 돌아갈 때, 찬미와 기도로 그의 여행길을 보내면서, 잠시의 이별로 괴로웠으나 다시 만날 때의 즐거움을 기대하며, 눈물을 숨기고 슬픔과 외로움을 감싸며 주저 없이 그를 보냈듯이, 그의 먼길을 떠나보낼 것이다(内村鑑三, 1939/1976: 15).

죽음에 대한 자신만의 이해는 가지고 있는 줄 알았다. 특히 신앙자로서 죽음에 대한 마음의 준비는 되어있는 줄 알았다. 그런데 죽음의 '차디찬 손'이 사랑하는 사람에게 다가오고, 밤을 이은 열혈한 기도도, 자신의 목숨을 버려서라도 구하고 싶다는 성심도 아랑곳없었다. 죽음이 "무참하고 무자비하게도 나의 목숨보다 소중한 사람을 나의 손에서 빼앗아 갔을 때" 처음으로 죽음의 '깊이, 아픔, 슬픔, 괴로움'을 헤아릴 수 있었다고 말하고 있다.

생명이 사랑이라면, 사랑하는 사람을 잃는 것은 나 자신을 잃는 것이다, 이 완전하고 가장 아름다운 조화, 여러 번이나 내 마음을 절대무한의 사상계를 거닐게 하는, 불멸의 천만 등불로 비추는 창공도 (중략) 그 국화 향기가 피어날 무렵이면, 긴 세월 솟아올라 늘 나에게 애국심을 환기시키던 부용의 산도 내가 사랑하는 사람을 잃으면서부터는 별이 빛을 잃어 밤은 어둡고, 휘파람새는 애가를 불러 내 마음을 아프게 한다. 후지산도 이제는 나의 산이 아니다. 예전 타향에 있을 때, 모나드녹(Monadnock)[9]의 역부채형 모습을 보고, 코토팍시(Cotopaxi)[10]의 높은 산을 올려봤을 때, 우리 고향이 아니라서 그 아름다움과 장엄함은 오히려 고독과 비애의 정을 환기시켰듯이, 이 세상은 이제 타향으로 변하고, 나는 여전히 이 세상 사람이지만 이미 이 세상에 속하지 않는 자가 되었다(内村鑑三, 1939/1976: 16).

광명을 기다렸더니 흑암이 왔구나

'절대무한의 사상계'라는 것은 플라톤(Platon)의 '이데아'를 환기시키는 표현이고, '부용의 산'은 크릴열도 마쓰와섬(松輪島)에 있는 마쓰와후지(松輪富士)라고도 불리는 아름다운 산을 가리키는 것일까? 후지산 자체를 가리키는 것일까? 대자연의 아름다움에서 신의 영광을 보고, 그 품에 있다는 실감이 신앙의 버팀목이기도 했던 우치무라였지만 그 세계가 소원해져 버렸다. 이제는 고독한 이방인처럼 비애에 빠졌다고 하고 신앙 자체가 흔들리게 되었다.

---

9) 미국 New Hampshire주에 있는 산.
10) 에콰도르에 있는 산.

사랑하는 사람의 죽음으로 인한 고통은 이 세상을 잃는 것으로 그치지 않는다. 이 세상이 언젠가 떠나야 할 곳이라면, 지금 이것을 잃거나 30년 후에 잃거나 큰 차이가 없다. 그러나 나의 성심이 관철되지 않은 것보다 나의 진심 가득한 소원에서 나온 기도를 듣지 않는 것을 보면(인간의 눈으로 평가하자면), 나는 회의의 악마에게 사로잡혀 무한의 공간에 나의 몸과 마음을 둘 곳도 없게 되었다. 이것이야말로 진실로 무한지옥이요, 영원한 형벌이라는 것을 말한다고 생각한다. 나는 기독교를 믿은 것을 후회한다. 만약 나에게 사랑하는 신의 사상이 없었다면 이 고통은 없었을 것을, 나는 인간으로 태어난 것을 한탄한다. 만약 애정이라는 것이 나에게 존재하지 않았더라면 나에게 이러한 낙담은 없었을 것을. 아아, 어떻게 하면, 이 상처를 치유할 수 있을 것인가(内村鑑三, 1939/1976: 16-17).

　　허무에 휩쓸려 기독교 신앙을 가진 것을 후회하고 자신의 존재를 저주하기까지 했다. 여기에 『구약성서』 「욥기」가 생각나는 것이 기이하지 않을 수 없을 것이다. 스즈키 노리히사(鈴木範久)에 따르면, 우치무라를 '일본의 욥'이라고 평가하는 사람도 있고, 우치무라 자신이 '일본 욥의 마음'을 느꼈다고 한 적도 있다(内村鑑三, 2014, '解説'). 이미 삿포로농업학교(札幌農学校) 시절에 어머니의 임종을 볼 수 없었던 니토베 이나조(新渡戸稲造)에게 쓴 편지에서 '욥의 인내'를 언급하고 있다. 도미 중에 쓴 일기에 "욥기를 읽었다. 큰 위로가 되었다"라는 기술이 있고, 1891년 8월, 미국의 지인에게 쓴 편지에는 "몇 번이나 몇 번이나 욥기를 읽고 있다"고 쓰고 있다(内村鑑三, 2014: 202-203). 당시 일본어 번역에는 「욥기」 30장에, "광명을 기다렸더니 흑암이 왔구나", "내가 주께 부르짖으나 주께서 대답하지

아니하시오며, 내가 섰사오나 주께서 나를 굽어보시기만 하시나이다."라
고 되어있다. 그 감개를 스스로 자신의 마음과 중첩시킨 것으로 보인다.

죽음을 넘는 생명의 은혜

그런데, 의문을 넘는 무엇인가가 희미한 목소리처럼 찾아오고, 그것을
느끼게 되었다. 그것은 죽음을 넘는 생명의 은혜와도 같은 것이었다.

때로 소리가 있다. 가슴속에서 들린다. 가늘어 거의 구별하기 어렵고,
더 잘 들으려고 마음을 가라앉히면, 그 소리는 없다. 그런데, 악령이 회의
와 실망으로 나를 꺾으려고 할 때, 그 음성은 다시 들린다.
그 소리는 "삶은 죽음보다 강하다. 삶은 무생의 흙과 공기를 변화시켜
아마존의 숲이 되는 것처럼, 삶은 무령無靈의 동물체를 가지고 너의 사랑
하는 진실과 정조의 현상으로 되는 것과 같이, 삶은 사람보다 천사를 만드
는 것이다. 너의 신앙과 학술은 아직 여기에 도달하지 못하는지, 이 지구
가 아직 다른 혹성과 함께 성운으로 존재했을 때, 또는 응결이 조금 진화
하여 하나의 용해체를 이루었을 때, 이것이 억만년 후 샤론의 장미를 생기
게 하고, 레바논의 상록수를 우거지게 만든 신의 낙원으로 된다고 누가
추측이나 했겠는가. 최초의 박물학자는 애벌래가 바뀌어 번데기가 될 때,
벌레는 죽었다고 생각하지 않는다. 나중에 아름다운 날개를 펄럭이며 햇
빛에 소요하는 나비가 예전에 땅에서 기어 다니던 징그러운 벌레였으리라
고는 믿기 어려웠을 것이다(内村鑑三, 1939/1976: 17-18).

여기에서는 우치무라가 감지한 죽음을 넘는 생명의 은혜가, 지구 역사

속에서 생명체가 자라는 과정과 비교되거나 애벌레가 번데기가 되고 나비로 변하는 과정에 비교되기도 한다. 이것은 대자연의 생명력에서 신을 찾는 자연신학적인 발상이라고 볼 수 있을 것이다. 여기에서는 예수 그리스도의 십자가 수난이 큰 역할을 하지 않는 것처럼 보이기도 한다. "신, 만약 신이라면 왜 나의 기도를 들어주지 않는 것인가, 신은 자연의 법칙을 넘을 수 없는 것인가, 혹은 기도는 무익한 것인가"와 같은 의문에 '가느다란 음성'이 다음과 같이 속삭였다고 한다. "자연의 법칙이란 신의 뜻이다. 천둥은 그의 목소리이고, 폭풍은 그의 휘파람이다. 그렇다. 죽음 또한 그의 천사이며 그가 그의 사랑하는 자를 그의 슬하에 부르려고 할 때, 보내는 구원의 사자이다"라고(內村鑑三, 1939/1976: 19-20).

기도에 응하는 신이 아니라

그렇다면, 원래 기도는 필요 없는 것일까?

이것은 어려운 문제이다. 나는 나의 사랑하는 사람을 잃고 몇 개월간 기도하지 않았다. 기도 없이는 젓가락을 들지 않고, 기도 없이는 잠자리에 들지 않겠다고 굳게 맹세한 나마저도 지금은 신 없는 사람이 되어, 원망하며 밥상을 대하고 눈물로 잠자리에 들며, 기도하지 않는 자가 되었다.

아아, 신이시여, 용서해 주시옵소서. 당신은 당신의 자식을 다치게 하였고, 그는 아픔 때문에 당신에게 다가가지 못합니다. 당신은 그가 기도하지 않는다고 그를 버리지 않았고, 아니 그가 기도할 때보다 더 당신은 그에게 은혜를 주셨습니다……(內村鑑三, 1939/1976: 20).

어떤 순간에도 신은 버렸던 것이 아니었다. 신을 잃었을 때야말로, 신은 길 잃은 사람을 심히 염려한다. 그것은 병에 걸린 아이를 간호하는 자애로운 어머니와 같다. 그래서 그는 신의 슬하로 돌아올 수 있었다.

아, 감사합니다, 감사합니다. 당신은 제가 이 큰 시련을 견딜 수 있는 것을 아셨기에, 제 소원을 들어주지 않았습니다. 저의 열성이 부족했기 때문이 아니라, 오히려 저의 열성(당신의 은혜로 얻음)이 족하였으므로 이 고통이 있는 것입니다. 아, 저는 행복한 자입니다(内村鑑三, 1976: 22).

이렇게 납득한 것 같아도 여전히 의문은 사라지지 않는다. "그렇더라도 저에게 하나 견딜 수 없는 일이 있습니다. 그는 어찌하여 불행하고 단명했을까요?"(内村鑑三, 1976: 23). 생애에 마음 아파하며 지내지 않은 날이 없고, '순백한 심령'을 가지고 자신을 잊고 사랑하는 사람을 위해 애쓴 인간이 왜 심한 고통 속에서 일생을 마쳐야 했을까? 답은 두 가지밖에 없다. 신은 존재하지 않는다는 답이 하나다. 그러나 이 우주의 아름다운 모습을 보라. 신이 존재하지 않는다는 것은 있을 수 없는 것이 아닐까. 이 세상 모든 것을 버리는 마음이 되고서야, 비로소 그 가치를 참으로 인식할 수 있을 것이다.

이 세상은 시련의 장소이다. 우리의 의지 밑바닥에서부터 세상과 세상의 모든 것을 버리고서야, 비로소 우리의 심령도 독립하고 세상도 우리의 것이 된다. 죽어서 살고 버려서 얻는 기독교의 '패러독스(역설)'란 이 일을 말하는 것이다. 내가 사랑하는 사람은 생애의 목적을 다한 자이다. 그의 우주는 작은 것이지만, 그 소우주는 그를 영적으로 변화시키고 그를 최대의 우주로 이끄는 계단이 되었다. 그렇다. 신은 이 땅을 신을 경배하는 자를 위하여 창조하셨다(內村鑑三, 1939/1976: 25).

『기독교인의 위로』에는 이 세상에서의 사랑이나 좋은 일('사업'을 이루려고 하는 큰 뜻(정열, 선의지, 야심)과 그들이 좌절하고 고뇌하고 고독에 힘들어하는 상태가 대비되고, 깊은 비탄이나 절망이 그려지는 것과 동시에 거기에도 역시 신앙이 힘이 되는 것이 그려져 있다. 그러나, 제1장 「사랑하는 사람을 잃었을 때」에서는 신앙을 잃을 것 같은 사태에 대해, 그 비탄·절망을 초월하는 것은 '죽음을 초월하는 삶의 힘'으로서도 설명되고 있다. 신과 신앙의 힘이라고 하는 설명을 넘어서고 있다. 사랑과 큰 뜻이 다시 긍정되고 있지만, 그것은 신앙을 갖고 있지 않은 사람들에게도 공감을 가지고 받아들일 수 있는 표현이 되고 있다.

우치무라는 '역설'이라는 말을 꺼냈다. 그런데 그가 계속해서 거론하는 의심에 대해 합리적으로 그것을 충분히 없앨 수 있는 설명이 있었는가? 그렇지는 않은 것 같지만, 우치무라의 신앙에 대한 말이 진실이 아니라고 할 수는 없다.

이후의 『성서 연구(聖書之硏究)』 광고를 보면, 우치무라의 저서 가운데 『기독교인의 위로』가 가장 인기가 높아서, 1923년까지 20판의 간행이 이뤄졌다고 한다(J·F·ハウズ, 2015: 209). 이 책이 쉽게 동시대의 일본어로 쓰인 것은 아니지만, 신앙과 함께 깊은 비탄과 절망을 말하고 기독교의 틀을 넘는 '비탄 문학'으로서의 내용이기 때문에, 많은 독자들을 매료시키는 것은 아닐까?

『기독교인의 위로』와 개인의 자유

　현대적인 시점에서 『기독교인의 위로』에 또 하나 주목할 만한 특징이 있다. 그것은 제3장 「기독교회에서 버림받았을 때」에서 현저하게 보이는 데, 우치무라가 개척한 독자적인 사상의 지평이라고 말해도 좋을 것이다. 그 사상의 지평을 개척할 것은 '기독교회에서 버림'받았기 때문, 혹은 우치무라 자신이 그렇게 강하게 실감했기 때문이었다. 그렇다면 그것은 어떤 사태였을까. 그 장에서 우치무라 자신은 다음과 같이 기술하고 있다.

　　아, 나는 대악인大惡人이 아닐까? 다른 사람도 나도 박식하다고 인정하는 신학자에게서 나는 이단자로 규정되었다. 나는 정말 이단론자가 아닐까? 나보다 앞선 십여 년 전에 기독교를 믿고, 더구나 구미 대가들의 신용을 얻고, 전교회의 대들보로서 우러름을 받는 모 고덕가高德家는 나를 무신론자라고 말한다. 나는 정말 무신론자가 아닐까? 이름을 종교사회에 떨치고, 인도나 중국, 일본에 복음을 전한 지 십수 년, 게다가 박사학위를 두세 개씩 가진 노련한 모 선교사는 나를 유니테리언이라고 말한다. 나는 정말 구세주의 속죄를 믿지 않고 자신의 선행에만 의지하는 유니테리언이 아닐까? 전도의사로서 유명한 모 교사는 나를 광인이라고 진단했다. 나는 정말 지각을 잃은 자인가? 교회 전체는 위험인물로 나를 멀리했다(内村鑑三, 1939/1976: 41).

일본 기독교회의 유력자나 세계 각국에 이름을 알린 선교사들로부터 우치무라에 대한 비판이 계속해서 나왔다. 우치무라에 대해 '이단론자', '무신론자', '유니테리언', '광인' 등의 낙인을 찍었다. 우치무라는 그것이

신앙 위기의 큰 요인이 되었다고 언급하고 있다.

> 이 시기에서 내 신앙은 실로 풍전등화와 같았다. 나는 신앙타락의 최종
> 점에 도달해 있었다. 분노로 나는 신앙상의 자살을 하려고 했고, 나의 동
> 정은 이제 무신론자의 위에 있다. 존 스튜어트 밀(John Stuart Mill)의 죽음
> 을 듣고, 신께 감사하는 모 감독의 무정함에 분노했다. 토머스 페인
> (Thomas Paine)의 임종 상태를 지적하면서, 의기양양한 신학자의 난폭함
> 을 한탄한다. 아, 몇몇 무신론자는 기독교 신도 자신이 만들어내지 않았는
> 가. (중략) 사람을 신에게서 멀어지게 하고, 신의 교회를 공격하도록 하는
> 것은 꼭 악마와 그 자식만이 아니다(內村鑑三, 1939/1976: 42).

그러나 신은 성서를 통해, 우치무라가 그 위기에서 벗어날 수 있도록
했다고 말한다. "무리의 비방에 대해 자기의 존엄과 독립을 유지하는 데에
비할 수 없는 힘을 지닌 것이 성서이다. 성서는 고독자의 방패, 약자의
성벽, 오해받는 인물의 휴식처이다"(內村鑑三, 1939/1976: 43). 성서에 의
해서만, "법왕에게도 대감독에게도 신학박사에게도 목사에게도 선교사에
게도 대항할 수 있는 것이다"(內村鑑三, 1939/1976: 43). '감독'이란 가톨릭
이나 성공회의 고위성직자인 비숍(bishop)를 말한다. 여기에서는 "성서만
이 신과 마주하는 유일한 근거"라는 프로테스탄트적인 기독교의 기본적인
심정이 표출되고 있다.

지상의 권위와 '심령의 자유'

그것은 또 '개인의 자립'을 강하게 요구하고, 지상적인 권위에 의거하지

않는다는 윤리적 개인주의 입장과 깊이 관련되어 있다. 우치무라는 기독교야말로 자립을 가능하게 한다는 신념을 갖고 있었다. 그리고 그것이야말로 자신이 기독교를 신앙하는 이유라고까지 말하고 있다.

나는 기독교에 필요한 기본으로서 다음의 대신조를 믿는다.

"너희는 다른 신을 섬기지 마라"(출 20:3-5; 신 10:20; 마 4:10).

그리고 신과 진리를 아는 유일한 길로서는 사도 바울의 말로써 루터가 신앙의 성벽으로 의지하였고, 프로테스탄트의 기초가 되는 다음의 구절을 택했다.

"형제들이여, 내가 너희에게 알게 하노니, 내가 전한 복음이 사람의 뜻을 따라 된 것이 아니라, 이는 내가 사람에게서 받은 것도 아니요 배운 것도 아니요 오직 예수 그리스도의 계시로 말미암을 것이라"(갈 1:11-12).

이러한 확신이 내 마음속에 일어났기 때문에, 나는 결심하여 조상 때부터 전래 된 습관과 종교를 벗어나 새 종교에 들어간 것이다. 나는 심령의 자유를 얻기 위하여, 기독교에 귀의하였다. 승려신관을 버린 것은 다른 종류의 승려들에게 속박되기 위한 것이 아니었다(內村鑑三, 1939/1976: 39).

'심령의 자유'라는 말이 특징적이다. 신만을 경배하는 것으로, '조상 때부터 전래 된 습관과 종교' 같은 기존의 권위로부터 자유로워질 수 있었다. 만약, 기독교회의 권위자에게 따를 것이라면, 본래 구하고 있던 '심령의 자유'를 잃게 될 것이다. 기독교회의 권위를 내세우는 자는 악마와 같은 자라고 말하고 있다.

악마여, 너의 설교를 멈추어라, 만약 나에게 선악을 구별하고, 이것을 고르고 저것을 버리는 힘을 갖게 된다면, 나는 타인의 노예가 되는 것이다, 심령의 귀중함은 그 자립성에 있고, 우리의 가장 작은 자라도 적어도 전능자와 직접 교통할 수 있는 자이다. 신은 법왕, 감독, 목사, 신학자들의 손을 거치지 않아도 직접 나에게 가르침을 주신다.

"아, 진리이신 신이여, 바라옵건대, 저를 영원한 사랑으로 당신과 하나로 되게 하소서. 저는 때로 많은 사물에 대해 읽고 듣는 것에 지쳤습니다. 제가 바라는 곳, 원하는 곳은 오직 당신에게 있는 것입니다. 모든 박사들은 침묵하게 해주소서. 만물은 당신 앞에서 조용하게 해주소서. 그리고 당신만이 저에게 말씀해주소서(Thomas à Kempis)" (内村鑑三, 1939/1976: 45-46).

진리란 무엇인가에 있어서 관용이어야 하는 것

이것은 유아독존하겠다고 결정하고서, 타자의 말에 귀를 기울이지 않는다는 것을 의미하는 것이 아니다. "타인의 충고를 결코 가볍게 들어서는 안 된다. 사람은 자신의 얼굴을 볼 수 없는 것과 같이, 사회에서 자신의 위치를 잘 보지 못한다. 일체 만사를 자기 뜻대로만 하겠다는 것은 오만하고 미련하다는 증거이고, 우리가 아주 주의해야만 하는 일이다"(內村鑑三, 1939/1976: 46). 더 나은 일본인이기 때문에, 일본에 대해서는 내가 확실한 관념을 갖고 있지만, 자신이 모르는 세계에 들어가서는 그곳 학식자의 지식을 존중해야 한다. 그러나 내 의견을 의지할 수 없는 것으로 해버리는 것은 '의지가 박약한 자의 징후'라고 하지 않을 수 없다.

　나는 아이누인의 나라에 간다면, 내가 아이누인보다 나은 학식을 가지고 있다고 해서, 아이누인에 관한 그들 아이누인의 사상을 가볍게 보지 않을 것이다. (중략) 나의 나라와 국민에 관해서 내가 외국인의 주장을 그대로 수용하지 않는 것은 오만 때문이 아니다. (중략) 또한 나의 일신에 대해서도 나는 내 자신의 일에 대해서는 최대 최량의 전문학자이다. 신의 영이 아니면 신의 일을 알 자가 없다. 나의 영혼만이 나의 일을 아는 것이다. 나의 신에 대한 신앙 또한 그렇다. 나의 가장 가깝고 나를 가장 아는 이도 신이다(內村鑑三, 1939/1976: 47-48).

이렇게 논하고, 우치무라는 사상에 있어서 혹은 진리란 무엇인가에 있어서 관용해야 한다는 것을 주장한다. 진리가 무엇인가는 바로 신이기 때문에 아는 것이고, 인간은 앎의 힘에 한계를 자각해야 한다. 그렇다면, 사상에 대해 타자가 판가름하거나 억압해서는 안 되는 것이다.

　인간의 힘이 없다는 것과 진리의 무궁무진함을 아는 사람은 사상 때문에 타인을 박해하지 않을 것이고, 전능하신 신만이 진리의 전체를 알 수 있는 것이다. 타인을 비판하는 사람은 자기를 신과 동일시하는 것이고,

오만이라는 악령의 포로가 되는 것이다……(内村鑑三, 1939/1976: 52).

'교회에서 버림받은 자'의 알 자유

그렇다면, 그것을 실행으로 옮기지 않으면 안 된다. 자신과 사상적 입장이 다르다고 하여, 타자를 이단이나 악인으로 단정하고 비판하지 않는다. 이 관용이야말로 기독교의 미덕일 것이다.

자신이 남에게 대접받고자 하는 것처럼 남을 대접하라. 나는 무신론자는 아니지만, 무신론자로 취급되었다. 나는 유니테리언이 아니지만, 유니테리언으로 경원시되었다. 나를 박해한 자는 나의 경우와 교육과 유전을 모르기 때문에 나의 사상을 알 수 없고, 내가 그들과 같은 설을 따르지 않기 때문에 나를 이단이라고 하고 악인이라고 하였다. 나는 이제부터 나와 설을 다르게 하는 사람을 그렇게는 보지 않을 것이다. 구미인이 일본인의 사상을 모두 이해할 수 없는 것처럼, 일본인도 구미인의 사상을 완전히 이해하기 어렵다. 그래서 관용은 기독교의 미덕이고 너그럽지 않은 자는 기독교도가 아니다(内村鑑三, 1939/1976: 52-53).

따라서 이렇게 교회에 버림을 받은 자의 입장에 서서 그 입장을 변론하더라도 한결같이 자신을 버린 교회나 권위자를 그르다고 하는 것은 아니다. 교회의 공적을 인정하고 그들을 위해 기도하고 싶다는 것, 그것이야말로 진정한 '리버럴(liberal, 관대)'일 것이다.

그래도 아, 신이시여. 나는 절대로 옳고, 그름은 모두 나를 버린 교회에 있다고는 결단코 생각지 않습니다. 내 결점이 많은 것은 당신이 아시는 바와 같은 것이고, 내 언행의 불완전함은 내가 충분히 당신 앞에서 고백한 것입니다. 따라서 나는 나를 버린 교회를 원망하지 않습니다. 그 속에 인자와 군자도 있어서 당신을 위해 이룩한 공적은 결코 적지 않다는 것을 저도 잘 알고 있습니다. 그 안에 위선, 압제, 비루함이 다소 횡행한다고 하더라도, 이것이 당신의 이름을 받드는 교회이니, 내가 뭐라고 이것을 적대시할 수 있겠습니까? 내 마음, 내 기도는 항상 그 위에 있습니다. 나는 세상에 '리버럴(관대)'이라고 칭하는 사람들이 자신처럼 '리버럴'하지 못한 사람을 가리켜 미신이요 옹졸하다고 칭하며 비난하는 것을 보았습니다. 원컨대 신이시여, 저에게 진정한 '리버럴'한 마음을 주시고 저를 추방한 교회까지도 관대할 수 있게 해주소서(内村鑑三, 1939/1976: 54-55).

이렇게 교회가 빠지기 쉬운 약점을 자각하고 있지만, 그것을 용서한다. 그리고 그것을 대신하여 새로운 교회를 만들려고 하는 것이 아니다. 예배당을 존중하고 때로는 예배에도 참여하지만, 그 운영에는 참여하지 않는다. 그러한 신앙의 모습을 '무교회'라는 말로 표현하고 있다.

나는 무교회자가 된다. 사람의 손으로 만들어진 교회를 이제 나는 소유하지 않는다. 나를 위로하는 찬미의 소리가 없고, 나를 위한 축복을 기도하는 목사도 없다. 그렇다면, 나는 신을 예배하고 신 가까이에 가기 위한 예배당을 갖지 않은 것일까? (중략)
그렇지만, 나도 사교적인 인간으로서 때로는 사람이 지은 예배당에 모여, 회중과 함께 신을 찬미하고 함께 기도하는 즐거움을 원치 않는 것이 아니다. 교회의 위험인물인 나는 일어서 나의 감정을 말하고, 남을 권면할

특권도 없으므로, 나는 조용히 회당의 한 구석진 어두운 자리를 차지하고, 마음으로 회중과 함께 노래를 부르고, 마음으로 사람들과 함께 기도한다……(内村鑑三, 1939/1976: 55-56).

여기에서는 종교조직과 거리를 두면서, 신앙을 유지하려고 하는 생각이 보인다. 개인의 자유를 존중하고 관용·관대(리버럴)하려고 할 때, '무교회'라는 입장이 있을 수 있지 않을까. 그것이 직관적인 행태로 언급되고 있다.

이렇게 『기독교인의 위로』의 제3장 「기독교회에서 버림받았을 때」에서는 전통적인 종교적 신앙을 초월하는 자유·자율과 양립하는 기독교 신앙의 모습이 시사되고 있다. 그리고 다양한 입장을 서로 인정하는 관용의 의의가 강하게 나와 있다. 그렇더라도, 성서의 규범성, 예수의 속죄 신앙을 강하게 믿고 있기 때문에, 현대적인 '초종교超宗敎'적인 주장과는 선을 긋고 있다. 오히려 다양한 종교적 입장의 공존논리를 요구하는 종교다원주의 입장에 가깝다. 1893년의 저술이지만, 20세기 후반 이후의 종교사상을 앞서는 내용이 포함되어 있는 것은 아닐까?

『후세에 남길 최대 유물』의 영성

지금까지 보았듯이, 초기의 우치무라에게는 기독교 신앙을 강하게 내세우면서도 특정 종교를 초월하는 영성의 표현이 두드러지게 보인다. 『기독교인의 위로』와 함께 그러한 성격을 강하게 지니고 있는 책으로 『후세에 남길 최대 유물』(1897년)을 들 수 있다. 이하의 내용은 1946년 초간행본인이와나미문고 텍스트에 따라 언급하겠다.

해설자인 스즈키 토시로(鈴木俊朗)가 말하는 것처럼, 『후세에 남길 최대 유물』은 1894년 7월에 하코네(箱根)에서 진행된 제6회 하기학교에서의 강연 기록이다. 『기독교인의 위로』가 간행되고 1년 반이 지난 때이다. 하기학교라는 것은 간토(関東)와 간사이(関西)에서 번갈아 진행되었던 전국 기독교인 수양회이다. 우치무라는 제5회, 6회, 8회, 10회에 초대를 받아 강연했다. 제6회에는 우치무라 외에도 오시마 마사타케(大島正健), 모토라 유지로(元良勇次郎), 우에무라 마사히사(植村正久), 마쓰무라 가이스케(松村介石) 등이 연자로 초대되었다.

초판본에는 '우치무라 간조 구연'이라고 되어 있는데, 지금이라면 '강연 필기' 정도가 될 것이다. 본문에는 가끔 '(웃음소리 남)', '(큰 웃음)' 등의 표현이 삽입되어 있다. 청중의 마음을 사로잡는 우치무라의 인격과 재능(이라기보다 '카리스마'라고 말해야 할까)이 엿보이는, 현장감 넘치는 텍스트이다.

이 강연에서 우선 우치무라는 기독교를 접함으로써 '염세적인 생각'이 생기게 되었다고 말한다. 현세적인 욕망을 충족하거나 명성을 구하는 것에는 의의가 없다. 그것은 이교도적인 생각이라는 것을 깨닫게 되었다. 그러한 '육욕적肉欲的'인 것을 뿌리째 뽑아버리고, 그리스도에 의해 천국에 구원받아 미래의 영원한 기쁨을 얻도록 하자, 이러한 생각으로 기울었다.

> 이 세상에서 사업을 한다거나, 이 세상에서 하나의 깃발을 올린다거나, 세상의 가운데에 서서 남자다운 삶을 산다거나 하는 생각이 없어졌습니다.… 소위 설법하는 듯한 구태의연한 생각이 들었습니다(内村鑑三, 1946: 14).

그런데, 다시 생각해보면, "길이 청사에 오르겠다는 생각이 나는 그렇게 나쁜 생각은 아닐 뿐만 아니라 진정한 의미에서 본다면, 기독교 신자가 가져도 좋은 생각 (중략), 가져야 하는 생각이 아닐까"(内村鑑三, 1946: 16)라고 생각하게 되었다고 말한다.

종교를 전제로 해도 내세를 보는 것이 아니라, 이 세상에서 영혼을 닦으면서 자신을 높혀갈 필요가 있다. 또 종교를 떠나서도 사람으로서 '청정한 욕심'이라는 것이 있을 것이다. "이 아름다운 나라, 이 즐거운 사회, 우리를 키워준 이 산하, 이것들에 내가 아무것도 남기지 않으면서 죽고 싶지는 않다는 희망이 생겨난다", "나는 여기에 뭔가 하나를 남겨서 가고 싶다", "반드시 후세 사람들에게 나를 칭찬해달라는 것이 아니다, 나의 명예를 남기고 싶다는 것이 아니다, 단지 내가 얼마나 이 지구를 사랑하고, 얼마나 이 세계를 사랑하고, 얼마나 내 동포를 생각했는가 하는 기념물을 이 세상에 남기고 가고 싶은 것이다. 즉, 영어로 말하는 Memento를 남기고 싶은 것이다"(内村鑑三, 1946: 16-17).

용감하고 고상한 생애

이것은 죽음을 생각할 때, 많은 사람들이 생각하는 것인지도 모른다. 이 책은 시대를 넘어서 사람들 마음에 호소할 것을 갖지 않을까 생각하지만, 그것은 이제 인용하는 한 마디에도 잘 표현된다. 사람은 후세에 무엇을 남기려고 할까. '돈', '사업', '사상'-각각 의미 있을 것이다. 그러나 누구나 할 수 있는 일은 아니다. "그렇지만 나는 그보다 더 큰, 이번에는 앞의 세 개와 다른 누구에게나 남길 수 있는 최대 유물이 있다고 생각한다"(内

村鑑三, 1946: 53). 그렇다면, 그 '최대 유물'이란 무엇일까? 그것은 "'용감하고 고상한 생애'라고 생각합니다"라고 우치무라는 말한다.

'고상하고 용감한 생애'란 무엇인가 하면, (중략) 즉, 이 세상은 결코 악마가 지배하는 세상이 아니고 신이 지배한다는 것을 믿는 것이다. 실망의 세상이 아니라 희망의 세상이라는 것을 믿는 것이다. 세상은 비탄의 세상이 아니라 환희의 세상이라는 생각을 우리의 생애에 실행하고, 그 생애를 세상에 선물로 주고 이 세상을 떠나는 것입니다(内村鑑三, 1946: 54).

구체적인 사례를 몇 가지 들고 있는데, 이해하기 쉬운 사례를 들어보자. 영국의 저술가 토머스 칼라일(Thomas Carlyle, 1795-1881)의 일화이다. 칼라일은 필생의 작업으로, 『프랑스 혁명사』라는 대작을 몇십 년에 걸쳐 저술하고 있었다. 어느 날, 친구가 빌려 읽고서 그의 원고 전체를 아무렇게나 식탁 위에 두었는데, 하녀가 모르고 난로에 넣어 태워버렸다. 복사나 파일에 남겨둔다는 것은 생각지도 못하던 시대였다. 몇십 년의 노력이 모두 제로가 되어버린 것과 같은 것이다. 칼라일은 완전히 맥이 빠져서, 열흘 정도 아무것도 못하고 멍하니 있었다. 화가 날 수밖에 없었다. 그런데, 거기에서 그는 정신을 차리고 어떤 생각에 이르렀다. 그리고 자신에게 말했다.

토머스 칼라일아, 너는 어리석은 자이다. 네가 쓴 『혁명사』는 그렇게 귀한 것이 아니다. 제일 귀중한 것은 네가 이 어려움을 견디고 다시 펜을 잡고 그것을 다시 쓰는 것이다. 그것이 너의 필생의 연구가 될 것이다. 실로 그것에 실망하는 인간이 쓴 『혁명사』를 사회에 낸다고 하더라도 쓸

모없을 것이다. 그러니 다시 한번 써라(内村鑑三, 1946: 58).

특정 종교의 틀을 넘어서

이것은 우리에게도 일어날 만한 일이고, 큰일도 아닌 것 같다. 그러나 그만큼 수긍 가는 것이 있지 않을까?

그 이야기는 그뿐입니다. 그런데 우리는 그때의 칼라일의 마음속을 들여다 볼 때, 실로 추측하고도 남을 정도입니다. 칼라일의 대단한 점은 『혁명사』라는 책 때문이 아니라, 불타버린 책을 다시 썼다는 것입니다. 만약 그 책이 남아 있지 않더라도 그는 실로 후세에 위대한 유물을 남긴 것입니다(内村鑑三, 1946: 58).

이것은 기독교 신앙을 배경으로 해서 기술한 것이지만, 특정 종교의 틀을 넘어 혹은 종교를 믿고 안 믿고를 초월해서 타당한 것이라고 우치무라는 생각하고 있다. "후세를 위해 나는 약한 자를 도와줬다", "후세를 위해 나는 이만큼의 고난을 이겨내 봤다", "후세를 위해 나는 이만큼의 정실情實을 이겨내 봤다."-이러한 길을 매일 걷듯이 신경을 쓴다면 어떨까? 그러면, 보람 있는 인생이라는 것을 체득할 수 있지 않을까?

우리의 생애는 결코 50년이나 60년의 생애가 아니고, 실로 물가에 심은 나무처럼 점점 싹이 나고 가지가 나는 것이라고 생각합니다. 결코 대나무에 나무를 접붙이고 나무에 대를 접붙이는 것과 같은 전혀 성장하지 않는 가치 없는 생애는 아니라고 생각합니다. 이러한 생애를 보내지 않는 것이

실로 나의 최대 희망이고, 내 마음을 매일 위로하며, 여러 가지를 함에 있어서 나를 격려하는 것입니다(内村鑑三, 1946: 68-69).

『후세에 남길 최대 유물』에 종교나 기독교에 대한 언급이 없는 것은 아니지만, 그다지 자리를 차지하지는 않는다. 라이산요(賴山陽)나 니노미야 다카노리, 존 로크(John Locke)에 많은 부분이 할애되어 있는데, 거기에는 종교를 개개인이 어떻게 받아들이는지에 대해 마음에 남는 시사점이 있다. 그리고 종교에 참여하지 않는 사람들에게도 인생에서 소중한 것은 무엇인지를 가르치는 깊은 내용이 있다.

이러한 내용을 강연한 우치무라였기 때문에, 기독교의 범주를 넘어서 더 큰 사회적인 영향을 미칠 수가 있었을 것이다. 그리고 거기에서 보이는 영성은 현대 독자들에게도 그다지 어렵지 않게, 자기 자신의 삶에 따라 이해할 수 있을 것이다.

초기 우치무라 간조의 선구성

우치무라는 종교성이 강하면서도 신도가 아닌 사람들의 마음에 강하게 호소하는 종교성(영성)을 말한 사람이었다. 특히 초기 저작에서 이러한 점을 말할 수 있겠다. 하나는 좌절, 비탄의 경험에서 나오는 고독한 영성을 솔직한 말투로 표현했다는 것이다. 이것은 종교적이라기보다 문학적인 표현이라고 말해도 좋을 것이다.

또 두 번째로, 역사상 위대한 인물(위인)에 대해 말하는 것을 선호했다는 것이다. 칼라일의 『영웅숭배론』과 상통하는 듯한 언설의 공간에 친숙했다고 바꿔말할 수 있겠다. 역사적 현실 속에서 '사업'을 이루는 것에 대한 강한 관심이라고 해도 좋겠다. 유교적인 소양 위에 내셔널리즘과 낭만주의의 사상 동향이 겹쳐져 있던 결과이기도 하다.

그러나, 이상의 두 가지가 겹친 곳에서 우치무라는 현세에서의 달성(업적)이라는 가치를 넘는 '소중한 것'에 대해 말했다는 것이 특징이다. 그것은 물론 우치무라의 기독교 신앙으로 인해 개척된 지평이다. 그러나 그것은 기독교 신앙인이라는 범위를 크게 넘어서는 것이다. 장래에 정치·학술·문학 등 여러 영역에서 지도자가 될 많은 젊은이들의 마음을 잡을 수 있었던 것은 바로 그것 때문이었다.

또 우치무라는 신앙을 가졌기 때문에, 관용에 대해 명석하게 언급한 사람으로서 선구적이라고 말할 수 있다. 1890년대 전기의 우치무라는 종교적 신앙이 빠지기 쉬운 독선성, 권위주의나 배타성에 대해 자신의 경험을 토대로 '자립을 구하는 근대인'이라 자부하며 말했다. 조직원으로서의 종교인('교회인')과는 다른 자립한 종교인으로서, 동시에 바로 신앙 때문에 불완전함을 항상 자각했기 때문에, 관용에 대해 그 필연성을 제시했다. 경계적 위치에 있을 수밖에 없었기 때문에 '무교회'였지만, 그렇기 때문에 현대 다원주의 상황에도 영향을 미칠 수 있는 메시지를 남길 수 있었던 것이다.

비탄 문학으로서의 선구성

여기에서 보이듯이, 초기 저작에 나타난 우치무라 간조의 선구성은 그가 근대 비탄 문학의 선구적인 표현자라는 것과 관련이 있다. 『기독교인의 위로』에서는 약한 개인으로서의 자신이 부각되어 있다. 제2장 「국민에게 버려졌을 때」, 제3장 「기독교회에서 버림받았을 때」, 제4장 「사업에 실패했을 때」, 제5장 「가난이 다가왔을 때」, 제6장 「불치병을 입었을 때」는 각각 좌절과 고독의 경험을 주제로 하고 있다. 살아있는 것의 의미를 근본에서 되묻게 되는 사태를 이어서 다루고 있다. 그것은 또 죽음을 가까이에서 느끼는 것과 같은 경험이기도 할 것이다. 제1장 「사랑하는 사람을 잃었을 때」는 그러한 좌절 경험 중에서도 가장 통절한 것으로 이야기되고 있다.

『기독교인의 위로』를 쓰는 것으로 우치무라는 살아있는 것의 의미를 근본에서 되묻는 것과 같은 경험을 했다. 그것을 주제로 하여 자신을 말하는 경지를 그 자신의 것으로 했다. 『기독교인의 위로』의 특징은 그것이 기독교를 믿음으로써 해결한다는 것을 전제로 하지 않는다는 것이다. 살아있는 것의 의미를 근본에서 되묻는 경험은 오히려 기독교 신앙조차도 위태로울 수 있는 것으로 그려져 있다. 1890년 이후, 장기간에 걸쳐 그 작품이 많은 젊은이들에게 읽혔던 이유에는 신앙에 대한 회의, 그리고 특정 종교를 초월한 구도의 이야기라는 점이 있을 것이다.

『후세에 남길 최대 유물』을 많은 젊은이들이 계속해서 읽는 이유는 특정 종교를 초월한 구도의 이야기라는 점에 있기도 하다. 우치무라는 스스로 '후세에 무엇을 남기'는 영달의 길에서 일탈한 인생을 걷는 것을 받아들일 수밖에 없었다. 거기에 '돈', '사업', '사상'과 같은 이 세상의 무언가를 통해 달성할 것을 단념한 후에, 그러면 무엇이 있을까 하는 물음이 있다. 특정 종교의 전도자나 대학교원과 같은 사회적 지위를 갖지 않고, 말하자면 맨몸의 개인으로서 인생에 대해 설하는 위치에 있는 것이 『후세에 남길 최대 유물』의 이야기를 한층 더 힘찬 것으로 만들고 있다.

고독한 개인으로서 말한 우치무라 간조

사회에서 억압을 받아 가장 사랑하는 배우자를 잃은 고독한 개인으로서, 그리고 살아있는 것의 의미를 되묻는 경험을 통해 확실하게 보이는 근거를 찾아내는 것, 여기에 초기 우치무라의 문학적 저술의 매력이 있다. 『기독교인의 위로』의 제1장 「사랑하는 사람을 잃었을 때」는 '사별'과 '비탄'을 말함으로써, 여러 가지 좌절 경험을 한층 더 깊은 것으로 하고 있다. 거기에는 「욥기」의 영향이 있고, 신앙과 회의의 싸움이 표출하는 문학적 전통도 관련되어 있다. 1893년이라는 시점에서, 근대문학·근대사상 속에 강력하게 '비탄을 말하는 문학'이 등장하게 된 데에는 이상과 같은 상황이 작용하고 있다.

우치무라가 그려낸 것은 지상에서의 야심의 상실이나 세간적인 행복 이미지에 따랐던 인생의 좌절이 고차원의 영적 야심이나 영적 인생의 희망으로 전환하게 되는 마음의 걸음이었다. 깊은 비탄을 그리면서 풍부한 희망이 따라 나온다. 그 전환은 아내의 죽음으로 인한 비탄을 그려냄으로써, 한층 더 깊은 것으로 되었다. 그때 성서 「욥기」에 대응하는 신앙과 회의가 서로 겹치는 정신 차원이 표출되었다. 구도의 길을 걷는 젊은이들의 마음을 사로잡을 만한 힘은 그것에서 생겨났다. 성서를 깊이 읽고 기독교의 가르침을 나름대로 다시 이해하려는 성격을 띤 것으로서, 근대 전개기에 알맞은 비탄의 문학이라고 할 수도 있겠다.

그것에서 그려지고 있는 비탄에는 젊음이 반영되어 있다. 바꿔 말하자면, 높은 것으로의 희망과 상실의 아픔은 불가분한 것과 같은 비탄이라고 할 수 있을 것이다. 높은 것으로의 희망은 기독교적인 신과 예수에 대한 신앙과 불가분이다. 확실히 한 명의 고독한 사람으로서 표현되고는 있지만, 고독하게 신과 마주하는 고독한 표현자이고, 예언자적인 위신까지도 느껴진다. 그만큼 이 작품의 비탄을 자기 자신의 것으로서 나눠 가질 수 있는 사람도 적었을 것이다.

근대화가 진행됨에 따라, 또 우치무라와 같은 메이지 시대의 리더들이 고령화가 되면서 그려지는 비탄의 성격도, 비탄의 저편에 전망되는 것의 성격도 바뀌어 갔다. 근대 일본은 반복적으로 전쟁을 이어가는 사회이기도 했다. 새로운 비탄의 인식은 그러한 사회의 모습에 직면할 수밖에 없는 세대의 경험을 반영하는 것으로 된다. 비탄을 나누는 모습도 '국민으로서의 연대'를 기반으로 하는 것으로 된다. 다음 장에서는 이러한 비탄의 표현에 대해 살펴보고자 한다.

참고문헌

内村鑑三, 「基督信徒の慰」, 『内村鑑三全集』2, 岩波書店, 1980(『基督信徒のなぐさめ』, 岩波文庫, 初版 1939, 改版 1976).

鈴木範久, 『内村鑑三をめぐる作家たち』, 玉川大学出版部, 1980.

鈴木範久, 『内村鑑三』, 岩波新書, 1984.

加藤節, 『南原繁──近代日本と知識人』, 岩波新書, 1997.

内村鑑三, 「後世への最大遺物」, 『後世への最大遺物・デンマルク国の話』, 岩波文庫, 初版 1946, 改版 1976.

内村鑑三, 『ヨブ記講演』, 岩波文庫, 2014.

J・F・ハウズ, 『近代日本の預言者―内村鑑三, 一八六一－一九三〇年』, 堤
　　　稔子訳, 教文館, 2015(Japan's Modern Prophet: Uchimura Kanzo,
　　　1861–1930, 2006).
トーマス・カーライル, 『英雄崇拝論』, 老田三郎訳, 岩波文庫, 1949.
島薗進, 『倫理良書を読む―災後に生き方を見直す28冊』, 弘文堂, 2014.

제6장 슬픔을 나누는 '노래'

슬픈 노래를 함께 부르다

친한 사람의 죽음을 경험하고, 장례식 등의 의례에 참여하고, 비탄을 함께하는 이러한 경험을 아이들은 경험하기가 어려워지고 있다. 제4장에서도 기술했지만, 이미 1960년대에 영국의 사회인류학자 제프리 고러는 그렇게 논했다. 그런데, 대략 20세기까지는 어른도 아이들도 함께 슬픈 노래를 부르는 기회가 많지 않았을까? 1980년대쯤부터 그러한 경험도 후퇴되고 있는 것은 아닐까? 비탄을 나누는 의례가 후퇴하기 시작한 뒤에도 슬픔을 나누는 '노래'는 여전히 힘을 유지하고 있었거나 유지하고 있는 것이 아닐까?

슬픔을 나누는 '노래'라고 하면 생각나는 것은 '창가'나 '동요', '가요곡'이다. '창가'의 예는 다카노 다쓰유키(高野辰之)가 작사한 〈고향〉이다. 2017년에 조치대학 그리프 케어 연구소의 명예소장이자 일본 스피리츄얼케어 학회 이사장이었던 히노하라 시게아키(日野原重明) 선생님이 105세로 돌아가셨다. 나는 그분의 장례식과 일본 스피리츄얼학회의 추도 모임에 참

석했었는데, 두 곳에서 〈고향〉이 연주되거나 노래도 불렀다. 히노하라 선생님 본인이 아주 좋아하셨던 노래라고 했다.

> 토끼 쫓아다니던 산 / 붕어 낚던 그 하천
> 꿈은 지금도 생각이 나는 / 잊을 수 없는 내 고향
> 어떻게 계실까, 부모님 / 별일이 없을까, 친구들
> 비바람이 불어도 / 생각나는 내 고향
> 뜻을 이루고 / 언젠가 돌아가리라
> 산 푸른 내 고향 / 물 맑은 내 고향

이 노래는 1914년에 『즐겨 부르는 초등생 창가(尋常小学唱歌)』에 실린 문부성 창가이다. '창가'는 메이지 시대 이후로 국가가 주도적으로 만들고, 학교 등을 통해 널리 알려졌는데, 도덕적 교훈이나 지식을 기억하는 데 도움이 되는 것들도 많다(渡辺裕, 2010). 예를 들면, 〈우편적금창가郵便貯金唱歌〉라는 노래는 "위 사이에 흐르는 물줄기도 모이면 바다를 채우듯이, 해변의 모래 한 알도 쌓이면 산처럼 솟는다"로 시작한다(渡辺裕, 2010: 68).

오래된 〈고향〉

〈고향〉이라는 노래를 부르면 눈물이 나는 이유는 돌아가고 싶은데 돌아갈 수 없는 고향의 아름다운 자연과 반가운 사람들이 생각나기 때문일 것이다. 그 자연은 이제 없어졌을지도 모른다. 사람들도 이미 이 세상을 떠나 없을지도 모른다. 자신의 생명을 키워준 부모나 환경, 자신의 생명과

나누기 힘든 소중한 것의 상실에 생각이 미치기 때문에 슬픈 것이다. 그런데, 그 소중한 고향은 아직 남아있고 돌아갈 수도 있어서 희망도 전하고 있다. '상실의 노래'인 것과 동시에 '망향의 노래'이기도 한다. '비탄'과 '고향', '비탄'과 '망향'에는 깊은 관계가 있다. 이것은 '국민'이라고 불리는, 쉽게 연대감을 갖는 대중이 실감하는 것과 분리될 수 없다. '고향'에서는 모두가 한 몸이 될 수 있다. 그러나 지금은 고독이다. 고독하지만 '돌아갈 곳'이 있다. 그것은 생명의 원천이고 죽어서 돌아가는 곳이기도 하다. 이러한 이미지를 포함한 '고향'이라는 말이 사람들의 마음을 사로잡은 시대가 있었다. 그러한 배경하에 고독과 비탄을 탄식하며 '망향'의 마음을 노래한다. 우치무라 간조가 젊었을 때는 아직 없었을 때였고, 고도의 경제성장 이후의 시대에는 유지하기 어려웠던 심정이다.

〈고향〉이라는 노래는 나도 좋아하는 노래였는데, 내가 대학생이던 1970년쯤에는 이 노래가 시대에 뒤떨어진다고 느껴져서 불리지 않았던 것 같다. 그것은 우선 풍부한 자연환경이 남아있는 고향이 있다고 느끼는 사람이 줄어들고 있기 때문이라는 것이다. 나 자신도 도쿄에서 태어나 10살 때까지 도쿄에서 살았는데, 그 사이에 두 개의 구(區), 세 곳에서 살았다. 세 번째로 살았던 곳은 공단아파트의 2층이었다. 10살에서 18살까지는 이시카와현 가나자와시에서 살았다. 그곳은 자연환경이 풍부하고 산이나 강이 가까웠다. 개구리는 시끄럽게 울고, 반딧불도 있었고, 농작물을 손으로 만질 수도 있었고 강에서 헤엄도 칠 수 있었다. 고향이라고 하면, 도쿄보다 가나자와가 떠오른다. 만약 도쿄에서 계속 살았다면, 고향이 있다고 느끼지 못했을지도 모른다.

또 하나, "뜻을 이루고 언젠가 돌아가리라"라는 가사가 고리타분하게

느껴졌다. 입신출세해서 금의환향한다는 것이 생각나고, 그다지 아름다워 보이지도 않고 반갑지도 않다는 인상이 남아있다. 참고로 〈존경하는 선생님(仰げば尊し)〉은 1994년의 창가인데, 지금은 별로 불리지 않는다. 1948년생인 나는 초등학교부터 중학교·고등학교까지 졸업식에서 이 노래를 불렀던 기억이 있는데, 1980년대 이후로는 불리지 않게 되었다. 이유는 특히 2절의 가사가 부르기 어렵기 때문이라고 한다.

> 서로 친숙했던 날의 은혜 / 헤어진 후에도 결코 잊지 마라
> 입신양명하도록 열심히 하라 / 이제는 헤어질 때, 이제 안녕

이 "입신양명하도록 열심히 하라"에 위화감을 느끼는 사람이 많다고 한다. '스승의 은혜'가 강조된 것도 영향이 있을지 모르겠지만, 사회적 상승이 확고한 가치로 되어있다는 점이 사람들의 마음과 맞지 않게 되었다. 교훈적인 창가의 일면이 원인인 것이다. "뜻을 이루고 언젠가 돌아가리라"도 마찬가지라고 볼 수 있다.

부활한(?) 〈고향〉

그런데, 요즘은 〈고향〉이 인기를 되찾는 것이 아닌가 싶다. 하나는, 2011년 3월의 동일본 대지진과 후쿠시마원전 재난 후에 〈고향〉을 들을 기회가 늘었다. 쓰나미와 원전사고로 아름다운 동북지역의 자연이 파괴되었다. 쓰나미 피해는 자연재해지만, 그 후에 거대한 방파제가 생기고 경관과 생활환경 모두 악화되었다고 느끼는 사람이 많다. 원전사고가 초래한

방사능에 따른 환경오염은 많은 피난민과 이주자를 낳았다. '고향 상실'을 한탄하고, 고향의 자연과 인간 양쪽을 모두 되찾기를 바랬다.

예를 들면, 나는 탈원전을 호소하는 국회 주변의 시위에서 〈고향〉을 부르는 것을 들었다. 대도시에 인구집중이 진행되는 가운데, 지역사회의 붕괴를 우려하는 소리와 겹쳐졌다. 한 명 한 명의 고향이라기보다는 인간과 생물이라는 생명을 키우는 환경으로서의 '고향이 상실되어가는 것을 슬퍼하고, 그 회복을 바라는 심정이 이 노래를 빌려 나타나게 되었다. 생명을 낳아 키우는 어머니인 대지라는 의미가 '고향'이라는 말에 담기게 되었다.

전혀 다른 맥락으로도, 〈고향〉은 인기를 얻는 것 같다. 조치대학 그리프케어 연구소 다카기 요시코 특임소장에 따르면, 죽음이 임박한 사람이 머리맡에서 듣고 싶어 하는 곡 중에 〈고향〉이 1, 2위를 차지한다고 한다. 그리고 보니, 가사를 다시 보면, 1절은 생명의 원천인 자연에 대한 감사, 2절은 부모나 가족이나 동향 사람들과의 유대를 확인하고 감사하는 내용이라고 볼 수 있다. 그리고 3절의 "뜻을 이루고 언젠가 돌아가리라"라는 부분은 자신의 일생을 돌아보고, 자신의 인생을 총체적으로 받아들이며, 세상을 떠날 마음을 정해간다는 것으로 받아들일 수 있겠다. 그리고 다카기 요시코 수녀는 "언젠가 돌아가리라"라는 것은 어머니의 품으로 돌아간다는 것을 의미할 수도 있고, 위대한 존재의 품으로 돌아간다는 뜻일 수도 있다고 보고 있다. 어느 쪽이든 이 가사를 들으면서 편안한 곳에 간다고 느낄 수 있다고 말한다.

부국강병, 문명개화, 입신출세 등의 내용이 따라오기 마련인 창가이지만, 〈고향〉의 가사를 재해석하면, 그런 뉘앙스는 약해지고 현대인에게 잘 어울리는 의미 내용으로 느껴질 수도 있을 것이다. 21세기 들어서면서, 〈고향〉에 대해 그런 변화가 일어나고 있는지도 모른다. 제2장에서 '종교문화·국민문화의 재활성화'에 대해 언급했는데, 이것도 하나의 그런 사례라고 할 수 있다.

〈고추잠자리〉와 동요

일본 스피리츄얼학회 히노하라 시게아키 선생님의 추도모임에서는 〈고추잠자리(赤とんぼ)〉도 연주되었다. 미키 로후(三木露風) 작사, 야마다 고사쿠(山田耕筰) 작곡으로 1921년에 만들어진 이 노래는 '창가'가 아니라 '동요' 범주에 속한다.

> 석양의 노을 고추잠자리, 등에 업혀 보던 것은 언제였을까
> 산밭의 뽕나무 열매를 바구니에 따 넣은 것은 환영이었을까
> 열다섯 살 누나는 시집가고 고향 오는 소식도 끊겼네
> 석양의 노을 고추잠자리 멈추고 있네. 장대 끝에

이것은 어린 시절을 생각하며 생명의 요람이라고도 할 수 있는, 이제는 멀리 떨어져 버린 과거의 풍경을 그리워하는 노래이다. 고통스러울 정도로 슬프거나 돌이킬 수 없는 상실을 한탄하고 있는 것은 아니지만, 잃어버린 과거로의 향수가 기조를 이룬다.

동요라는 장르는 1918년에 『붉은 새(赤い鳥)』가 창간되면서 생겨났고, 대략 1920년대 말까지 계속해서 히트곡이 나왔다. 다이쇼(大正) 시대와

쇼와(昭和) 시대가 주된 창작시기였다. '위에서 가르치는' 요소가 강했던 창가에 비해, 동요는 아이들이 스스로 친숙한 말로 또 아이들 스스로 재밌다고 느낄 수 있는 내용이다(周東美材, 2015). 창가는 문어(文語)가 자주 섞여 있어서 아이들이 그 의미를 알기 어려운 말도 많지만, 동요는 구어에 가깝고 의태어·의성어가 다양해서 말장난하며 좋아한다. 구즈하라 시게루(葛原しげる)의 〈석양(夕日)〉(1921년)에 "긴긴기라기라(번쩍번쩍) 저녁 해가 진다"라든가 "맛카카카(새빨간) 하늘의 구름"이라는 것이 알기 쉬운 예이다(金田一春彦, 2015).

노구치 우조와 슬픈 노래

긴다이치 하루히코(金田一春彦)에 따르면, 동요 작사가 중에서도 노구치 우조가 가장 인기 있었다. 『동요·창가의 세계』에서 그는 다음과 같이 언급하고 있다.

> 아타고야마(愛宕山)에서 NHK방송이 시작된 1925년부터 1930년까지, 아이들 노래에 대해 통계를 내봤더니, 작사자로서는 노구치 우조, 기타하라 하쿠슈(北原白秋), 구주하라 시게루(葛原しげる)가 빅3였고, 특히 나카야마 신페이(中山晋平)의 곡을 얻은 〈비오는 달님(雨降りお月さん)〉, 〈쇼조지의 너구리 장단(証城寺の狸囃子)〉이 1위, 2위를 차지하고, 〈그 마을 이 마을(あの町この町)〉, 〈나뭇잎 배(木の葉のお船)〉, 〈휘파람새의 꿈(鶯の夢)〉도 상위에 들어가 있어서, 단연 2위인 기타하라 하쿠슈와 큰 차이를 벌리고 있었다(金田一春彦, 2015: 182).

노구치의 동요 가사에는 부모 없는 아이, 고아가 등장하는 경우가 많다
(金田一春彦, 2015: 121).[11] 다음은 〈보름날 밤 달님(十五夜お月さん)〉의
가사이다.

> 보름밤 달님, 잘 계신가요. 유모는 그만뒀습니다
> 보름밤 달님, 동생은 시골로 보내졌어요
> 보름밤 달님, 저는 엄마를 다시 한번 보고 싶어요

〈수수밭(蜀黍畑)〉은 다음과 같다. 우조의 고향인 이바라키현(茨城県)
기타이바라키시(北茨城市) 이소하라(磯原)의 정경을 그린 것이라고 한다.

> 뒷문의 부모 없는 우물가 두레박아, 산과 바다 천 리에 바람이 불고,
> 수수밭에도 날이 저무네. 닭을 찾으러 가지 않을래?

이 가사에 대해 우조는 생가에서의 경험을 바탕으로 한 것이라고 말하
고 있다.

> "수수밭은 살랑살랑 가을바람이 불고, 날도 이제 지려 하는데, 닭은 아
> 직 돌아오지 않는다. 뒷문[12]의 우물가 두레박아, 너도 부모 없이 혼자서
> 참 외롭겠구나. 나와 함께 닭 찾으러 가지 않겠니"라고 말하는 기분을 노
> 래한 것입니다(野口雨情, 1925: 229).

---

11) 노구치 우조에 대해 특히 참고가 된 것은 古茂田信男(1992),『七つの子—野口雨情
   歌のふるさと』와 上田信道(2005),『名作童謡 野口雨情 100選』이다.
12) 집의 뒷문.

고향에서 멀리 떠난 아이

잘 알려지지 않은 노래이지만, 〈토끼(兎)〉의 가사를 보자.

토끼는 어디로 갔어요. 보름달님 따라서 머나먼 나라에 갔어요
달님을 따라갔어요. 달님이 데려갔어요
토끼는 돌아오지 않네요. 달님의 아이가 되어서 토끼는 돌아오지 않네요
달님 나라에서 쿵덕쿵덕 잘한다. 또 한 번 쿵덕쿵덕 떡을 찧고 있어요

〈빨간 구두(赤い靴)〉(이하 모두 1922년), 〈푸른 눈 인형(青い眼の人)〉,
〈일곱 살의 아이(七つの子)〉 등 모두 아이가 어머니나 고향으로부터 떠나
있는 정경이 떠오른다.

죽은 아이를 생각하는 노래라고 해석되어왔던 〈비눗방울(シャボン
玉)〉(1922년)도 그렇게 생각하기 때문인지 슬픔을 노래한다고 느껴질 것
이다.

비눗방울 날았다 지붕까지 날았다. 지붕까지 날고 터져서 사라졌다
비눗방울 사라졌다 날지 않고 사라졌다. 생겨나고 바로 터져서 사라졌다
바람아 바람아 불지 마라. 비눗방울 날자

이 가사는 노구치 우조가 첫 번째 아내와의 사이에서 태어난 아이를
생각하면서 만들었다는 설도 있다. 동요는 항상 말이 적어서 무엇인가 대
응하는 사실이 있는지를 잘 알 수 없다. 바로 그런 이유로, 상상을 펼치도
록 하는 것이 가능하겠지만, 우조에게 부모와 자식의 친숙함과 슬픔을 떠

올리게 하는 노래가 많다는 것은 분명하다. 우조는 에도시대의 '하이진(俳
人)'13)인 고바야시 잇사(小林一茶)에게 강하게 끌렸던 것 같다. 잇사는 만
2세에 어머니를 잃고 50세에 처음으로 결혼했다. 4명의 아이가 태어났지
만 모두 바로 죽고 말았다. 〈나의 봄(おらが春)〉은 큰딸 사토(さと)와 사
별한 슬픔을 적은 하이쿠 작품이다.

〈런던데리의 노래〉

그런데, 일본의 '동요'에서 노구치 우조처럼 슬픔을 자아내는 시인(작사
가)의 작품이 높은 인기를 유지해온 이유는 무엇일까? 물론 밝은 노래도
있다. 예를 들면, 모모타 소지(百田宗治)와 운노 아쓰시(海野厚)의 〈장난
감 행진곡(おもちゃのマーチ)〉은 모두 1923년의 작품이다.

어디에선가 '봄'이 태어난다. 어디에선가 물이 흘러나온다. 어디에선가
종다리가 울고 있다. 어디에선가 싹 나는 소리가 난다. 산의 3월 동풍이
불고, 어디에선가 '봄'이 태어난다.〈어디에선가 봄이(どこかで春が)〉

영차영차 몰려나간다. 장난감 행진곡이 룰루랄라 병사인형이 다 모였
다. 말도 나팔도 룰루랄라 영차영차 한 바퀴 큐피(Kewpie)도 뿌뿌14)도 룰
루랄라 프랑스 인형도 뛰어나와서 피리를 불면 북이 쿵쿵쿵.〈장난감 행진
곡(おもちゃのマーチ)〉

---

13) 하이쿠(俳句)를 짓는 사람.
14) (역자 주) 기차소리

노구치 우조의 〈인신매매선(人買船)〉(1920년)은 톤이 상당히 다르다.

인신매매선에 팔려간 가난한 마을의 두견새
좋은 날씨 이어져라 항구는 잔잔해져라
여러분 안녕이라고 울며 울며 말했다

슬픔을 담은 노래를 선호하는 상황은 일본에 한정되었던 것이 아니다.
아일랜드의 도시 런던데리의 명칭이 있는 〈런던데리의 노래〉 멜로디를
일본인들도 적잖이 알 것이다. 이 노래가 자주 불리게 된 것은 19세기 말쯤
이라고 한다. 여러 가사가 붙어서 남녀의 사랑 노래도 되고, 떠나간 아들
을 생각하는 노래도 되었다.[15]

북쪽나라 항구마을은 사과꽃이 피는 마을
사랑하는 당신의 모습 가슴에 품고 헤맨다
붉게 타는 사랑을 나뭇잎 그늘에 숨어 피는
깨끗한 꽃이야말로 당신의 향긋한 모습(가사 번역: 近藤玲二)

내 아이여 사랑하는 너를 아버지의 유품으로 삼아
마음껏 사랑하며 오늘까지 키워왔다
낡은 집을 떠나 이제 너는 어디에
약한 어머니의 그림자조차 씩씩한 너에게는 보이지 않네(가사 번역: 津
川主一)

---

15) 二木紘三, 「二木紘三のうた物語『ロンドンデリーの歌』」
　　http://duarbo.air-nifty.com/songs/2007/03/londonderry_air_2799.html 2017.9.12. 열람

그리고 1914년에 프레드릭 에드워드 웨덜리(Frederic Edward Weatherly, 1848~1929)에 의해 '대니보이(Danny Boy)'라는 가사가 붙여진 이후, 이 가사로 자주 불리게 되었다.[16] 1914년에는 제1차 세계대전이 시작되었다.

> 오 대니보이, 사랑하는 우리 아이
> 오늘은 어디서 잠들까 전쟁에 지친 몸을 쉬게 할 방법은 있을까
> 너로 마음을 아파하고 잠 못 이루는 밤을 보낸다
> 나이 든 이 엄마의 품으로
> 오 대니보이, 오 대니보이, 돌아오라(가사 번역: なかにし礼)

아리랑의 가사

〈런던데리의 노래〉에는 여러 가지 가사가 붙어있다. 그런데 그 기조는 함께 살았던 곳을 떠난 자에 대한 뜨거운 마음이다. 상실의 노래이고 떠나버린 자에 공명한다면 망향의 노래라고도 말할 수 있다.

상실과 망향의 노래라고 할 때, 내가 비슷하다고 느끼는 노래는 한국·북한의 〈아리랑〉이다. 현재 널리 불리는 가사 〈아리랑〉이 폭발적으로 알려진 것은 1926년에 상영된 나운규의 영화 〈아리랑〉 때문이라고 한다(宮塚利雄, 1995). 그런데, 그 전부터 〈아리랑〉의 여러 버전이 불리고 있었고, 가사는 지방마다 옮겨적은 내용이다. 그렇더라도 실제로는 즉흥적인 노래

---

16) 二木紘三, 「二木紘三のうた物語『ダニー・ボーイ』」
   http://duarbo.air-nifty.com/songs/2007/08/post_08b2.html

라는 요소도 갖고 있고, 계속해서 다른 가사가 만들어져온 것 같다(草野妙子, 1984).

구사노 타에코가 〈경기도아리랑〉이라고 부르는 경기도지방의 아리랑이 가장 널리 알려져 있다(草野妙子, 1984: 33-35).

> 아리랑 아리랑 아라리오 아리랑고개로 넘어간다
> 나를 버리고 가시는 님은 십 리[17]도 못가서 발병난다
> 아리랑 아리랑 아라리오 아리랑고개로 넘어간다
> 청천 하늘에 별도 많고 우리네 가슴에는 한도 많다
> 아리랑 아리랑 아라리오 아리랑고개로 넘어간다
> 꽃피고 즐겁게 나비 춤추고 시냇물이 불어 계곡에 소용돌이 친다
> 아리랑 아리랑 아라리오 아리랑고개로 넘어간다
> 가자 가자 어서 가자 백두산 기슭에 석양이 진다
> 아리랑 아리랑 아라리오 아리랑고개로 넘어간다
> 풍년이 온다네 풍년이 와요 강산 삼천리 풍년이 와요
> 아리랑 아리랑 아라리오 아리랑고개로 넘어간다
> 푸른 밤하늘에 기러기는 어디로 가나 내 님의 소식을 전해다오

'상실과 망향의 노래'라고 말해도 되고, 슬픔이 기조에 있지만 기쁨도 있고 여러 정감을 담아서 노래할 수 있다. 기쁨도 슬픔도 함께 나누는 노래이다.

---

17) '십 리十里'는 일본의 1리里.

아리랑을 부르는 방법

그러면 '아이랑고개'라는 곳은 어디에 있는 것일까. "여기가 아리랑고개
다"라고 칭하는 장소는 여러 군데가 있다고 한다. 원래 '아리랑'의 의미는
잘 모른다. 가사의 '넘어간다'는 내용까지의 전반은 원래 의미 없는 노랫말
로 시작한 것이라고 한다. '아리랑'을 노래하는 방법에 대해 구사카 타에코
는 다음과 같이 서술하고 있다.

> 이 노래는 두 부분으로 나뉜다. 전반은 반복되는 구절이고 일반적으로
> 여러 명이 함께 부른다. 단지 장단에 맞춘 노랫말처럼 부르고 후반의 가사
> 와 의미상 아무런 맥락도 없다. 후반의 가사를 끌어내기 위한 구절이다.
> 이에 대해, 후반의 구절은 일반적으로 독창을 한다. 독창자는 원래 즉흥
> 적으로 가락에 맞춰 노랫말을 만들어 불렀는데, 현재에는 이미 만들어진
> 여러 가사가 있고, 그중에서 즉흥적으로 골라 부른다. 여러 명이 순번으로
> 독창한다(草野妙子, 1984: 35).

"십 리도 못가서 발병난다"는 가사가 가장 많이 불리는 구절이다. 이
구절은 사랑하는 사람이 떠나는 것을 슬퍼하는 노래로 생각하면 이해하기
쉬울 것이다. 다만, 전쟁터로 가는 아들을 생각하는 어머니의 마음이라고
해석할 수도 있다. 이렇게 해석하면 '대니보이'와 비슷하다. 어떤 의미를
취해도 되는 것은 〈런던데리의 노래〉와 비슷하다. "십 리도 못가서 발병난
다"의 구절에 대해 구사노는 "아주머니, 그건 무슨 뜻일까요?"라고 묻고
다녔다고 한다.

50세를 넘은 한 여성의 해석은 이랬다.

"고향을 떠나서 중국이나 일본에 가버린 사람은 10리도 못 가서 발이 아픈 거예요. 고향을 떠나더라도 마음이…아아 잘 몰라요." 분명하게 자기 말을 하는 사람들인데, 희한하게도 말끝을 흐렸다. 그리고 다시 엄청난 박력으로 노래하기 시작했다(草野妙子, 1984: 38).

국민과 고향의 슬픔

〈런던데리의 노래〉나 〈아리랑〉에는 여러 가지 내용을 담을 수 있는데, 그것은 같은 동무라고 느끼는 많은 사람들의 공감이 배후에 있기 때문일 것이다. '여러 가지 내용'이라고 말했지만, 거기에는 우선 따뜻한 고향이나 부모와 자식 간의 애정이 넘치는 유대의 모습이 있다. 한편, 그 유대에서 떨어져 나간 혹은 떠나 버린 사람의 모습이 있다. 그 사람이 돌아오는지, 오랫동안 떨어지게 되는지, 영원히 이별하게 되는지는 확실하지 않지만, 외로움이 있고 슬픔이 있다. 떠나버린 사람 쪽의 입장에서는 망향의 마음이 솟아난다. 이러한 모습이나 슬픔, 애수의 정서가 대다수의 사람들에게 공유된다고 느껴져 왔다.

그러한 일이 가능했던 한 가지 이유는 아일랜드나 한국이 식민지 상황에 있었기 때문인지도 모른다. 일본의 경우, '창가'나 '동요', '가요곡'으로 많은 사람들이 슬픔이나 망향의 마음을 나눌 수 있는지 모르겠다. 그러나 〈런던데리의 노래〉나 〈아리랑〉과 같은 노래는 떠오르지 않는다. 예전에 나는 친한 한국인 동료학자와 노래방이나 숙소에서 자주 함께 노래를 불렀다. 한국인 주도로 〈아리랑〉을 부르고 나서, 일본 측 주도로 〈아카돈보〉

를 불렀는데, 이 동요는 외로움이 눈에 띄었다. '엄청난 박력으로 노래'하는 것이 전혀 아니다. 한편, 〈고향〉을 부른다고 하면, "뜻을 이루고" 부분 등에서 위화감이 동반되는 것도 피하기 어려울 것이다.

여기에서 나는 〈고향〉이나 〈고추잠자리〉 혹은 노구치 우조의 '동요'가 슬픔과 망향의 마음을 어떻게 인식하는가 하는 부분에서, 20세기 전반의 '국민적'인 노래에 대해 비교문화적인 고찰을 하고, 일본의 '국민적 노래'의 특징을 생각하고자 한다. 그때 도움이 되는 것이 '고향'이라는 개념의 역사적 고찰이다. 나리타 류이치(成田龍一)의 『'고향'이라는 이야기-도시공간의 역사학(「故郷」という物語-都市空間の歴史学)』에 따르면, '고향'의 개념이 급속하게 널리 퍼지게 된 것은 1880년대라고 한다. 이 시기부터 도쿄에 있는 같은 '고향' 출신자가 중심이 되어 때로는 지역에 남아있는 사람들도 포함시키면서, '동향' 사람끼리 모이자는 분위기가 높아졌다. 그리고 90년 전후에 수많은 '향우회'가 한꺼번에 성립되어갔다.

각지의 사람들이 다른 지역과 경쟁하듯이, 동지를 모집하고 향우회를 설립한다는 형태로 전국적으로 동시에 고향의식, 동향의식이 높아졌다. 이 경우, '동향'의 범위는 시(市), 초(町)와 그 주위의 군(郡) 정도의 넓이이다. 회원은 관리, 교육자, 의사, 군인, 촌장, 관청관계자, 학생 등 엘리트나 지역 지도층이 주체이고, 주로 남자들이 이끌었다. 일본이라는 '나라'에 대한 강한 귀속감을 전제로 '고향'의 의미가 강조되고 있다.

그때까지도 '고향'의식은 있었다. 그런데 새로운 고향의 의식은 '국민'의 의식과 강하게 연결되어 있다. 나리타는 『이나향우회잡지(伊那郷友会雑誌)』의 1890년 6월에 간행된 제4호에서 "후지산 비와코를 소중히 하는 것과 동시에 텐류강과 고마가타케를 애호하는 사람이야말로 우리의 의원(代

議士)이 된다"라는 말을 인용하고 있다. '류수이(龍水)'는 텐류강(天竜川)이고, 고마가타케의 기슭을 흐르는 텐류강을 고향인 이나의 자연에 대한 그리움을 대표하는 것으로 하고 있다. 이것은 후지산, 비와코로 대표되는 일본 자연의 그리움과 상호보완적인 것으로 인식되고 있다.

같은 시기에 이시카와 다쿠보쿠(石川啄木, 1886~1912)는 "고향의 자연은 늘 나의 친한 친구이다. 그런데 고향 사람들은 늘 나의 적이다"라고 말하고 있다(石川啄木, 1952). 다쿠보쿠의 '고향'인 이와테현(岩手県) 시부타미촌(渋民村)은 '시대 폐쇄의 현상'으로 인식되었던 1900년대 일본의 축소판이었다. 약 100년 전, 고바야시 잇사는 "오늘부터 일본의 기러기이다. 편안히 자렴"이라는 문구를 지었고, 또 한편으로는 "고향에서는 파리조차 사람을 쏜다"라고도 읊고 있다. 잇사도 분명히 내셔널리즘 전기의 의식을 갖고 있었다(青木美智男, 2013). 그런데, 다쿠보쿠의 "돌에 맞아 쫓겨나듯이 고향을 떠나는 슬픔은 없어질 수 없다"라는 단가와 비교하면, 잇사의 '일본'은 아직 절실함이 없고 그가 '고향'에 담고 있던 깊은 슬픔과 직결하는 것은 아니었다.

요시모토 다카아키의 '대중의 내셔널리즘'

시인이자 비평가인 요시모토 다카아키(吉本隆明, 1924~2012)는 1964년 「일본의 내셔널리즘」이라는 제목의 논문을 공표했는데(吉本隆明, 1964), 논문에서는 '대중의 내셔널리즘'에 역점을 두고, 창가나 동요 같은 '가곡'을 분석 대상으로 했다. 요시모토는 주로 1900년대부터 1930년대까지의 '대중가곡'을 소재로, 그 시기의 '대중'의 공동의식의 변화를 찾아보려고 했다

(島薗進, 1999).

그 내용에 따르면, 메이지 시기(1920년대 전반쯤까지)의 가곡에는 정치성으로서의 '나라를 위한' 의식과 사회성으로의 '입신출세하여 이름을 날리는' 의식의 주제가 살아있었다. 근면과 충실한 노력에 대한 보답으로 아름다운 '고향'과의 일체화가 실현될 것처럼 보이는 세계이다. 〈즐겨 부르는 초등생 창가(尋常小学唱歌)〉, 〈겨울 밤(冬の夜)〉는 1912년의 곡이다.

> 이로리[18)]가에서 새끼를 꼬는 아버지는 지난 전쟁의 공훈을 이야기한다
> 나란히 있는 아이는 졸음도 잊고 귀 기울이며 주먹을 쥔다
> 이로리 불은 끄느름하고 밖에는 눈보라가 친다

1914년 창가 〈고향〉의 "뜻을 이루고"와 톤이 맞다. '공훈'을 세운 이야기에 "귀 기울이며 주먹을 쥔다"처럼, "근면각고하고 절약생활을 하면, 사회의 상류층에 설 수 있다"는 의식이 일본 자본주의 형성기에 보이는 대중 내셔널리즘의 기조를 이룬다고 볼 수 있다. 일본의 '고향'의식은 그러한 상승의식과 연결되어 확산되었다. 그 후, 그러한 사상에 대한 의문이 증가하게 되지만, 그래도 여전히 유력한 사상으로 계속 남아있다. 정계, 경제계의 유력자들은 근면검약의 유효성을 계속 주장한다.

> 현재 일본의 산업자본 · 금용자본을 지배하고 있는 인물들은 크든 작든 이런 타입의 인간이고, 또 지식인 가운데는 지극히 소수의 자가 이런 정신을 믿고 있을 뿐이다. 그런데도 잠재적으로 모든 대중과 지식인은 이 자본

---

18) (역자 주) 마룻바닥을 사각형으로 파서, 난방용 · 취사용으로 불을 피우는 장치.

제의 상승기에 대중 내셔널리즘을 자신 안에 숨기고 있다고 나는 생각한다(吉本隆明, 1964: 21).

'나라를 위해'와 '슬픔'의 배후에 있는 것

그런데, 이러한 주제를 직접적으로 말하고 있는 '가곡'은 대중 의식의 일면을 표현하고 있는 것에 불과하다. '나라를 위해'나 '입신출세'가 긍정되고 있는 것 같지만, 실은 그 배후의 현실에서는 더욱 엄하고 사회적 상승의 가능성은 매우 적다는 것을 잘 자각하고 있었다. 또 자신의 이익을 위해서는 '나라를 위해' 따위는 신경 쓸 수 없다는 가혹한 경쟁 사회의 모습도 진심으로 충분히 의식되기 시작했다. 당장 그것은 감성적인 '심정의 르상티망(ressentiment)'으로 표현될 것이다. 이쪽이야말로 대중 심리의 내셔널리즘(본심인 속마음으로 표현되기 쉬운 '겉'의 측면)이 진하게 표현되고 있다. 창가 〈풀피리(青葉の笛)〉, 〈참새 참새(すずめ雀)〉를 보자.

이치노타니 전투에서 진 헤이케의 귀공자, 가엽게 새벽의 추운 스마(須磨)의 바람에 들린 것은 이것이었을까. 〈青葉の笛〉(1906년).

참새 참새, 오늘도 또 어두운 길을 단 혼자 숲속의 대나무 숲의 호젓한 집에 돌아가느냐

아니요, 여러분 저 집에는 아버님 어머님이 기다리고 계시고 즐거운 우리 집이 있습니다

안녕히 여러분, 짹짹짹. 〈すずめ雀〉(1901년).

헤이케와 같은 패잔병의 귀향을 슬퍼하는 센티멘털리즘의 배후에 현실적이고 자기 이익을 잊지 않는 의식이 있다('배후'의 측면='혼네(本音)인 진심'의 측면). 대중의 생활 감각이 보이지 않는 논자에게는 자주 이 부분을 놓치게 되지만, 감성적인 고향의식의 더 배후에 있는 사실적인 현실 인식을 놓치면 안 된다. 유력자가 마구 뿌리는 고향의식의 표면(정치·사회적 주제), 그것에 영향을 받으면서도 그에 끌리지 않는 대중의 생활에 뿌리를 둔 고향의식, 그리고 그 표면(감성적인 '한')과 배후(타산적인 현실의식)의 총체를 볼 필요가 있다. 요시모토는 '창가'의 배후에 있는 '대중의 내셔널리즘'을 다음과 같이 논하고 있다.

동요가 나타내는 '대중의 내셔널리즘'

다이쇼 시기에 들어서면, "나라를 위한" 의식이나 "입신출세하고 아름을 날린다"고 하는 의식의 주제는 '가곡'으로 표현되는 '대중의 내셔널리즘'에서 잃어버리게 된다고 요시모토는 논하고 있다. 공식적인 자리에서 표면적으로는 오히려 지금까지 이상으로 강하게 설명되었겠지만, 대중 심리의 표현에서의 '가곡'에는 보이지 않게 되었다. '가곡'이라는 것은 요시모토의 독자적인 용어법으로서, '창가'나 '동요', '가요곡'까지 포함하고 있다. 요시모코가 여기에서 언급하고 있는 것은 '창가' 자체의 변화로서도 말할 수 있겠지만, '창가'에 대해 비판적인 의식을 가지면서 새로 '동요'라는 장르가 생긴 것과 관련이 있을 것이다.

이 시기에는 '고향'이 멀고 아름답고 상실된 현실로서 그려지기 시작한다. 고향 상실의 주제가 사람들의 마음에 인식되기 시작했다. 가타하라

하쿠슈의 〈비(雨)〉, 노구치 우조의 〈그 마을 이 마을(あの町この町)〉을 보자.

> 비가 옵니다 비가 와요 놀러가고 싶지만 우산은 없고 게타의 붉은 끈도 끊어졌어요. 〈雨〉(1918년)

> 집이 점점 멀어진다 멀어진다 지금 온 이 길 돌아가세요 돌아가세요. 〈あの町この町〉(1925년)

요시모토는 이들 '가곡'의 특징을 다음과 같이 파악한다.

> 대중의 '내셔널리즘'은 그 통일적인 주제를 상실하자마자 이들 가곡이 표현하고 있는 것처럼, 이미 현실에서는 일부만 남고 완전히 잃어버린 과거의(이른바 메이지 전형기의) 농촌·가정, 인간관계의 분리 등의 정경을 다이쇼 시기의 감성을 통해 파악하는 것으로 이행했다. 그리고 그것은 유아체험의 한 장면과 연결될 수밖에 없었다(吉本隆明, 1964: 29).

"고향에 오는 소식도 끊겼다"라고 노래하는 〈고추잠자리〉(1921년)가 나타내는 것처럼, 멀고 아름답고 상실된 현실을 그리워하는 것인데, 그 배후에는 그 시대의 물질적인 상황에 대한 심각한 인식이 숨겨져 있다고 한다. 표면적인 출세의식 따위는 이제 들어갈 여지도 없다.

요시모토가 다이쇼 시대의 '가곡'에 대해 논하는 것은 '동요'의 특징을 독자적인 방법으로 파악한 것이라고 말할 수 있겠다. '동요'는 어른의 세계와 떼어낸 '아이들'의 세계를 설정한다. 그것에는 아이 관점의 창출(또 수입)이 이뤄졌던 것이다(周東美材, 2015). 그런데, 동요를 애호한 것은 아이들만이 아니다. 어른도 슬픔과 그 배후에 있는 상실이나 아픔을 표현하고 나누고 싶어 했다. 그러나 그것은 어른들의 현실로부터는 조금 거리를 둔, 아이들의 세계에 맡겨진 것이었다.

'대중의 내셔널리즘' 끌어올리기?

동요는 단기간에 왕성하게 창작되었다. 그런데, 그 시기에 만들어진 동요는 그 후 몇십 년 동안 계속 이어지면서 불리게 되었다. 어른도 아이들도 동요를 아는 시기가 있었다. 그것은 언제쯤의 일이었을까? 〈붉은 새 작은 새(赤い鳥小鳥)〉, 〈허둥대는 이발사(あわて床屋)〉, 〈탱자나무 꽃(からたちの花)〉, 〈이 길(この道)〉, 〈페치카(ペチカ)〉, 〈허탕 친 기다림(待ちぼうけ)〉은 모두 기타하라 사쿠슈의 작사인데, 제목만 보고서도 멜로디가 떠오르는 사람은 몇이나 될까? 1920년경부터 20년 정도 사이에 단숨에 만들어진 이들 노래가 몇십 년에 걸쳐 남녀노소에게 친숙했던 시기가 있다. 전쟁 중에는 그다지 불리지 않았을지 모르겠지만, 전쟁 후에는 부활해서 즐겨 불렸다. 시기는 1970년쯤까지였을 것이다.

그렇게 아이들로부터 고령자까지 많은 국민에게 동요가 사랑받던 시기가 있었다. 그것은 국민공동체에서 상실의 슬픔과 망향의 마음을 나눌 수 있게 되었다고 느껴지던 시기라고 할 수 있을 것이다. 요시모토는 쇼와 시기에 들어가면, 점차 '농촌·집, 인간관계의 이별, 유아 기억' 등 구체적인 표상을 잃게 되고 막연한 개념적인 공동의식이나 상실감으로 되어간다

고 말한다. 그러한 예로서, 1941년의 〈모닥불(たきび)〉을 거론하고 있다.

  울타리 울타리의 길모퉁이 모닥불이다 모닥불이다 낙엽 모닥불, '쬘까?' '쬐자' 북풍이 휘휘 불고 있다.

 요시모토는 이것을 '대중 내셔널리즘'의 향상을 배경으로 하고 있다고 말한다. '고향의 유대를 희망으로 그려내는 것이 어려워졌고, 그것과 쇼와 시기의 초국가주의(천황제 파시즘)의 대두는 부절을 맞추고 있다. 많은 사람들이 총력전으로 '일본' 자체를 고향으로 상상하면서, 전면적인 참가와 자기희생을 규범으로 하고, 고향 상실의 대가를 요구하는 데 이르렀던 것이라고 말한다.

슬픔을 나누는 것의 어려움

 총력전과 전체주의의 시기를 어떻게 파악할지에 대해서는 이론이 있을 수 있다, 지금 여기에서 자세히 논하지는 않겠지만, 전쟁 후에도 '대중 내셔널리즘'은 여전히 일정한 힘을 유지하고 있었다고 생각한다. 예를 들면, 이와나미문고(岩波文庫)의 『일본동요집』은 1957년에 제1쇄가 간행되었지만, 내가 소지하고 있는 것은 2005년 간행된 제62쇄이다. 그동안에 계속 수요가 있었다는 것을 알 수 있지만, 그동안 새로 속편을 간행할 필요성을 느낄 수 없었다는 것도 알 수 있겠다. 1920년대가 주요 창작시기인 동요는 전쟁 이후에 태어난 세대에게도 어느 정도의 친숙함을 유지해온 것이다.
 그렇다면 '대중 내셔널리즘'의 '향상'이 결정적으로 된 것은 언제일까?

나는 1970년대 이후가 아닐까 하고 생각하고 있다. 이것에 대해서 충분히 입증할 수는 없지만, 종교단체의 공동성 변용이라는 관점으로부터 방증을 들 수 있겠다.

근대 일본의 신종교는 새로운 '고향'을 제공하는 기능을 가졌다. 1830년대에 교조가 경험한 원체험을 바탕으로 발생한 텐리교(天理敎)에서 텐리교 발생의 땅은 '인류의 고향'이라고 믿게 되었다. 19세기 전반부터 새로운 성지를 마음에 그리고, 신앙을 바탕으로 한 지역공동체의 재건을 진행하려는 신종교가 발전해간다. 신종교는 고향 상실의 경험을 가진 사람들이 새로운 고향을 재건하는 운동이라고 볼 수 있다. 그리고 신종교가 가장 급속히 성장한 것은 1920년대부터 1960년대에 걸쳐서 50년 정도 사이의 일이었다. 이 시기에 아주 많은 국민이 신종교라는 새로운 공동체의 구축에 힘썼다. 그것은 '대중 내셔널리즘'을 기반으로 하는 것이었다. 그리고 그것은 바로 동요가 많은 국민에게 불리던 시기와도 겹친다.

'상상의 공동체'와 감정의 공유

1970년대 이후는 공동체를 재건하는 형태의 신종교가 후퇴하게 된다. 따뜻한 유대를 갖는 '동무 만들기'로 인해 희로애락을 나누는 공동체의 발전이 어려워지기 시작한 것이다. 베네딕트 앤더슨(Benedict Anderson)은 내셔널리즘을 '상상의 공동체'라고 특징지었다(ベネディクト・アンダーソン, 1985).

국민은 [이미지로서 마음속에] 상상된 것이다. 그렇게 말하는 것은 아무리 작은 국민이라고 해도, 이것을 구성하는 사람들은 그 대다수의 동포를 아는 것도, 만난 것도, 혹은 그들에 대해 들은 것도 없는데, 오히려 한 사람 한 사람의 마음속에는 공동의 성찬 이미지가 살아있기 때문이다(베네디크트・안다ー슨, 1985: 17).

'성찬'이란 그리스도의 피와 살을 함께 섭취한다고 믿는 기독교의 일요 예배이다. 그 성찬처럼 내셔널리즘에는 성스러운 것을 통해 사람들이 일체화되는 종교적인 공동성이 있다고 앤더슨은 인식한다. 그리고 그 명확한 표현은 동포애를 바탕으로 한 죽음의 수요라는 사실이다.

국민은 하나의 공동체로서 상상된다. 왜냐하면, 국민 가운데 만약에 현실에는 불평등과 착취가 있다고 해도, 국민은 늘 수평적인 깊은 동지애로서 마음에 그려지기 때문이다. 그리고 결국. 이 동포애 때문에 과거 2세기에 걸쳐 몇천, 몇백만의 사람들이 이렇게 한정된 상상력의 산물을 위해 서로 죽이거나 오히려 스스로 죽어갔던 것이다(베네디크트・안다ー슨, 1985: 19).

'국민'이라는 공동성은 신성한 것으로 상상되어 왔다. 근대 이전에 종교가 차지해온 공동성의 의식을 대신해서, '국민'이라는 의식이 형성되었다. 거기에는 종교적인 공동성이 깃들어있다고 말하는 것이다. 전쟁으로 인한 죽음은 이 종교적 공동성을 명백하게 한다. 제7장에서는 이러한 '성스러운 죽음'의 의식이 전쟁 후 어떻게 계속 이어졌는지에 대해 묻는다. 제6장에서 본 것은 '국민'이 견고한 공동체로서 상상된 기초에, 주민들 사이에 여러 공동체가 실제로 기능하고, 감정의 공유가 용이하게 되는 사회의 양태가 있었다는 것이다. 함께 노래를 부르고 고향을 그리워하는 그러한 감정 공유의 공동경험이 있기 때문에, 국민공동체를 상상할 때에도 리얼리티를 느낄 수 있었던 것이다.

비탄과 망향의 연대감의 후퇴와 재활성화

비탄의 나눔에 대해서도 똑같이 말할 수 있을 것이다. 지역공동체나 친족공동체와 함께 국민 공동체를 강하게 감지할 때에는 많은 주민이 비탄 나누기를 실감할 수 있었다. 남녀노소가 동요를 애호하는 사회는 아직도 비탄 나누기를 전제로 할 수 있는 사회이기도 했다. 20세기 마지막 사반세기 경부터, 사람들은 비탄을 나눌 수 있는 공동체에 스스로 속해있다는 느낌을 잃어버리게 되었다. 그리프 케어의 필요성을 강하게 느끼게 된 것은 이러한 변화가 있었기 때문이 아닐까?

제4장에서 본 것처럼, 제프리 고러는 사람들이 전통적인 종교문화에서 떨어져 나간 것이 사별의 문화, 비탄의 문화를 약화시키고 있다고 봤다. 그것은 중요한 통찰이지만, 지역공동체와 연결된 전통적인 종교문화가 점점 힘을 잃어가는 근대에는 새로운 국민문화라는 형태로 비탄을 나누는 것이 가능하다고 느꼈다는 점을 잊지 말아야 할 것이다. 제6장에서는 일본 국민이 좋아한 창가나 동요와 같은 '노래'를 통해 국민문화적인 비탄의 공유감을 파악하려고 했다.

여기에서는 종교적인 사후의 구제나 타계를 대신해서, '고향'이 '돌아갈 곳'으로서 나타나고 있다. '망향'의 마음이 종교적인 구제의 대체물로서 표현되고 나눠 갖게 되었다고 생각해도 좋을 것이다. 그런데, 이러한 국민문화적인 '비탄 나누기'의 감각도 언제까지 유지될 수 있는 것은 아닐 것이다. 일본의 경우, 패전 이후에 순차적으로 국민문화적인 비탄이나 망향의 공유감을 잃어버리게 되었다. 제7장, 제8장에서 이 상황을 살펴보려고 한다.

히노하라 시게아키(日野原重明) 선생의 장례식에서 창가 〈고향〉이 사용된 것처럼, 비탄의 국민문화의 새로운 공유라고 하는 재활성화도 생길 수 있다. 그런데, 그것에서 비탄과 망향의 지속적인 연대감이 되돌아왔다는 것은 아니다. 일시적인 공유감이 출현한 것에 머물러 있다. 말하자면, 예전에 강한 구속력을 가지고 있던 '전통'이라는 것을 의식하면서, 그 한정적인 기능을 자각적으로 재활성화하고 있는 것이다. 그러한 문화자원의 재활성화를 통해 비탄의 고독에 갇히기 쉬운 개개인이 서로 연결될 수 있는 것을 어떻게든 확인하려고 하고 있다고 볼 수 있다.

참고문헌

渡辺裕, 『歌う国民─唱歌、校歌、うたごえ』, 中公新書, 2010.
周東美材, 『童謡の近代─メディアの変容と子ども文化』, 岩波現代全書, 2015.
金田一春彦, 『童謡・唱歌の世界』, 主婦の友社, 1978, 講談社学術文庫, 2015.
古茂田信男, 『七つの子─野口雨情歌のふるさと』, 大月書店, 1992.
上田信道編著, 『名作童謡 野口雨情 100選』, 春陽堂, 2005.
野口雨情, 『童謡と童心芸術』, 同文館, 1925.
二木紘三, 「二木紘三のうた物語『ロンドンデリーの歌』」
　　　　http://duarbo.air-nifty.com/songs/2007/03/londonderry_air_2799.html
　　　　2017.9.12. 열람

二木紘三, 「二木紘三のうた物語『ダニー・ボーイ』」

     http://duarbo.air-nifty.com/songs/2007/08/post_08b2.html

宮塚利雄, 『アリランの誕生―歌に刻まれた朝鮮民族の魂』, 創知社, 1995.

草野妙子, 『アリランの歌―韓国伝統音楽の魅力をさぐる』, 白水社, 1984.

成田龍一, 『「故郷」という物語―都市空間の歴史学』, 吉川弘文館, 1998.

石川啄木, 「八十日間の記」, 『啄木全集』13, 岩波書店, 1952.

青木美智男, 『小林一茶―時代を詠んだ俳諧師』, 岩波新書, 2013.

吉本隆明編, 『現代日本思想大系4 ナショナリズム』, 筑摩書房, 1964.

島薗進, 『時代のなかの新宗教―出居清太郎の世界 1899-1945』, 弘文堂, 1999.

与田準一編, 『日本童謡集』, 岩波文庫, 1957.

ベネディクト・アンダーソン, 『想像の共同体―ナショナリズムの起源と流行』,
     白石隆・白石さや訳, リブロポート, 1985(Imagined Communities:
     Reflections on the Origin and Spread of Nationalism, 1983).

제7장 전쟁으로 인한 비탄을 나누는 어려움

비탄의 공동성 변용에 대해

그리프 케어가 널리 알려지게 된 배경에는 가족·친족이나 지역공동체의 확산, 또 전승되어온 종교의례에 대한 친숙함이 희박하게 된 것과 같은 사태가 있다. 사별의 비탄을 나누는 장이 약해진 것이다. 이것은 1965년의 『현대 영국에서의 죽음과 슬픔, 애도』에서 고러가 제시한 후 반복적으로 확인되어왔다(앞의 제4장 참조).

그런데, 비탄을 나누는 공동성은 혈연·지연·지인관계 등에 따라 성립되는 것이 아니다. 예전에는 공동의식이 넓었던 범위에서 많은 사람들이 슬픔을 공유하고 있다고 느낄 수 있었다. 특히 재해나 전쟁, 큰 사고나 수장首長이 죽었을 때는 비탄의 공동성이 출현하고 연대감이 생겨난다. 동일본 대지진 때에는 많은 사람들이 그러한 비탄의 유대를 나눴다.

그러나 그러한 비탄의 공동성이라는 것도 20세기에서 21세기로 전개되는 과정에서 크게 변화해왔다. 제6장에서도 이 문제에 대해 언급했지만, 제7장에서도 다른 시각에서 비탄의 공동성에 대해 생각해보겠다. 다루는 시기는 제6장보다 조금 더 뒤에 해당한다.

8월 15일의 비탄 나누기

15년 전쟁이라고도 불리는 중일전쟁과 아시아·태평양전쟁은 근대 일본에서 최대의 상실과 비탄을 가져왔다. 300만 명의 일본인이 목숨을 잃었고, 중국이나 아시아 각국 등에서 외국인 사망자는 그 몇 배에 달하는 것으로 추정되고 있다(각국 정부의 공식발표 등에 따르면 1900만 명을 넘는다. 小田部雄次他, 1995). 대일본제국에 대한 과대한 프라이드와 세계를 이끌겠다는 희망도 인명과 함께 잃었다. 그렇다면, 그 거대한 상실에 대한 애도 작업(grief work)은 어떻게 진행되었을까. 이것은 너무나 큰 물음이기 때문에, 물음의 초점을 좀 한정해서 보자. 전쟁에서 잃은 생명에 대한 비탄을 나누는 것은 어떻게 되어왔을까.

매년 8월 15일에는 일본 무도관武道館에서 정오가 되기 약간 전부터 전국전몰자추도식이 진행된다. 이것은 1962년 5월 2일, 신주쿠 고엔(新宿御苑)에서 처음 시작되었는데, 우여곡절을 겪은 뒤에 1965년부터는 8월 15일에 일본무도관에서 진행하게 되었다. 식장 정면에는 '전국전몰자의 영'이라고 쓰인 아무런 칠도 하지 않은 나무 기둥이 설치되고, 천황·황후가 임장한다. 묵념에 이어 천황이 단상에서 '말씀'을 소리내어 읽는다. 그 후에 중의원 의장, 참의원 의장, 최고재판소 장관, 전몰자 유족대표의 추도의 말, 헌화가 이뤄지고 끝나게 된다. 이 식전의 광경은 NHK방송을 통해 전국에 방영된다. 이것만을 보면, 조용한 추도 모임이다.

8월 15일의 차분하지 못함

그런데 당일 바로 가까운 야스쿠니신사(靖国神社神社)에서는 전혀 다른 정경이 전개된다. 인터넷을 보면, 8월 15일의 야스쿠니신사와 그 주변의 사진이나 영상을 포함한 많은 광경에 대한 내용을 볼 수 있다.

2015년 8월 19일, 〈데일리뉴스 온라인〉에서 가와구치 도모카즈(川口友万)의 기사를 보자. '【종전기념일】 야스쿠니신사에서 격돌, "매국노" "천황제 그만하라" 고함의 소용돌이'라는 제목의 기사이다.

구단시타(九段下)에서 야스쿠니신사까지의 길고 완만한 비탈길은 야스쿠니신사를 참배하는 사람들로 가득 차 있었고, 노점은 하나도 없었다(올해는 위령축제를 포함하여 야스쿠니신사에서는 노점을 내지 않았다). 그 대신, 위그르나 몽골, 타이완의 민족 독립운동 지원단체가 전단지를 배포하며 서명을 받고 있었다. '야스쿠니신사=보수=반중국'이라는 것 같다. 중국 정부가 행하고 있다는 무서운 고문 사진에 기분이 위축될 것 같다.

정오에는 조금 조용했다. 그런데 야스쿠니신사 경내는 '북적'인다고 말할 수밖에 없는 상황이 있다.

경내에 들어가기 전에 정오가 되었다. 행렬이 멈추고 잠깐 묵도. 다시 오늘이라는 날은 잃어버린 생명과 그 영혼을 위해 살아있는 우리가 조용히 기도하는 날이라고 느꼈다. 경내는 의외로 붐비지 않았다. 배전拜殿을 향해 걸어가면, 군복 차림의 사람들이 있다.…노기장군(乃木将軍)? 휠체

어에 탄 노인은 나수(那須)전쟁박물관 관장인 구리바야시 히데유키(栗林 白岳)다. 사재로 만든 개인 박물관은 탱크차로부터 개틀링 건(Gatling gun) 까지 1만 5천여 점을 수집·전시하고 있다고 했다.

그 옆에 독일군, 더구나 나치스 친위대 군복을 입은 청년. 왜 나치스?

"친위대가 좋아서, 친위대 옷차림을 하고 싶었어요."

"그래도 야스쿠니인데, 여기."

"삼국동맹이었으니까 괜찮겠죠, 뭐."

해질녘에는 우익의 시위, 이어서 극좌의 시위가 벌어진다. "경찰과 보수는 사이가 좋다고 생각했었는데 그렇지는 않은 것 같네. 우파에서도 좌파에서도 시달림을 받는 경찰은 힘들겠다"라고 기자는 경찰을 동정하고 있다. 비탄을 나눌 수 있기를 바라는 '종전기념일'이지만, 그것은 매우 어려운 상황이라는 것을 알 수 있다. 텔레비전에 나오는 전국전몰자추도식의 정경을 쳐다보는 시청자들도 위에서 기술한 야스쿠니신사의 상황을 전혀 모르는 것도 아니어서 뒤숭숭한 마음이 될 것이다. 비탄을 나누고 차분한 마음으로 고인을 생각하는 시간과 장소를 갖기 어렵다. 패전 후 70년 이상을 거치면서 일본인은 이러한 뒤숭숭함을, 즉 비탄 나누기의 어려움을 계속 느껴왔다.

원자폭탄 투하된 날의 비탄 나누기

8월 6일과 9일, 히로시마(広島)와 나가사키(長崎)에 원자폭탄이 떨어진 날을 추도하는 시간과 장소는 더욱 비탄을 나누기에 알맞은 시간과 장소일 것이다. 히로시마에는 평화기념공원이 있고 원폭돔이 있다. 나가사키에는 평화공원, 평화기념상, 평화의 샘이 있다. 히로시마 평화기념자료관이 있고 나가사키 원폭자료관도 있다. 그렇지만 원폭희생자에게 바치는 추도를 둘러싸고 정치적인 입장의 차이에 따라 분열되는 경우도 있다. 이렇게 분열된 경위를 잘 보여주는 것이 핵실험 반대 운동이다. 그리고 이미 상당한 시간이 지나서, 그 비탄의 실상을 새로 태어난 사람들과 나누는 기회도 적다. 세대를 넘어 원폭으로 인해 생긴 비탄을 전해가는 것은 쉬운 일이 아니다.

오키나와에는 평화기념공원이 있다. 히메유리탑(ひめゆりの塔)이 있고, 히메유리평화기념자료관도 있다. 그런데 위령·추도의 시설이라고 하면 복잡하다. 적군, 아군에 상관없이 오키나와전에서 죽은 24만 명의 이름을 새긴 평화의 초석을 바로 지나면 마부니 언덕(摩文仁の丘)이 보인다. 그곳에는 각 현의 출신지별 위령·평화기념시설이 다수 있고, 많은 유족회가 관여되어 있다. 천황 군대의 일원으로서 죽은 사람들을 신으로 모시는 오키나와현 호국신사와 통하는 것으로 느끼는 사람들도 적지 않다.

그림책으로 비탄 나누기

일본에서 전쟁으로 인한 죽음을 둘러싸고 비탄을 나눈다는 것이 결코 쉬운 일은 아니다. 그런데 예외적으로 대다수의 사람들을 통해 그렇게 느끼는 경우도 있다. 마쓰타니 미요코(松谷みよ子)의 시에 쓰카사 오사무(司修)가 그림을 그린 책『좀 더(まちんと)』는 그런 희유의 한 사례일 것이

다. 슬프면서도 아름다운 그림이 그려져 있어서, 지금도 초등학교 등에서 읽고 들려주고 있다. 두 쪽마다 시구를 다음과 같이 소개하고 있다(글이 없는 두 쪽도 있다).

조금 옛날 / 작은 아이가
이제 3살이 되는 아이가
히로시마에 살고 있었는데 / 쇼와 20년 8월 6일의 아침 / 원자폭탄에 / 맞았대
단지 한 개의 / 폭탄이었지만
한순간에 / 도시는 불타고 / 한순간에 / 도시는 무너져내리고
사람도 불길에 타고 / 살아남은 사람들은 / 살갗이 탄 채로 / 헤매고 다녔다
검은 비는 / 그 위에 / 쏟아져 내리고 쏟아져 내리고
그 아이도 / 괴로워하면서 눕혀지고 / 토마토를 입에 넣어주니 / 좀 더 좀 더 / 달라고 했다
잠깐만 기다려 / 토마토를 찾으러 갔다 올게 / 그 아이 엄마는 / 그렇게 말하고 찾으러 나갔지만 / 무너지고 타버린 거리에 / 토마토는 없었다 / 딱 하나만이라도 좋으니 토마토를…토마토를…/ 겨우 하나 찾아 / 돌아왔을 때 / 그 아이는 이미 죽어있었다 / '좀 더 좀 더'라고 / 말하면서 죽어갔대
그 아이는 죽어서 / 새가 되었대
그리고 지금도 / '좀 더 좀 더'라고 / 울면서 날고 있는 것이라고 / 봐봐 저기에-
지금도-

비탄 나누기를 소생시키는 작품

이 작품이 많은 사람들의 마음을 흔드는 힘은 그림의 표현력이 많은 부분을 담당하고 있다. 시와 그림이 조합된 '그림책'이라는 형태, 또 '읽고 들려주기'라는 서로 나누는 형태로 된 부분도 큰 영향을 차지한다고 생각한다. 아이들 마음을 울리는 그림과 이야기는 세대나 직업·지역·입장 등을 넘어서 사람들의 마음에 와닿는지도 모르겠다. 안데르센이나 미야자와 켄지의 동화가 그리고 다이쇼·쇼와 시기의 동요가 가지고 있던 비탄을 나누는 힘이 현대의 그림책으로 이어지고 있는 것 같기도 하다.

『좀 더』와 마찬가지로 아시아·태평양전쟁을 주제로 하면서, 마찬가지로 다양한 사람들의 마음에 와닿은 힘을 가지고 있는 작품에 『이 세상의 한구석에』가 있다. 「서장」에서도 인용했지만, 주제가 〈오른손의 노래〉는 원작자인 고우노 후미요와 가타부치 스나오 감독의 작사인데, 1945년과 2016년이라는 거리감을 느끼지 못할 정도다.

엄청나게 빨리 / 기억으로 되어가는 / 눈부신 나날들
당신은 / 어떻게 할 수도 없고
당신은 이 세계의 / 자투리에 불과하기에
당신은 누군가의 / 무엇인가의 그리운 조각들을 / 끌어모은 것에 불과하기에
그래서 / 언제나 / 준비된 / 당신의 자리
어디에나 깃든 사랑 / 어디에나 깃든 사랑
변해가는 이 세계의 / 여기저기에 깃든 / 조각들의 사랑

자, 봐봐 / 지금 그것도 당신의 일부가 된다.

『좀 더』나 『이 세상의 한구석에』와 같은 작품은 아시아·태평양전쟁으로 인해 죽은 자들의 죽음을 슬퍼하고 또 사람들의 상실을 생각나게 하는 애도 작업(상喪의 일)이 지금도 진행 중이라는 사실을 가르쳐 준다.

그러나 그 '애도 작업'은 원래부터 어려움이 따랐다. 군인·병사의 죽음을 다루는 경우, 특히 전몰특공대원을 다루는 경우, 그 죽음을 어떻게 평가할 것인지에 대해 심한 대립이 생겼다. 따라서 너무 일찍 죽어가야 했던 사자들을 염두에 두고 비탄을 나눈다는 것은 어려웠다. 그리고 그것은 현대에 이르기까지 계속되어왔다.

『좀 더』나 『이 세상의 한구석에』의 경우는 우선 병사나 군인이 아니라 죄 없는 자의 슬픈 죽음이었기 때문에, 그것을 애도하는 마음을 나눌 수 있었다. 그러나 그 경우에도 비전평화非戰平和와 같은 메시지가 정치적으로 강한 주장이 아니라 조용한 말투였기 때문에, 널리 받아들여질 수 있었다고 생각한다. 어느 작품이나 '비탄을 나누는' 것을 표현의 핵심에 두고 있고, 무서운 폭력을 초래한 정치·조직 등에 대한 비판이나 비전평화라는 정치적 메시지를 완곡하게 제시하고 있는 것 같다. 아니, 그것을 통해 비전평화의 바람을 강력하게 나누고 있는지도 모른다.

군인 · 병사의 죽음을 둘러싼 불협화음

비탄을 나누는 어려움이라는 점에서 바로 생각나는 것이 전사한 젊은 군인·병사의 경우이다.

아시아·태평양전쟁의 후기에 많은 군인·병사들이 전사했다. 그 청년들 가운데에는 대학 등에서 학문과 씨름하던 도중에 소집된 사람도 있고, 또 특별공격대의 일원으로 최후를 맞은 사람도 적지 않았다. 장래에 엘리트로서 일본 사회에서 큰 역할을 담당할 것으로 기대되던 사람들이 이른 죽음을 어쩔 수 없이 당한 것, 또 확실히 죽을 것을 각오하면서 마지막 나날을 보내야 했던 것에서 그들의 죽음에 대한 비탄은 많은 사람들의 공명을 불러일으킬 수밖에 없다.

야스쿠니신사나 각 현의 호국신사는 그들을 위한 추도와 위령, 기도의 장이었어야 했다. 그런데, 패전으로 인해 야스쿠니신사나 호국신사의 권위는 실추되었다. 또 패전이 예상되는 가운데 그들의 죽음을 피할 수는 없었을까 하는 생각이 강하게 들었다. 이런 가운데 전몰한 청년들의 편지, 일기, 수기 등이 공표되어 많은 사람들의 공감을 불러일으켰다. 비탄을 나누는 미디어가 되어갔다. 그런데, 그와 함께 그들에 대한 불협화음도 나타나게 되었다.

전몰학생의 남겨진 문서－『아득한 산하에』

전사한 젊은 군인·병사가 남긴 문서를 모아 간행된 첫 번째 책은 도쿄대 학생자치회 전몰학생수기편집위원회가 편집한 『아득한 산하에(はるかなる山河に)』(1947년 12월 4일 간행)이다. 책의 모두에는 당시 도쿄대학 총장인 난바라 시게루(南原繁, 1889~1973)가 「전몰학생에게 바침」이라는 간단한 글이 게재되었다. 말미에 '쇼와 21년(1946년) 3월 30일 도쿄대 전몰 및 수난자 위령제 고문(昭和二十一年三月三十日東大戦没並に殉難者慰

靈祭における告文)'이라고 적혀있는 것처럼, 젊어서 세상을 떠난 학도들에 대한 추도의 마음이 그 책을 만든 배경이라는 것은 명확하다. 난바라의 「전몰학생에게 바침」은 다음과 같이 마치고 있다.

여러분이 예전에 몇 번인가 함께 모였던 추억 많은 강당, 이별 때도 몇 해 전 학교 전체가 장행회壯行會를 열었던 이곳에서, 그 출정했던 같은 곳에서, 오늘 추도기념식을 진행함에 여러분의 영혼은 반드시 돌아와 여기에 있을 것입니다. 그 영령을 둘러싸고 학원에 알맞게 어떤 종교적 의식도 갖지 않는 순수한 위령제에서, 불초하나마 스스로 제주가 되어 진행한 우리의 애정을 여러분들은 꼭 이해해주리라 생각합니다.

지금 저의 슬픈 마음을 제가 지은 두 수의 만가挽歌로 영전에 바치려고 합니다.

벚꽃 한창 피는 가운데 훌륭한 남자의 죽음에 울지 않을 수 있겠는가
전쟁에서 죽어도 다시 돌아온 당신과 영원히 나라를 지킬 것이다

친애하는 우리 동지 학도 및 직원의 영혼이여, 바라옵건대 받아주소서
(東大学生自治会戦歿学生手記編集委員会, 1947: 9-10).

『아득한 산하에』의 정치적 성격

어느 정도 야스쿠니 축사나 초혼제의 분위기까지 전하는 「전몰학생에게 바침」에 이어서, 프랑스 문학자인 다쓰노 유타카(辰野隆, 1888~1064)의 「서문」이 게재되어 있다. 그 글에는 다음과 같은 구절이 포함되어 있다.

여러 전몰학도의 수기나 서간을 읽으면서, 나는 몇 번이나 솟구치는 눈물을 멈출 수 없었다. 그들의 발랄한 상념과 청춘의 숨결이 한 줄 한 줄마다 배어나고, 생각하면서 싸우는 일본의 청춘이 누군가에게 호소하려는 그 수많은 의문, 고민, 슬픔, 바람이 직접 내 가슴에 와닿는 것이었다. 그리고 그곳에 군벌·관료 무리들의 저열하고 어리석은 이념에 전혀 영향받지 않는 개인의 사상, 감정이 피력되는 것이 아주 상쾌했다(東大学生自治会戦歿学生手記編集委員会, 1947: 12).

"군벌·관료 무리들의 저열하고 어리석은 이념에 전혀 영향받지 않는" 이라는 부분은 군국주의나 황국사관적인 특징이 있는 말이 포함되지 않았다는 것을 시사한다. 그런데, 실제로는 포함되어 있었기 때문에, 간행하면서 삭제되었다는 사실이 나중에 알려졌다. 또 1980년대가 되어 알려진 사실이지만, 『아득한 산하에』에 일기와 서간이 게재되어 있던 나카무라 도쿠로(中村徳郎, 도쿄대학 이학부에서 출정)의 7살 아래인 동생 나카무라 가쓰로(中村克郎, 의사)는 연합국군총사령부(GHQ)의 검열로 인해, "八紘一宇、萬世一系、天壤無窮、七世報國、承詔必謹、天皇陛下萬歳、九段の社頭で會おうよ"[19]같은 말은 삭제되었다고 말하고 있다(日本戦歿学生手記編集委員会, 1982: 341-342, 후기 부분).

---

19) (역자 주) 제2차 세계대전에서 군국주의 일본이 해외침략을 정당화하면서 사용한 용어들이다. 전후에 공식적인 장소나 문서에서 이러한 표현들은 금지되었다. 八紘一宇(전세계를 하나의 집으로 한다는 것), 萬世一系(천황을 중심으로 영구히 이어짐), 天壤無窮(영원토록 계속됨), 七世報國(국가에 보답하기 위해 전력을 다함), 承詔必謹(천황의 뜻을 받들고 실행함), 九段の社頭で會おうよ(구단九段에 위치한 야스쿠니신사의 신전 앞에서 만나자는 의미로, 국가를 위해 희생하자는 뜻).

『들어라, 해신의 목소리』의 간행

나카무라 가쓰로는 『아득한 산하에』의 편집에 진력하면서, 이어서 간행된 『들어라, 해신의 목소리(きけわだつみのこえ―日本戦没学生の手記)』의 간행에도 크게 공헌했다. 그는 오랫동안 '일본전몰학생기념회-와다쓰미회(わだつみ会)'의 중심인물 가운데 한 명으로서, 전몰학생 추도를 위한 활동을 했다. 나카무라 가쓰로에 따르면, 『아득한 산하에』의 중쇄가 거듭되면서, 도쿄대학 학생뿐만 아니라 전국판으로 만들어야 한다는 의견들이 나왔다고 한다. 그래서 20만 부정도 팔린 시점에 절판하기로 하고, 1948년 봄부터 일본 전국판의 편집에 착수했다. 도쿄대학협동조합출판부 안에 '일본전몰학생수기편집위원회'를 두고 원고모집을 진행했다.

1949년 10월 20일, 『들어라, 해신의 목소리―일본전몰학생 수기(きけわだつみのこえ―日本戦殁学生の手記)』(日本戦殁学生手記編集委員会編)가 간행되었다. 이 책은 간행되면서부터 폭발적인 반향을 일으켰다. 초판이 5,000부였는데, 한 달 내에 2쇄, 1950년 1월에는 3쇄, 같은 해 말에는 30만 부에 이르렀다(保阪正康, 2002: 49). 그리고 편집위원회에서 발전적으로 와다쓰미회를 결성한 것이 1950년 4월이고, 같은 해 10월에는 기관지 「와다쓰미의 소리(わだつみのこえ)」를 발행했다. 또 영화 〈들어라, 해신의 목소리(きけ、わだつみのこえ)〉도 제작되어, 50년 6월에 전국적으로 일제히 개봉되었다. 〈들어라, 해신의 목소리〉는 전쟁으로 인해 죽은 자에 대한 비탄의 생각을 나누는 하나의 초점이 되었다. '들어라, 해신의 목소리'란 제목을 제안한 것도 나카무라 가쓰로인데, '와다쓰미'는 전쟁 중에 즐겨 읽던 사이토 모키치(斎藤茂吉)의 『만엽수가萬葉秀歌』에서 외우고 있

었던 말이라고 한다. '와다쓰미'는 '해신海神'이고 '와다쓰미의 목소리'는 해신이 있는 먼바다 저쪽에서 들리는 소리를 뜻한다. 제목 전체를 보면, 저 멀리 죽어간 청년들의 목소리에 겸허하게 귀를 기울이자는 뜻이라고 한다 (保阪正康, 2002: 48).

이치지마 야스오 「마지막 일기」

『들어라, 해신의 목소리』에 수록된 글에는 지금도 읽는 사람의 가슴을 울리는 내용이 많다. 하나의 사례로서, '와세다대학 상학부 학생, 쇼와 18년(1943년) 12월 입단, 20년(1945년) 4월 29일 오키나와 동남해상에서 전사, 23세'라고 소개된 이치지마 야스오(市島保男)의 「마지막 일기(最期の日記)」의 일부를 인용한다. 우선 4월 20일의 기술 내용이다.

마음이 차분했던 하루였다. 가족들과는 만나지 않았지만, 반가운 사람들과는 마음껏 이야기를 나누고 즐겁게 시간을 보낼 수 있었다.

오늘 떠나면 다시 만날 수 없는 몸이지만, 조금도 슬픔이나 감상에 사로잡힐 일이 없이 담소를 나누며 헤어질 수 있었던 것은 내가 생각해도 신기할 정도이다.

나 자신이 이 일주일 안에 죽을 몸이라는 느낌은 전혀 없다. 흥분이나 감상은 더욱 일어나지 않는다. 마음 조용히 나의 마지막 순간을 상상할 때, 모든 것이 꿈만 같은 느낌이다. 죽는 순간까지 이렇게 차분할 수 있을지는 나도 모르겠지만, 의외로 쉬운 일인 것 같기도 하다(日本戰歿学生手記編集委員會, 1982: 261).

4월 23일에는, "내가 내일 죽으러 가는 사람인 것 같지가 않다. 이제 남국의 끝자락에 왔다. 내일 격렬한 포화를 무릅쓰고 또 전투기의 눈을 속이면서 전함에 돌진할 것이라는 생각이 들지 않는다"라고 쓰여 있고, "논두렁길을 수건을 들고 가노라면, 주변은 벌레 소리, 개구리 소리에 둘러싸여 어릴 적 추억이 솟아오른다. 자운영꽃이 달빛에 떠올라 실로 아름답다. 가와사키의 초여름 모습과 꼭 닮았다. 온 가족이 함께 산보하던 일 등이 그립다"라고 적혀있다(日本戰歿学生手記編集委員会, 1982: 262). 그리고 마지막 기술은 4월 24일이다.

옆방에서는 술을 마시며 떠들고 있는데 그것도 좋다. 나는 죽을 때까지 차분한 마음으로 있고 싶다. 인간은 죽을 때까지 정진해야 한다. 더구나 야마토 다마시(大和魂)를 대표하는 우리는 특공대원이다. 그 이름에 부끄럽지 않은 행동을 마지막까지 견지하고 싶다. 나 자신의 인생은 인간이 걸을 수 있는 가장 아름다운 길의 하나를 걸어왔다고 믿고 있다. 정신도 육체도 부모로부터 받은 채로 아름답게 살아온 것은 신의 큰 사랑과 나를 둘러싼 사람들의 아름다운 애정 덕분이었다. 지금 한없이 아름다운 조국에 나의 청순한 생명을 바칠 수 있는 것에 큰 자부심과 기쁨을 느낀다(日本戰歿学生手記編集委員会, 1982: 263).

우에하라 료지 「유서」

책의 모두에 게재되어 있는 것은 '게이오대학 경제학부 학생, 쇼와 18년 (1943년) 12월 입영, 20년(1945년) 5월 11일 육군특별공격대원으로서 오키나와 가데나만 미국기동부대로 돌격 전사, 22세'라고 소개되어 있는 우에하라 료지(上原良司)의 「유서」이다. 우에하라의 문장은 본문에도 수록되어 있지만, 이 「유서」는 3부로 나뉘어 수록되어 있는 다른 문장들보다 먼저 배치되어 있는데, 전체를 대표하는 역할을 부여받고 있다.

우에하라는 "태어나서 20여 년 동안 무엇하나 부족함이 없이 자란 나는 행복했습니다"로 시작하고 있다. 그리고 "그동안 부모님께 근심을 끼친 것은 형제 중에서 제가 제일이었습니다. 그에 아무런 은혜를 갚지 못하고 먼저 떠나는 것에 마음이 아플 수밖에 없습니다"라고 말한다. 이어서 죽음에 직면하고 있는 자신의 심경을 언급하면서, "저는 결코 죽음을 무서워하지는 않습니다. 오히려 기쁨을 느낍니다. 왜냐하면, 그리운 다쓰(龍)형을 만날 수 있다고 믿기 때문입니다"라고 적고 있다(日本戦歿学生手記編集委員会, 1982: 13-14). 그에 이어지는 부분은 그에게서 보이는 특징인데, 우에하라의 「유서」가 이 위치에 있게 된 것도 이 부분이 있었기 때문이라고 생각한다.

나는 명확히 말하자면, 자유주의를 동경하고 있었습니다. 일본이 정말로 영구히 이어지기 위해서는 자유주의가 필요하다고 생각했기 때문입니다. 이것은 어리석게 보일지도 모릅니다. 그것은 현재 일본이 전체주의적인 분위기에 휩싸여있기 때문입니다. 그러나 참으로 큰 눈을 뜨고 인간의 본성을 생각했을 때, 자유주의야말로 합리적이라고 생각합니다.

전쟁에서 승패를 얻으려고 하면, 그 나라의 주의를 보면 미리 알 수 있다고 생각합니다. 인간의 본성에 맞는 자연스러운 주의를 가진 나라의 승전은 불을 보듯이 분명하다고 생각합니다(日本戦歿学生手記編集委員会, 1982: 14).

나카무라 도쿠로 「재대수기」

위의 글에서 언급하고 있는 것은 그 수기가 가장 길게 수록되어 있는 사람 가운데 한 명인 나카무라 도쿠로(中村德郎)의 어느 부분과 비슷한 느낌이다. '도쿄대학 이학부 지리학과 학생, 쇼와 17년(1942년) 10월 입영, 19년(1944년) 6월 필리핀 방향을 향한 이후 행방불명, 25세'라고 소개된 나카무라이지만, 다음의 「재대수기在隊手記」는 1943년의 것이다. 우선 5월 15일의 내용이다.

우리는 잘 돌이켜봐야 한다. 싸구려 감상이나 양철 세공과 같은 독선을 없애야 한다. 나는 너무나 느끼할 정도의 자기예찬을 들으면 토할 것 같다. 일본인은 더 겸허해야 한다. 묵묵히 영원히 전 인류의 마음속을 맥박 치고 흐르는 위대한 공헌을 하고서야, 비로소 일본민족의 위대성이 눈부시게 전 인류사를 장식하게 된다. 실력 없는 허세는 모두 배제되어야 한다. 게다가 그 실력은 보통의 노력으로 얻을 수 있는 것이 아니다(日本戰歿学生手記編集委員会, 1982: 174).

다음은 5월 18일의 글인데, '미국보국회美術報国会'라는 것이 만들어졌다는 뉴스에 대한 것이다.

무엇에나 '보국'이란 글자를 붙이면 된다고 생각하는 것 같다. '미보'도 전쟁의 그림이라도 많이 그려 대면 족하다고 여기는 것인지 모르겠다. 틀려도 너무 틀렸다고밖에 볼 수 없다. 진정한 보국이라는 것이 어떤 것인지 생각지도 않고 호언장담하고 있다.

'보국'이 아니라 '망국'일 것이다(日本戰歿学生手記編集委員会, 1982: 175).

전투나 군무에 종사하고 죽음이 가깝다고 예상할 수밖에 없는 상황에서 이렇게 날카롭게 당시의 사회 약점을 통찰한 청년이 있었다는 것을 알 수 있는 귀중한 기록이다. 『들어라, 해신의 목소리』가 전쟁 후에 공동의 애도 작업을 하고, 사람들이 젊은 생명의 상실로 인한 비탄을 나누기 위한 책으로서 환영받았던 이유는 이러한 자료가 포함되어 있다는 데에 있을 것이다.

제1차 와다쓰미회에서 제2차 와다쓰미회로

『들어라, 해신의 목소리』의 이러한 측면에 역점을 두면서, 와다쓰미회 의 활동은 정치색을 강하게 띠게 되었다. 이것에 대해서는 호사카 마사야 스(保阪正康)의 『『들어라, 해신의 목소리』의 전후사〈きけわだつみのこ え〉の戰後史)』의 제2장 「바이블로의 길(バイブルへの道)」에 상세하게 소개되고 있다. 1950년대를 통해, 『들어라, 해신의 목소리』는 전후 민주 주의의 바이블로 되어 가는 과정이 되었다. 원래 와다쓰미회는 1950년 발족된 이후로 일본 공산당과 관계가 있고, 매월 간행되는 기관지 「와다 쓰미의 소리」는 도쿄대학 공산당 기초조직이 중심이 되어 담당하고 있 었다.

또 와다쓰미회는 원래부터 '전몰학생기념비건설'을 대응과제로 했었는 데, 실제로 '와다쓰미상'은 초기 단계에서 와다쓰미회가 혼고 신(本鄕新)에게 의뢰해서 제작했다. 도쿄대학에는 설치할 수 없었지만, 교토 리쓰메이칸대학(立命館大学)에서 받아들이고 싶다는 이야기가 있어서, 1953년 12월 8일에 리쓰메이칸대학에서 와다쓰미상 건립제막식이 진행되었다. 그러나 제1차 와다쓰미회는 재정난에 빠져, 1958년에 해산되었다. 그 대신에 전중파(戰中派)[20] 세대인 학자들이 담당하면서, 일본 공산당과는 일정한 거리를 두고 제2차 와다쓰미회가 시작되었다.

제2차 와다쓰미회가 또 하나의 젊은 세대와 협력하면서 편집한 것이 1963년에 간행된 『전몰학생 유서로 보는 15년 전쟁―개전·중일전쟁·태평양전쟁·패전(戦没学生の遺書にみる15年戦争―開戦·日中戦争·太平洋戦争·敗戦)』(光文社)인데, 66년에는 『제2집 들어라, 해신의 목소리(第2集 きけわだつみのこえ)』로 제목을 바꾸고, 같은 출판사인 고분샤(光文社)에서 간행했다. 호사카 마사야스도 지적하고 있지만, 이 제목에 제시된 것처럼 제2집은 편집 의도가 추도와 정치 사이에서 흔들리고 있다는 것을 보여준다. 「후기」에서 "이 전쟁 속에서 헤매고, 고민하고, 괴로워하면서 죽임을 당한 국민의 모습을 (중략) 재현한다"는 내용과 함께 "국민을 부추겨 전쟁으로 몰고 간 교묘한 통치조직과 가혹한 군대 제도를 이제 다시 백일하에 드러낸다"는 것을 목표로 한다고 하였다(日本戦没学生記念会, 1966: 262). 그리고 그것이야말로 "우리 모임의 목표인 '부전不戦'과 '평화'의 원리와 전통"을 드높이는 것이 된다고 서술하고 있다(日本戦没学生記念会, 1966: 269).

---

20) (역자 주) 전쟁 중에 자라난 세대로서, 흔히 다이쇼 시기(1912-1926)에서 쇼와 초기 기간에 태어나 청소년기를 제2차 세계대전 중에 보냈던 세대.

『구름이 흘러간 끝에』「발간의 말」

이렇게 읽는 쪽의 정치적 의식이 개입되면서, 『들어라, 해신의 목소리』에 대한 불협화음은 커졌다. 1952년 6월에 간행된 『구름이 흘러간 끝에-전몰비행예비학생의 수기(雲ながるる果てに—戦歿飛行予備学生の手記)』의 모두에 실린 「발간사」에는 『들어라, 해신의 목소리』에 대한 비판이 보인다. 이 책의 편자인 하쿠오유족회(白鴎遺族会)는 제13기 해군비행전수예비학생海軍飛行専修予備学生으로 1943년 9월에 미에(三重)와 쓰치우라(土浦)의 해군항공대에 입대한 사람들의 유가족과 살아남은 대원들의 모임이다. 「발간사」는 하쿠오유족회 이사장인 스기 아키오(杉暁夫)가 편자의 대표로서 적은 것이다.

> 여기에 있는 모든 글은 대학 및 고등전문학교를 졸업하거나 재학 중에 해군비행전수예비학생을 지원하여 산화한 사람들의 수기입니다.
> 전후, 전몰학도의 수기로서 『들어라, 해신의 목소리』라는 책이 간행되었고, 그것이 당시 일본 청년들의 마음 전부인 것같이 받아들여져서 대단한 반향을 불러일으켰습니다.
> 분명히 그러한 마음을 가진 사람도 상당히 많이 있었다고 생각합니다. 그러나 그것이 하나의 시대 풍조에 결탁하는 것 같은 일면의 전쟁관, 인생관만을 그려내고, 그리고 사상적 혹은 정치적으로 마치 이용당했다는 소문을 듣게 되면, '필사(必死)'의 경지에 육친을 잃은 유가족들은 같은 제목의 영화에서처럼 너무나 비참한 그것만을 진실이라고 하는 것에, 너무나도 저주받는 기분으로 내몰리는 것이 아닌가 생각합니다(白鴎遺族会, 1952: 1-2).

이 「발간사」에는 『들어라, 해신의 목소리』에 수록된 수기와 매우 흡사하고 일치된 것처럼 인식되어 있다. '그러한 마음을 가진 사람'이라는 표현이 있는데, 이것은 어떤 사자들을 가리키고 있는 것일까? 지금까지 인용한 『들어라, 해신의 목소리』의 수기에서도 이치지마 야스오의 「마지막 일기」의 마음과 우에하라 료지의 마음은 상당히 다르다. 그러나 스기 아키오가 '그러한 마음을 가진 사람'이라고 말했을 때는 우에하라 료지의 "현재 일본이 전체주의적인 분위기에 휩싸여있기 때문입니다"라는 말에 나타난 것처럼, 전쟁하는 당시 일본 체제의 모습에 비판적이었던 사람들을 가리키고 있다고 생각된다.

영화 〈들어라, 해신의 목소리〉

「발간사」에는 '같은 제목의 영화'라고 언급되어 있다. 이것은 1950년에 상영된 세키카와 히데오(関川秀雄) 감독의 〈들어라, 해신의 목소리〉를 가리킨다. 이 영화는 상당히 많은 관객을 동원한 히트 작품이었다. 〈들어라, 해신의 목소리〉에 대해 취재를 했는데, 다수의 학도병이 아니라 소수의 학도병을 다루고서 스토리를 만들어낸 것이었다. 후쿠마 요시아키(福間良明)는 "감독인 세키카와 각본인 후나하시 가즈오(舟橋和郎)는 유고집의 기술 내용을 참고하면서 버마 전역을 무대로, 학도병의 총명함과 사관학교 출신인 상관의 횡포를 대비적으로 그렸다"고 정리하고 있다(福間良明, 2007: 29).

후쿠마 요시아키는 당시의 비평을 몇 가지 올리고 있다. "전쟁의 비극은 물론 학도병의 일면만으로 모두를 말할 수는 없다. 그러나 이 작품이 호소

하려는 주안점은 어디까지나 전몰학생들 영혼의 부르짖음이고 죽음과 대결하는 지성의 싸움이다", "오히려 너무 단순하다고도 말할 수 있는 윤리관에 서서 전쟁에 대한 소박한 분노를 폭발시키는 것에서 이 영화의 성공을 찾아볼 수 있다", "〈새벽의 탈주(曉の脫走)〉나 〈다시 만날 날까지(また逢う日まで)〉 등과 달리 어디까지나 정면에서 전쟁의 비극과 맞서고 있는 작가의 태도는 오늘날 특히 존경받을 만한 일이다" 등 후쿠마는 그것에서 그려진 청년들에 대해 "총명', '반전'한 학도병상學徒兵像"으로 정리하고 있다(福間良明, 2007: 30).

우에무라 마사히사 「사랑하는 아이에게 쓴 편지(유서)」

그러면, 『구름이 흘러간 끝에』에 수록된 글은 어떻게 다를까? 첫 번째 문장은 '릿쿄대학(立教大學) 도쿄도(東京都) 가미카제특별공격대(神風特別攻擊隊) 야마토대(大和隊), 쇼와 19년(1944년) 10월 26일, 필리핀 세부에서 3대가 발진하여 레이테 만(Leyte Gulf)으로 향했으나 모두 돌아오지 않음, 25세'라고 소개되는 우에무라 마사히사(植村眞久)의 「사랑하는 아이에게 쓴 편지(愛児への便り)」이다.

모토코(素子), 모토코는 나의 얼굴을 보고 자주 웃었어요. 내 팔에 안겨 잠도 자고, 또 욕조에 들어간 적도 있어요. 모토코가 커서 나에 대해 알고 싶을 때는 엄마와 가요(佳代) 고모님께 잘 물어보기 바래요. 나의 사진첩도 모토코를 위해 집에 남겨놨어요. '모토코'라는 이름은 내가 지었어요. 솔직한, 마음 좋은, 배려심 깊은 사람이 되기를 바라면서, 아빠가 생각했어요.

나는 모토코, 네가 커서 훌륭한 신부가 되어 행복하게 사는 것을 보고 싶지만, 만약 네가 나를 모른 상태에서 죽게 되어도 결코 슬퍼하지 않아요. 네가 커서 아버지를 보고 싶을 때는 구단(九段)으로 오세요. 그리고 마음 깊이 기도하면 꼭 아버지의 얼굴이 마음속에 떠오를 거예요(白鷗遺族会, 1952: 13-14).

여기서 "구단으로 오세요"라는 것은 야스쿠니신사를 참배하면 그곳에서 어버지 마사히사를 만날 수 있다는 뜻이다.

후키노 타다시 '유언장'

다음으로 후키노 타다시(吹野匡)의 '어머님'에게 쓴 「유언장」을 보자. 후키노에 대해서는 '교토대학(京都大学) 쇼와 20년(1945년) 1월 6일, 가미카제특별공격대 욱일대旭日隊에 참가, 필리핀 방향에서 전사, 26세'라고 소개되어 있다.

오랫동안 걱정을 끼쳐드렸는데, 오늘까지 해주신 은혜를 갚지도 못하고 이제 다시 먼저 떠나는 불효에 진심으로 죄송한 마음입니다. 그런데, 이것도 대군大君을 위한, 나라를 위한 훌륭한 봉공이기에 기쁘게 용서하시리라 생각합니다.

아무런 미련도 남기지 않고 한없는 만족한 심경으로 웃으면서 적함에 부닥치는 저의 모습을 상상해주십시오.

해군항공대에서 생활하면서 처음으로 저도 유구한 대의에 사는 길을 깨달았습니다. 전장에 와서 겨우 열흘이지만, 저의 전우 부하들 상당수가 이미 전사했습니다. 그들의 친구와 부하들의 일을 생각하면, 살아서 다시 내지의 땅을 밟을 생각은 없습니다.

저는 반드시 씩씩하게 싸워서 후회 없이 죽을 자리를 얻을 생각입니다. 황국 3천 년의 역사를 생각할 때, 작은 생각 혹은 일가의 일 따위는 문제가 아닙니다. 우리 청년의 힘으로 신국의 영광을 지켜냈을 때, 황은의 광대함은 작은 일가의 행복까지도 결코 빠뜨리지 않을 것이라고 확신합니다(白鷗遺族会編, 1952: 45).

후키노의 이 「유언장」에 보이는 것처럼, 황국을 위한 죽음의 결의는 특수한 것이 아니었다. 당시 군부나 성전체제의 지도자들에게는 모범적이고 널리 보였던 것이다. 『구름이 흘러간 끝에』에서는 몇 편의 글들이 보이지만, 『들어라, 해신의 목소리』에서는 거의 보이지 않는다. 그것에 강한 위화감을 느끼는 사람들이 적지 않았다는 것인데, 『구름이 흘러간 끝에』의 「발간사」는 그것을 명확히 제시하고 있다. 사자를 추모하려고 할 때, 입장이 다르면 불협화음이 일어나고, 그것이 확대되면서 함께 슬퍼하고 마음을 나누는 것도 어려워지는 것이다.

전쟁 후의 정치의식이나 윤리관에 따른 편집의 시비

『들어라, 해신의 목소리』를 편집하고 그 사상을 이어가려고 하는 와다쓰미회 내부에서도 불협화음은 피할 수 없었다. 초간의 모두에 게재된 도쿄대학 교수이자 프랑스 문학연구자인 와타나베 가즈오(渡辺一夫)의 「감상」에는 이미 그 징후가 보이고 있다.

처음에 나는 상당히 과격한 일본정신주의적인, 때로는 전쟁구가에 가까울 정도의 일부 단문들까지도 모두 채록하는 것이 '공정'하다고 주장했었지만, 출판부 측에서 나의 의견에 꼭 찬동한다는 뜻을 표하지는 않았다. 지금의 사회정세 이외에 조금이라도 나쁜 영향을 줄 일이 있으면 안 된다는 것이 그 이유였다. 나도 그것은 당연하다고 생각했다. (중략) 젊은 전몰학도 몇 명에게 일시적이라도 과격한 일본주의적인 것이나 전쟁구가에 가까운 글을 쓰도록 하는 데 이르렀던 모진 조건이란, 저 지극히 어리석은 전쟁과 저 지극히 잔인한 암흑의 국가조직과 군대조직, 그 주요구성원이었다는 것을 생각하며, 이들의 안쓰러운 약간의 기록은 막다른 곳에 내몰려 광란에 이르게 된 젊은 영혼이 부르짖는 소리와 다르지 않다고 생각했다(日本戰歿学生手記編集委員会, 1949: 5-6).

전후의 정치의식이나 윤리관에서 보면, 적절성을 결여한 내용을 제외한 것에 대한 시비는 이후의 아다쓰미회에서도 계속 논의가 이어진다.

『(신판) 들어라, 해신의 목소리』에서의 복원

1995년에 간행된 『(신판) 들어라, 해신의 목소리(新版 きけわだつみのこえ)』(岩波文庫)에서는 "개정 작업을 담당한 우리 생각을 피하고, 전몰학생 한 명 한 명의 전체상이 재현되도록 세심하게 주의했다"(日本戰没学生記念会, 1995: 499)고 말한 것처럼, 전후 정치의식이나 윤리관을 통한 취사선택을 약화시키려고 했다.

예를 들면, 모두에 우에하라 료지의 수기가 있는 것은 똑같지만, 그 내용은 「유서」에서 「소감」으로 바뀌었다. 그리고 그 「소감」의 시작은 "영광스런 조국 일본의 대표적 공격대라고 할 수 있는 육군특별공격대에 뽑혀 과분한 영광을 통감하고 있습니다"라는 것이다(日本戰没学生記念会. 1995: 17). 「소감」은 원래 수록되어 있었지만, 1982년판까지는 눈에 띄지 않는 곳에 수록되어 있었다. 그러나 신판에서는 모두에 배치되었다. 와다쓰미회 내부에서 가능한 죽은 청년들의 생각에 충실하자는 의도가 있었고, 그 방향에서 수정이 이뤄지게 된 것이다.

자각적으로 이러한 방향을 목표로 한 야스타 다케시(安田武)와 같은 와다쓰미회 멤버도 있었다. 야스다는 『학도출전-그래도 산하에 생명 있음(学徒出陣─されど山河に生命あり)』에서 출전한 학도들의 진실한 마음을 판별하기 위해 많은 정력을 쏟았다.

하나의 사례를 들겠다. 야스다는 『구름이 흘러간 끝에』에 '게이오대학 후쿠오카현(福岡県) 쇼와 20년(1945년) 4월 9일, 마쓰시마항공대에서 순직, 24세'이라고 소개된 다쿠시마 노리미쓰(宅島徳光)의 다음과 같은 한 절을 인용하고 있다.

조용한 황혼녘의 산책에서 나는 전우와 함께 아름다운 목장이나 과수원의 꿈을 꾼다. 격하게 돌아가는 세상에서 차분하게 이렇게 아름다운 이상향을 꿈꿀 수 있는지 정말 대단하다. 이 대단한 조화를 완성하기 위해, 내가 목숨을 걸고 싸우는 자라고 생각하면, 나 자신의 행위에 아름다운 이론을 부여할 수 있다는 것으로도 기쁘고 행복하다. 우리가 목숨을 걸고 싸우는 것의 기쁨은 그것에 있다(安田武, 1977: 185).

정치주의를 넘어서

야스다는 이것을 다음과 같이 받아들이고 있다.

> 그런데, 전몰학도병들의 '전쟁협력'은 관념으로서의, 사상으로서의, 이데올로기로서의 국가주의도, 군국주의도 아니었다. (중략) 그들이 생존에 전체를 걸고 전쟁과 대결했을 때, 그들의 결사 각오를 재촉했던 것은 (중략) 조국의 산하, 그 아름다운 이미지이고, 혈육을 나눈 육친에 대한 사랑이고, 모두 그들에게 바친 자기희생이었다(安田武, 1977: 184-185).

그에 앞서 야스다는 『전쟁체험』에서 "극한 상황에서 체험은 나 스스로의 경험에서 누차 말해왔듯이 인간의 생명, 생존 그 자체에 대한 근원적인 물음을 포함하고 있다"(安田武, 1994: 144)라고 기술하고 있다.

> 와다쓰미회는 재출발 이후에 점차 활동 범위를 넓혔고, 그것이 서서히 성과를 올리기 시작했지만, 당사자 유가족들의 결집, 널리 전몰자 유족의 전쟁 '체험'의 결집이라는 점에 대해서는 반드시 성공하고 있다고 볼 수 없다. 유족뿐만 아니라 와다쓰미 세대 그 자체마저 오늘날 다방면의 실사회에서 활약하는 사람들의 결집이라는 점에서는 만족할 실적을 올리지 못하고 있다. 같은 전쟁 '체험'을 공통항으로 갖는 세대의 이러한 실정을 그들의 '정치적 무관심'이라는 측면에서 논단하려고 하는, 우리의 '정치주의' 과잉의 발상이 그들의 전쟁 '체험'을 결집하고 민족의 사상전통 속에 정착시키는 길을 막고 있는 것은 아닐까?(安田武, 1994: 244)

야스다가 이렇게 언급하고 나서, 『(신판) 들어라, 해신의 목소리』가 간행되기까지 30년 정도 더 걸렸다.

『들어라, 해신의 목소리』는 진실을 왜곡하고 있다는 비판

그렇더라도 『들어라, 해신의 목소리』에 대한 위화감은 완화되지 않았다. 호사카 마사야스(保阪正康)는 해군 14기 비행예비학생인 특공대원이었는데, 살아남은 뒤에 "당시 우리 학도출신자 대부분은 국가 비상시에 직면해서, 사지에 뛰어들어 출격한다는 사명감에 불타고 있었습니다"라고 말했다. Y라고 표기된 인물의 이야기를 소개하고 있는데, 다음과 같다(保阪正康, 2002: 110-111).

> 나 자신, 죽음을 눈앞에 둔 그 상황 속에서 국가를 위해 특공대원으로서 하나의 목숨을 나라에 바치는 것은 남자의 숙원이며 진심이라고 생각하고 있었습니다. 특공대원으로서 산화해 간 동기생 대부분도 당시는 그렇게 생각하면서 죽어갔습니다. 그것은 숨길 수 없는 진실이라고 해도 될 것입니다. 그런데, 『들어라, 해신의 목소리』가 간행되고 그것이 큰 반향을 불러일으키고 베스트셀러가 되면서, 전몰한 학도들이 국가의 명령에 억지로 죽어간 것처럼 왜곡되어 받아들이게 되었습니다. (중략) 1990년대에 들어와 다쓰미회 성명문 등에서 학도들의 죽음을 '개죽음'으로 이해시키는데 필사적이어서 놀랐습니다(保阪正康, 2002: 21).

『들어라, 해신의 목소리』는 학도병으로 출전한 엘리트들의 수기를 모아서 편집한 것이다. 그중에서 질 높은 비판의식을 가진 사람들도 있었다.

그들의 수기는 전후 정치의식이나 윤리관과 적합한 내용을 갖고 있다. 그런 수기를 축으로 하여 편집함으로써, 『들어라, 해신의 목소리』는 전후 민주주의적 변혁에 기대를 거는 사람들의 강한 공감을 불러일으킬 수 있었다. 그러나, 바로 그러한 특징 때문에 어느 시기부터 『들어라, 해신의 목소리』에 대한 반발은 확산되기 시작했다.

'와다쓰미상'의 파괴

그것을 나타내는 하나의 사례는 1969년 5월에 리쓰메이칸대학에 설치되어 있던 '와다쓰미상(わだつみ像)'이 파괴된 사건이다(保阪正康, 2002: 第三章). 학교 내 건물에서 농성하고 있던 리쓰메이칸대학 전공투全共鬪 학생들이 교토부경(京都府警)의 기동대에게 진압될 때, 저항의 수단으로 와다쓰미상을 대좌에서 끌어내고, 목을 줄에 매어 끌고 다녔다. 그 때문에 두상이 깨지고 팔이 부러졌다. 전몰병사도 전쟁의 책임을 일부 면할 수 없다고 한 것은 전후의 진보지식인 등이 거론한 '평화와 민주주의'의 기만을 묻는 것이었다.

이것에는 공산당계와 전공투계(신좌익계)의 대립 등의 요인도 얽혀 있다고 보는데, 당시 대학생들이 『들어라, 해신의 목소리』나 그것과 연결된 운동에 엘리트적 교양주의와 연결된 전후 민주주의의 수상함을 느꼈다는 것이 하나의 원인이라고 생각된다. 적어도 당시 전공투 운동의 한가운데에 있던 나 자신은 그렇게 느꼈던 기억이 있다. 와다쓰미상은 1976년에 다시 건립되었고 지금도 리쓰메이칸대학 국제평화뮤지엄에 설치되어 있다. 매년 12월 8일에 '부전 모임(不戰のつどい)'이라고 불리는 집회가 진행

되고 있는데, 이 상이 1969년에 당한 상처의 기억은 『들어라, 해신의 목소리』가 초래한 불협화음과 불가분한 것이 되고 있다.

1969년에는 야스쿠니신사 창립 100년의 봉축대제가 거행되었다. 그때 야스쿠니신사는 일본유족회나 전우단체 등을 불러, 전몰병사의 유고 617명, 1196점을 모았다. 그리고 1973년에 비매품으로 『유고집遺稿集』을 간행했다.

야스쿠니신사 창립 100년과 『유고집』

예를 들면, 유고집에는 '가나가와현(神奈川県) (중략) 해군일등병조 쇼와 19년(1944년) 1월 24일, 필리핀 방향에서 전사. 22세'라고 소개된 기우치 이쿠오(木内如雄)가 부모 앞으로 쓴 편지도 게재되어 있다.

> 아버님 어머님
> 일본의 것은 모두가 천황의 것입니다. 강산초목 삼라만상은 물론 우리의 생명까지 일체가 폐하의 소유입니다.
> 따라서 폐하가 필요하시면 언제 어떤 것이든 바치고서 후회 없는 것이 일본인입니다. 그렇게 하여, 폐하의 마음에 귀일함으로써 영원한 생명이 주어진다고 믿습니다(靖国神社社務所, 1973: 542).

이러한 유고는 1966년에 『문예文藝』지에 게재된 미시마 유키오(三島由紀夫)의 「영령의 소리(英霊の声)」를 생각나게 한다. 그것에는 사자의 영혼을 불러 말하도록 하는 의례장면이 그려져 있다. 가미카제특별공격대

병사들이 그 마음을 말하고 있는데, 마지막에 1946년 1월 1일의 이른바 「천황의 인간선언人間宣言」에 대한 사자들의 억울한 말들이 기술되어 있다.

…지금 우리는 강하게 분노를 누르고 이야기하자.

우리는 신계에서 하나하나 지켜보고 있었는데, 이 「인간선언」에는 명확히 천황 자신의 의지가 포함되어 있다. 천황 자신에게, "실은 짐은 인간이다"라고 말씀하고 싶은 마음이 여러 해에 걸쳐, 내려 쌓인 눈처럼 무게를 더하고 있다. 그것이 마음이셨던 것이다. 충성스럽고 용감한 장병이 신이 내리신 개전의 조칙에 따라 죽고, 그러한 전쟁도 신이 내리신 종전의 조칙으로 한순간에 조용해진 불과 반년 후에, 폐하는 "실은 짐은 인간이었다"라고 말씀하셨던 것이다. 우리가 신이신 천황을 위해, 몸을 탄환으로 삼아 적함에 명중시킨 그 불과 1년 후에……(三島由紀夫, 2005: 65-66).

이 사자의 목소리는 마지막에 "성대聖代가 공허한 재로 가득한 것은 「인간선언」을 내리신 날에 시작되었다. 지나간 모든 것을 '가공의 관념'이라고 말씀하신 날에 시작되었다…"라고 마치고 있다(三島由紀夫, 2005: 67).

반전, 순국, 전쟁 책임…

기우치 이쿠오의 편지나 「영령의 소리」에서 특공대원의 목소리에 나타난 비탄은 '신성한 전사'를 아쉬워하고, 그 마음을 나누지 않는 것에 분개하는 마음과 연결되어 있다. 이러한 '순국'에 대한 비탄의 모습이 『들어라, 해신의 목소리』이나 영화 〈들어라, 해신의 목소리〉에서는 배제되어 있었다. 그것에서 "학도병·특공대원은 '반전'의 '올바름'을 내면에 갖고 있으면서, 최종적으로 전쟁으로 희생된 자로서 그려져 있었다"고 후쿠마 요시아키는 기술하고 있다(福間良明, 2007: 62).

독자·관중도 그러한 모습에 눈물을 흘렸다. 특공·학도병의 마지막은 '순국'과는 거리가 먼, 전쟁 비판의 이념을 가지면서 전장에 쓰러진 '바라지 않는 죽음'이었다-그것이 그 당시의 인식이었다. 그런데, 그 후 특공의 이미지는 변질되었고, 그 '순수한 진정'의 '아름다움'에 사람들은 끌리게 되었다. 이러한 '올바름(正)'에서 '아름다움(美)'에 대한 전환의 계기는 점령이 끝나면서, '반전'의 정치주의가 상대화된 것도 있었지만, 그것은 어디까지나 계기였고, 완결은 아니었다. (중략) 그 후 한국전쟁이 휴전되고, 미·소가 '평화공존'을 구가하는 등 전쟁에 휩쓸릴 걱정이 줄어들면서, 사람들은 특공대원의 '진정'한 '순국'의 '미(美)'에 빠지게 되었다(福間良明, 2007: 62).

1960년대에는 '순국'의 '미'에 공명하는 사람들이 더욱 증가하고, 「영령의 소리」와 같은 작품이 화제가 되었으며, 1969년부터 74년에 걸쳐서 야스쿠니신사 국가호지법안이 몇 번이나 국회에 제출되었다. 그것에 포함된 전몰자에 대한 비탄의 마음과 『들어라, 해신의 목소리』에 의탁된 전몰자에 대한 비탄의 마음은 전혀 받아들일 수 없는 것으로 느끼게 되었다. 와다쓰미상의 파괴에 공명할 것 같은 사람들은 그 양자와는 또 다른 입장에서 전쟁을 돌아보려고 한다.

아시아·태평양전쟁의 죽음을 생각하며 비탄을 나누는 어려움은 학도병이나 특공대원의 경우에 특히 현저하게 나타났다. 그러나 국민사회가 전쟁에서 죽은 자들의 죽음을 생각하고 함께 머리를 숙일 마음이 없다고 하는 사태는 패전과 동시에 생기고 있었다. 「천황의 인간선언」은 그러한 연대의 어려움을 상징하는 문서이기도 했다.

비탄의 공동성과 공생이라는 과제

중일전쟁이나 아시아·태평양전쟁의 사자들에 대한 추도를 비탄의 공동성이라는 관점에서 되돌아보면, 그것에 큰 어려움이 가로놓여 있고, 분단이나 사분오열로 인해 '함께 비탄을 사는' 것이 어려워지면서, 오늘에 이르게 된 역사가 보인다. 메이지 시기에서부터 1960년경까지는 다양한 출신·속성이나 생활 양태, 사고방식으로 인해 사자를 생각하는 모습이 다르고, 비탄을 공유할 수 없다는 사태가 눈에 띄는 경우도 없었다. '국민'의 일체성이 강했던 시대였다. 그런데, 20세기 마지막 사반세기 이후, 그리고 글로벌화가 진행되는 21세기에 들어서면서부터는 그렇지 않게 되었다.

전쟁을 어떻게 되돌아볼 것인가와 같은 문제에 제한되지 않는다. 현대 사회에서는 개개인이 처한 입장이 다르고, 어떠한 사별이나 상실이든, 우선은 고독한 비탄에 고통스러워하는 것을 당연하게 생각해도 된다고 하는 사회환경이 확산되고 있다. 다양성을 의식하며, 다른 개인들끼리라는 전제를 제쳐 놓고서 비탄의 공동성을 상기시키려고 해도 무리가 있다. 서로의 비탄이 가슴에 갇혀버리게 되는 고독을 피할 수 없다는 것에 입각해서, 비탄과 대면하는 것이 요구되고 있다.

이러한 역사적 맥락에서 그리프 케어를 다시 인식하는 것이 이 책의 주제 가운데 하나이다. 비탄 속에 있는 고독한 개개인이 어떻게 마음을 나누는 장이나 관계를 가질 수 있는지, 이것을 묻는 것이 그리프 케어의 주요 과제가 되고 있다는 것을 알 수 있을 것이다. 그리프 케어는 개개인의 마음을 헤치고 들어가는 '이 세계의 한구석'인 일임과 동시에 공생의 모습을 묻는 윤리학적, 사회구상적인 시도이기도 하다.

참고문헌

小田部雄次他, 『キーワード日本の戦争犯罪』, 雄山閣, 1995.

川口友万, 「【終戦の日】靖国神社で激突『売国奴』『天皇制やめろ』怒号渦巻く」, デイリーニュースオンライン, 2015.8.19.
　　　http://news.livedoor.com/article/detail/10484848/ 2018.11.5. 열람

松谷みよ子・文、司修・絵, 『まちんと』, 偕成社, 1978.

こうの史代, 『この世界の片隅に』上・中・下, 双葉社, 2008-2009.

東大学生自治会戦歿学生手記編集委員会編, 『はるかなる山河に―東大戦歿学生の手記』, 東大協同組合出版部, 1947.

日本戦没学生記念会編, 『新版 きけわだつみのこえ―日本戦没学生の手記』, 岩波文庫, 1995.

日本戦歿学生手記編集委員会編, 『きけわだつみのこえ―日本戦歿学生の手記』, 東大協同組合出版部, 1949, 岩波文庫, 1982.

保阪正康, 『『きけわだつみのこえ』の戦後史』, 文藝春秋, 1999, 文春文庫, 2002.

わだつみ会編, 『戦没学生の遺書にみる15年戦争―開戦・日中戦争・太平洋戦争・敗戦』, 光文社カッパブックス, 1963(改題 日本戦没学生記念会編, 『第2集 きけわだつみのこえ』, 光文社, カッパブックス, 1966)

白鷗遺族会編, 『雲ながるる果てに―戦歿飛行予備学生の手記』, 日本出版協同, 1952.

福間良明, 『殉国と反逆―「特攻」の語りの戦後史』, 青弓社, 2007.

安田武, 『学徒出陣―されど山河に生命あり』, 三省堂新書, 1967, 三省堂選書

(新版), 1977.

安田武, 『戦争体験』, 未来社, 1963, 朝文社, 1994.

靖国神社社務所編, 『遺稿集』, 靖国神社社務所, 1973.

三島由紀夫, 『英霊の聲』, 河出書房新社, 1966, 河出文庫(オリジナル版), 2005.

제8장 비탄을 나누는 형태의 변용

장송의 종교문화

일본에는 '함께 슬퍼하는' 일을 지지해 온 문화장치로서 상가에서 밤샘, 장례식, 법회 등의 장제葬祭, 또는 우란분재나 선조 공양 등의 계절 행사가 있다는 것에 대해 이론이 없을 것이다. 앞장에서 본 것처럼, 제2차 세계대전 이후에 일본에서는 '국민' 차원에서 '함께 슬퍼하는' 것에 대한 어려움을 느끼는 경우가 많아졌다. 그렇다면, 장제나 계절 행사에서는 어떨까?

에도시대 이후, 일본의 장제는 주로 불교사원과 승려를 매개로 진행되어 왔다. 키리시탄(キリシタン)[21] 금지와 함께 에도막부가 정한 종문 일제 조사(宗門改め)[22]를 통해 거의 전국적으로 주민들이 강제적으로 사원의 단가가 되도록 하였다. 그것이 가능할 만큼 불교사원이 이미 전국에 분포되어 있었다는 것이 전제가 된다. 이 단가제도를 통해, 사람들은 장례나 법회, 또는 우란분재 등의 계절 행사에서 사람이 죽으면 승려가 경전을

---

21) (역자 주) 16세기 일본에 들어온 가톨릭교.
22) (역자 주) 에도시대에 기독교 금지를 위하여 매년 실시한 전 국민의 신앙 조사.

읽어주고, 계명이나 법명을 지어주고, 정기적으로 불사佛事(法事)에 참여하는 것이 자연스럽다고 느끼게 되었다. 승려 입장에서는 장제나 사자·조상을 대상으로 하는 계절 행사에서 불사를 진행하는 것이 사원의 주된 활동으로 되었다.

죽음과 사자를 둘러싼 전통불교의 이러한 활동이 애도 작업의 장으로서, 혹은 사람들의 '애도 작업'을 돕는 장으로서 기능해온 것도 사실이다. 제2차 세계대전 이후, 이것에 '어영가강御詠歌講'이 더해졌다. 어영가강은 예전에 염불강念佛講 등으로 불리던 의례로서, 사원과는 독립적으로 진행되던 민속종교적인 의례였다(島薗進, 2005). 대략 다이쇼 시기에 이것이 불교사원과 연계되어 진행되었다. 이른 것은 고야산 진언종 금강류金剛流이고, 다음으로 신의진언종新義真言宗 밀엄류密嚴流가 있다. 민간에서 진행되던 염불강, 관음강觀音講 등의 어영가御詠歌나 어화찬御和讃을 각 종파가 받아들여 종파마다 유파의 이름을 붙여 조직했다.

어영가강과 사별의 비탄

조동종曹洞宗의 매화류梅花流는 제2차 세계대전 후에 시작되었다. 전쟁으로 남편이나 아들을 잃은 여성이 참가하는 경우가 많았다. 최대 규모를 자랑한 것은 1980년대 말쯤이었고 구성원이 18만 명 정도였다고 한다. 그 매화류에서 가장 인기가 있던 프로그램의 하나가 '추도어화찬追弔御和讃'이다. 그 가사는 다음과 같다.

그 이름을 부르면 대답하고 / 웃는 얼굴에 목소리는 생생하고

지금도 여전히 귀에 남는 것을 / 생각이 북받치어

어떻게 멈추게 할지 / 쏟아지는 것은 눈물뿐

피어오르고 올라 / 슬프게 느껴지는 향의 내음에

수많이 떠오르는 추억이여 / 바치는 꽃은 그대로

영위의 자리를 감싼다 / 더더욱 청결하라고

일생의 생명을 받아 / 만나기 어려운 인연

꿈인지 환영인지 / 생시의 모습은 사라져도

변하지 않으리라, 합장하는 손에 / 연을 맺은 깊은 진심은

전쟁 후에 불교사원이나 장제에서는 이러한 화찬을 부르고 듣는 것으로, 비탄을 나눌 수 있는 장면이 자주 있었다. 가사에는 불교나 종파의 색채가 담겨있다. 그런데, 이러한 노래를 읊으면서 비탄을 함께하는 것은 오히려 민속신앙과 관련이 깊다.

오본의 불교적 의의와 민속신앙

사자와의 교류가 중요한 의의를 갖는 일본의 민속행사는 많다. 예를 들면, '오본(お盆)' 행사가 그렇게 불리게 된 것은 불교의 우란분재(盂蘭盆会)에서 유래된다. 『고지엔(広辞苑)』(제6판)에는 우선 어원에 대해, "범어 ullambana(거꾸로 매달림)의 역어로 '거꾸로 매달리는 고통의 뜻'이라고 되어있지만, 이란어계에서 영혼을 뜻하는 urvan이라고 하는 설도 있다"라고 기술되어 있고, 어의는 다음과 같이 설명된다.

우란분경의 목련설화를 바탕으로, 조령을 사후 고통의 세계에서 구제하기 위한 불사佛事. 음력 7월 13일~15일을 중심으로 이뤄지고, 갖가지 공물을 조상의 영·신불新佛[23]·무연불(아귀불)에게 공양을 바쳐 명복을 빈다. 일반적으로 성묘·다마마쓰리(靈祭)[24]를 하고 승려가 각 집을 돌아다니며 경을 읽는다.

『우란분경盂蘭盆經』이라는 경에는 목련설화가 기록되어 있다. 부처님의 제자인 목련(Maudgalyāyana)이 돌아가신 어머니인 청제靑提부인이 천상에 있는 줄 알고 천안으로 보려고 했는데, 실은 아귀계에 떨어져서 지옥처럼 거꾸로 매달려 고통을 겪고 있다는 것을 알게 되었다. 목련이 제물을 바쳤지만 바로 불에 타버렸다. 그래서 부처님께 말씀을 드렸는데, 망자를 구하기 위한 비법을 가르쳐주셨다. 목련이 그 비법을 시행했더니, 어머니는 환희의 춤을 추며, 하늘로 올랐다고 한다.

그런데, 우란분재의 습속을 행하는 사람들 대부분은 목련설화를 모르고, 우란분재 행사가 어떤 불교 가르침에 따른 것인지도 별로 생각하지 않을 것이다. 민속학에서는 우란분재 행사가 지역사회에서 전통적으로 진행되어온 것이고, 불교와의 관련은 시대가 흐르면서 생긴 것으로 보고 있다. 『민속소사전-죽음과 장송(民俗小事典—死と葬送)』의 '니이본(新盆)'의 항목을 보면, 다음과 같은 문장으로 시작하고 있다.

사후 1년 이내 혹은 3년 이내인 새로운 사자의 영혼을 맞이하여 모시는

---

23) (역자 주) 사후 처음으로 재에서 모셔지는 사자의 영.
24) (역자 주) 조상의 영혼을 집으로 맞이하여 지내는 제사.

우란분재. 호칭은 니이본(ニイボン), 아라본(アラボン), 신본(シンボン), 하쓰본(初盆) 등 여러 가지이다. 사후 수년이 지난 선조의 영혼은 우란분재를 거행하는 그 달의 13일부터 15일쯤까지 모시는데, 새로운 영의 경우는 그보다 길고 공손히 모시는 것이 일반적이다. 새로운 사자가 돌아올 때의 길안내로서 당월의 1일이나 7일에, 친척이나 이웃이 모여 집 앞에 등을 세우는데, 이것을 20일 넘게 혹은 말일까지 세워둔다. 지방에 따라 기리코등롱(切子燈籠)을 처마 끝에 달아놓기도 한다. 가까운 친척에게서 가문문양이 들어있는 기후(岐阜)등롱을 선사받아 제단 앞에 장식하는 곳도 많다(新谷尚紀·関沢まゆみ, 2005: 242).

사자·조상에 대한 신앙과 오본행사

여기에서 '신불新仏'이나 '새로운 부처'라고 불리는 대상은 사자를 말하는 것이며, '선조先祖' 가운데 새로운 존재임을 말한다. 여기에 '무카에비(迎え火)'에 대한 기술은 없지만, 이 사전에는 별도로 무카에비 항목도 있고, "우란분재에 선조를 맞이할 때에 피우는 불을 말하며, 각 집에서 하는 무카에비와 지역 공동으로 하는 무카에비가 있다. 집에서 하는 무카에비의 재료는 겨릅대, 솔뿌리, 숲잎, 노송나무 껍질, 자작나무 껍질, 보릿짚 등 지역에 따라 다르고, 그것을 태우는 장소도 집 앞(현관 앞), 정령대(精霊棚)의 밑, 묘 앞, 사거리, 다리 밑, 강가, 바닷가 등 여러 곳이다"라고 기술되어 있다(新谷尚紀·関沢まゆみ, 2005: 244). 이러한 점들을 보면, 우란분재 행사의 주요한 부분은 승려나 불교사원이 관여하지 않고 진행되며, 불단이 있는 경우는 그곳에 신불을 모시기도 하는 정도이다. 아귀에도 보

시하고 성묘가 이뤄지기 때문에 승려나 불교사원과 관련이 많은 경우도 있지만, 그래도 여러 가지 행사의 주체는 집과 촌락공동체이다. 『민속소사전』 '니이본' 항목의 후반에는 다음과 같이 언급되어 있다.

우란분재 기간에 친척이나 이웃들이 소면·설탕 등의 공양물을 갖고 니이본을 뵈러 방문하는데, 이때 "적적하시겠습니다."라고 인사한다. 이것은 니이본 행사를 하지 않는 집의 경우는 "오본 명절을 잘 맞으시기 바랍니다"라고 서로 인사를 하는 것과 대조적이다. 오본 기간에 이뤄지는 '대염불, 불 축제(火祭), 정령주精靈舟, 등롱 띄우기' 등 지역 공동행사는 니이본의 집안을 중심으로 해서 이뤄지는 경우가 많다. 이와 같이 친척이나 이웃들이 니이본을 맞이하여 방문하거나 지역 공동으로 재를 지내는 것에 대해서는, 사자에 대한 애모哀慕의 정뿐만 아니라 새로운 정령은 몹시 거칠고 뒤탈이 있을 수 있기 때문에, 혈연·지연이 있는 사람들이 모여 위안해줄 필요가 있다고 보는 설도 있다(新谷尚紀·関沢まゆみ, 2005: 242-243).

우란분재 행사는 원래 조상의 영혼을 위안하고 존중하는 민속신앙의 성격이 강하다. 그런데, 니이본에서는 아직 조상에 들어가기 전인 사자의 영혼이나 무연불을 위해서도 기도하는 것이기 때문에, 조상제사라고 한정하는 것은 협의의 인식이다. 불교는 이러한 민속신앙의 세계를 덮는 듯한 그 내용을 불교의 틀 안에 흡수해온 것으로 민속학자들은 인식하고 있다.

사령 · 조령의 민속신앙과 불교

앞에서 인용한 어영가강御詠歌講도 그러한 역사의 새로운 전개라고 볼 수 있다. 지역사회의 염불강念佛講이나 지장강地藏講, 관음강觀音講의 여성들이 혹은 순례에 참가하는 사람들이 어영가御詠歌를 불러온 것도 원래는 불교의 영향이 있고, 승려의 지도가 있었을 것이다. 그러나, 점차 재가의 농민이나 서민들의 신도단체가 생기고, 반 정도는 자립하는 것으로 되었다. 정토진종淨土眞宗처럼 불교종파에 따라서는 그것들을 불교 외적인 것으로 파악하기도 한다. 20세기에 들어서면서, 새로운 여러 불교 종파가 어영가강을 사원활동의 하나로 수용하려는 움직임을 보이기 시작했다. 그 속에는 사자에 대한 기도의 측면이 상당히 큰 부분을 차지하고 있다. 매화류는 각 종파에 있는 어영가강의 조동종판으로서, 제2차 세계대전 후에 급성장했다.

우란분재 행사에서는 불교에 완전히 흡수되지 않은 민속신앙적인 요소가 눈에 띈다. 한편 장제, 즉 장의나 법회가 되면 불교 요소가 주체로 된다. 그러나 사자나 조상에 대한 신앙행사로서 이들의 행사를 모두 합치면, 상당히 커다란 문화요소가 된다. 제2차 세계대전이 지나도 일본인은 이러한 형태로 비탄을 나눠 갖는 실천체계를 유지하고 있었다고 볼 수 있다.

교토제국대학에서 역사를 공부하고 도시샤대학(同志社大学) · 불교대학(佛教大学)에서 일본문화사 · 종교민속학을 가르치고 또 교토부 가메오카시(亀岡市) 정토종 사원에서 주지를 맡았던 다케다 초슈(竹田聴洲, 1916~1980)는 1957년에 간행된『조상숭배-민속과 역사(祖先崇拜―民俗と 歷史)』에서 다음과 같이 기술하고 있다.

우란분재가 조령의 제사인 것은 누가 보더라도 명백하지만, 이것은 농후한 불교적 색채를 띠며, 또 그 후의 역법의 변화에 따라, 7월 15일을 중심으로 하는 본래의 모습과는 전혀 다른 것으로 되어있다. 그러나 그 핵심이 되는 것은 소위 『불설우란분경』이 설하는 것과 전혀 관계없는 일본 고유의 신앙요소인 것이다(竹田聽洲, 1957: 108).

조상 숭배와 추선회향

여기에서 '일본고유의 신앙요소'라고 말하고 있는데, 이것은 야나기타 구니오(柳田國男)가 주장하는 '고유신앙'으로서, 조상숭배라는 설을 따른 것이다(島薗進, 2012). '고유'라는 말에는 남으로부터의 영향을 받기 전부터 가지고 있었고, 변함이 없이 이어져 온 일본의 신앙이나 문화의 중핵이라는 의미가 있다. 다케다가 간결하게 정리하고 있는 내용에 따르면, "늘 산에 있어서 자손의 생활을 보살피는 조령은, 연중 일정한 시기에 자손의 곁을 찾아와 함께 즐거운 모임을 갖는다고 한다. 가장 두드러진 시기가 바로 정월과 오본이다"(竹田聽洲, 1957: 107). 정월 행사는 달력이 보급되고서 새해 첫 행사라는 성격이 강해진 것인데, 원래는 우란분재 행사와 마찬가지로 조상숭배라는 고유신앙의 행사였다고 보고 있다.

즉, 우란분재와 정월, 모두 밖에서 집을 찾아오는 자를 맞이하고 모시는 의례이다. 이것을 정월에는 도시가미산(年神サン), 도시도쿠산(歲德サン), 쇼가쓰산(正月サン), 도시지이산(トシジイサン), 우란분재에는 오쇼라이사마(御精靈樣), 센조사마(センゾサマ), 본사마(盆サマ)라고 부른다. 맞이하는 방식으로는 연말에 마쓰무카에(暮の松迎え)가 있고, 오본에는

본바나무카에(盆花迎え)가 있다. 정월송正月松, 본바나(盆花)는 모두 조령이 나타날 때 매개물이 되는 것으로서, 모두 산에서 맞이해야 하는 것이다. 원래 특정한 산의 성지에서 이것들을 입수해야 했던 흔적이 남아있는 것인데, 이것은 조령이 평소에 있는 곳이 어디인지를 보여주고 있다(竹田聰洲, 1957: 108-109).

일본에는 불교와 다른 민속신앙이 뿌리 깊게 남아있으며, 사자 제사나 조령 신앙은 그 중핵에 있다. 야나기타 구니오 이후로 민속학에서는 그렇게 인식하고 있다. 그렇다면, 장의나 법회에서 큰 종교적인 역할을 하는 불교 신앙은 민속신앙의 위에 덮인 것이고 부수적인 것으로 된다. 조상숭배에 해당하는 신앙행사를 불교식으로 지내게 되면 '추선회향'이 된다. 부처에 대한 공양은 공덕을 쌓는 것인데, 그것을 이미 이 세상의 생을 마친 사자와 조상에게 돌리는 것, 이것이 추선회향이다.

장식불교의 추선회향행사

조동종 사원의 출신으로 도쿄제국대학에서 역사를 공부하고, 도쿄제국대학 사료편찬소(東京帝大史料編纂所)와 고마자와대학(駒澤大学) 등에서 연구·교육을 했던 다마무로 다이조(圭室諦成, 1902~1966)라는 학자가 있다. 그가 1963년에 간행한 『장식불교葬式仏教』는 '장식불교'라는 말에 학술적인 토대를 부여한 저작이다. 일본에서는 사자나 조령에 대한 민속신앙이 불교의 추선회향의 형태를 띠게 되었고, 그것이 불교의 주된 활동형태가 되었다는 것을 확인해주는 서적이다.

일본에서는 새로 돌아가신 분의 영을 '아라미타마(アラミタマ)'라고 부르고, 앙갚음을 할 가능성이 있는 위험한 영으로 생각했다. 그리고 그것이 '미타마(ミタマ)'라는 조령으로 되기까지 유족은 엄격한 '아라이미(アライミ)'에 따르는 민속이 있다. 이 민속과 연결되어 불교의 중음불사가 늘고 있다. 또 조령으로 귀일한 미타마를 1년에 두 번 모시는 민속행사가 있다. 이 민속에 연결된 것이 우란분재 행사이다. 현재 불사·우란분재 행사 등에 불교에서는 설명할 수 없는 부분이 많은 것은 이러한 민속이 강하게 남아있기 때문이다(竹田聽洲, 1957: 142).

이것은 논지 요약 부분에서 인용된 내용이다. 다마무로는 계속해서 추선불사가 오래 이어지는 일본의 특징에 대해 언급하고 있다. "인도에서는 중음, 즉 칠칠인 49일까지였다. 중국에서 백일, 1주기, 3주기가 더해져서 10불사의 형태가 되었고, 그것이 일본에 전해졌다(竹田聽洲, 1957: 142). 일본에서는 여기에 13불사, 15불사로 증가했다. 12세기에서 14세기에 걸쳐 7주기, 13주기, 33주기가 더해졌고, 16세기가 되면 17주기, 25주기도 더해져서 15불사로 된다. 또 생전에 그 의례들을 미리 행하는 '역수逆修' 도 이뤄지게 되었다. 이렇게 추선불사나 기타 불교 행사가 정리되어가면서, 장식불교(장제불교葬祭宗敎)로 정착하게 된 것은 전국시대로부터 에도 시대에 걸쳐 이뤄졌다.

여전히 건재한 장식불교

다마무로는 장식불교가 일본 곳곳으로 확산되어 정착해가는 과정에 대해 논하면서, 다음과 같이 요약하고 있다.

현재 대략적인 사원의 분포를 보면, 1467년에서 1665년에 이르는 약 200년 사이에 이뤄진 것이다. 그동안 각 종파의 전법사들은 농촌에 거점을 구하는 데 몰두했다. 신사, 쓰지당(辻堂), 묘당墓堂, 지불당持仏堂 등 기존의 종교시설 또는 미야자(宮座), 도자(堂座) 등 신앙종교 단체를 이용해서 향촌의 질서 속으로 들어갔다. 이 경우에 잊으면 안 되는 것은 ① 서민과의 접촉면이 장제를 주로 하는 것이었다는 점, ② 장제종교로서 우수한 정토, 선의 여러 종파가 늘어나고 있었다는 점, ③ 타종파도 장제불교화를 통해 간신히 향촌의 종교화를 할 수 있었다는 점, ④ 장제를 중심축으로 사원과 신도의 관계가 강화되어 사원경제가 안정되었다는 점 등이다.

이러한 새로운 사태를 정확히 평가한 에도막부는 단가제도로서의 이것을 법제화하고, 봉건지배를 위해 이용하는 것을 생각했다. 이것은 언뜻 보기에 불교 입장에서 유리한 거래라고 판단되었다(竹田聴洲, 1957: 210).

이렇게 17세기 전반에 장제불교의 기반이 확립되고, 불교사원과 승려가 사령・조령의 제사를 맡는 상황이 이어지게 되었다. 19세기 전반을 넘어가면서, 신불분리神佛分離, 폐불훼석廢佛毀釋이 이뤄지고, 장제불교의 기반도 어느 정도는 흔들리게 되었다. 교파신도敎派神道나 기독교가 확장되면서 장제불교의 기반에도 영향이 있었지만, 부분적인 침해 정도에 그쳤다. "장제와 불교의 연결은 견고하고, 이러한 면만은 신도의 맹공에도 불구하고 거의 타격을 입지 않았다"(竹田聴洲, 1957: 210). "[(시마조노 주) 메이지 유신에서부터] 약 100년, 장제종교로서의 불교의 지위는 여전히 견고하다"(竹田聴洲, 1957: 291).

사령 · 조령신앙이야말로 일본의 고유신앙

다마무로의 결론은 다음과 같다.

유신 이후, 불교의 활로는 장제 하나밖에 남지 않았다. 그리고 현재 직
면하고 있는 과제는 고대적, 봉건적인 주술적, 조상 숭배적 장제를 청산하
고, 근대적인 조위弔慰, 추도적인 장제의례를 창조하는 것이다(竹田聽洲,
1957: 210).

다마무로는 장식불교의 현상을 호의적으로 보고 있지는 않지만, 그것이
전통불교 교단의 견고한 존재 기반이 되고 있다고 인식하고 있다. 그리고
그 현실을 직시하고 새로운 장식불교를 전개해야 한다고 주장하고 있다.

1950년대, 60년대에는 장식불교가 사령 · 조령제사를 담당하며 견고한
역할을 했다고 본다. 다케다 초슈의 『조상숭배(祖先崇拜)』(1957년)와 다
마무로 다이조(圭室諦成)의 『장식불교葬式仏教』는 그러한 상황을 반영한
저작이라고 해도 좋을 것이다.

두 사람의 견해는 사령 · 조령신앙이야말로 일본 고유의 신앙이라고 하
는 야나기타 구니오와 많은 민속학자들의 견해와 궤를 같이하고 있다. 그
위에 올라탄 전통불교는 불교 본래의 일에서 벗어나고 있다. 그러나 고유
신앙과 합쳐있는 한 사람들이 받아들이고 쌓아온 지위를 유지해갈 수 있
는 것이 아닐까. 그것에는 사령 · 조령신앙을 중핵으로 하는 고유신앙 그
자체가 붕괴되어 간다는 위기감이 눈에 띄게 표현되고 있지는 않다.

『선조 이야기』에서 물으려고 한 것

다케다 초슈나 다마무로 다이조는 자신들의 주장을 야나기타 구니오의 견해에 기초하고 있다. 야나기타 본인은 전쟁 말기인 1945년 4월에서 5월에 걸쳐 이 문제에 관해 묻는 논고를 써 내려갔고, 1946년 4월 『선조 이야기(先祖の話)』라는 제목으로 책을 간행했다. 1945년 10월 22일의 날짜가 부여된 「자서自序」에서는 이 책의 주제가 일본인에게 '집'과 '영혼'이라는 것, 그것이야말로 민족의 정신생활의 핵심이고, 그것을 적절하게 인식해서 새로운 시대를 향한 지침을 도출해야 한다는 것이 묘사되어 있다. 그리고 그것은 패전이 임박한 일본에서 사자 영혼의 행방과 관련되어 있다는 것을 시사하고 있다.

이번 초비상 시국으로 인해, 국민의 생활은 밑바닥에서부터 어지럽다. 평소에는 보고 듣지도 못하던 비장하고 통렬한 인간 현상이 전국에서 가장 조용한 지역에서도 무더기로 생겨나고 있다. 그 일부만 겨우 신문 등을 통해 세상에 전해지고, 우리는 그것을 찾으러 지방을 다니면서 볼 수도 없었다. 예전에는 보통사람이 입에 올리는 것조차 무서워했던 사후 세계, 영혼이 있는지 그 여부에 대한 의문, 그리고 산 자의 이런 것에 대한 마음속의 느낌과 사고방식 등 거의 국민의 의사와 애정을 종적으로 백대百代에 걸쳐 서로 연결하고 있던 실낱같은 것이 갑자기 모든 인생의 표층에 나타난 것을 가만히 지켜보고 있던 사람들도 이 독자들 중에는 많이 있다(柳田國男, 1990: 12).

알기 쉬운 내용은 아니지만, 여기에서 야나기타가 시사하고 있는 것은

'옥쇄玉碎'나 '특공特攻'으로 인한 죽음이 찬미되는 한편, 오키나와전에서 많은 주민이 휘말려 희생되고 공습으로 인해 생사의 경계를 헤매게 된 사태를 말한다. 살아남은 사람들은 깊은 비판과 함께 사자의 영을 가까이에서 느끼는 경험을 하고 있었을 것이다.

패전 전후에 영혼의 행방에 대한 물음을 많은 사람들이 현실적으로 묻게 되었다. 그것을 정확하고 심도있게 하기 위해서는 집이나 사자, 조상에 대한 일본인의 사고를 명확히 할 필요가 있다. 그것으로부터 장래 일본인을 지지할 수 있는 신념의 실마리를 얻을 수 있을 것이다. 「자서」에는 이러한 생각이 언급되어 있다.

자손 없는 사자의 영혼을 어떻게 모실 것인가

이 책은 81개의 절로 구성되어 있고, 마지막 절은 '두 개의 실제문제'라는 제목이다. 그것에서 최초로 언급되고 있는 것은 '집의 영속'과 '종적 단결'에 대한 물음이다.

> 원래는 다른 지역에 나가서 일해도, 나중에는 성공해서 고향에 돌아와 다시 친척이나 옛 친구들 사이에서 살려고 하는 사람이 많았던 것 같다. 그런데, 요즘 들어서는 사람들 생각이 많이 바뀌어서, 그 목적지에 뿌리를 내리고 새로운 하나의 집을 만들려고 염원하면서, 어려움과 싸우는 사람들이 날마다 증가하고 있다. 즉, 집의 영속은 큰 문제가 되지 않을 수 없다 (柳田國男, 1990: 207).

이주가 늘어나면 고향은 당연한 것이 아닌 것으로 된다. 그러한 상황에서도 여전히 '집의 영속'을 믿을 수 있을까. 그것은 소중한 사람을 잃은 비탄의 건너편에 있는 무엇인가를 실감할 수 있는지를 묻는 물음과 연결되어 있다.

> 허전하게 느껴지는 소수의 집단일수록, 과거와 현재의 시간에 걸친 종적 단결이라는 것을 생각하지 않으면 안 된다. 미래에 대해서는 그것이 계획이고 유지이며, 또 희망이고 애정이다. 모두 먼 옛사람들이 했던 대로 따라 한다는 것은 불가능하지만, 그들이 어떻게 하고 있었는지까지는 참고로 알아두는 편이 든든한 힘이 된다. 고인은 변화가 적은 태평한 세상에 살았고, 자손은 자신의 선조를 대하는 것과 마찬가지의 느낌으로 연모하고 그리워하며 맞이해서 모시는 것이라고 믿을 수 있었다. (중략) 일본이 이와 같이 수천 년 동안 번영해올 수 있었던 근본적인 이유는 확고한 집의 구조 때문이라는 것도 중요한 한 가지인 것으로 인정되고 있다. 그래서 나 같은 경우는 그 소중한 기초가 신앙이라고 생각한다(柳田國男, 1990: 207-208쪽).

이 마지막 부분에서는 '집의 영속'과 '종적 단결'이 '신앙'과 불가분한 것으로 제시되고 있다. 그리고 두 번째의 '실제문제'는 보다 구체적인 사자에 대한 추도 방식의 문제로 이행해간다. "서둘러 명확하게 해 두어야 하는 문제는 집과 그 집에 자식이 없이 죽은 사람들과의 관계 여부이다." 많은 병사나 청년들의 죽음은 조상으로 되지 못하는 죽음이다. 이들의 영을 "불자佛者 신도들이 말하는 무연불의 행렬에서 소외해 놓을 수는 없을 것이다"(柳田國男, 1990: 208). 자손을 남기지 않고 죽은 사람들의 영을 어떻게 계속 모실지, 자손이 없는 전사자의 유족의 비탄을 '고유 신앙'의 틀에서 케어할 수 있을까? 이러한 물음을 던지며, 『선조 이야기』는 끝을 맺고 있다.

불교사원과 비탄을 함께하는 문화

앞에서 언급한 것처럼, 전후, 전통불교의 각 종파에서 어영가강御詠歌講이 확산되었다. 어영가강을 주로 담당하는 이들은 30대 이상의 여성들이다. 그곳에서 젊었을 때 죽은 병사, 군속이나 공습으로 죽은 사람들을 애도하고 비탄을 함께하는 경우도 적지 않았을 것이다. 전통불교의 각 종파는 사자제사, 선조제사와 연결된 비탄을 함께하는 활동을 사찰의 활동으로 흡수해갔다. 이렇게 보면, 전후의 어영가강은 장식불교의 영역을 확충하는 것과 같은 움직임을 보였다고 볼 수 있다.

분명히 장식불교는 제2차 세계대전 후에도 약 30년 동안 슬픔을 함께하기 위한 문화장치로서 반석의 힘을 갖고 있는 것처럼 보였다. 그것은 야나기타 구니오가 말하는 일본의 '고유신앙'이 견고하게 계속 존재한다고 느껴지고 있기 때문이다. 이 고유 신앙론을 토대로 1957년 간행된 『선조숭배』에서 다카다 초슈는 다음과 같이 말한다.

> 조상숭배는 일본인의 생활과 사상에 밀착되어 그 전면을 덮고 있는 만큼, 증거는 그들의 생활문화 곳곳에 보일 듯 말 듯 하고, 간단히 그 전모나 본체를 파악하기에는 너무나도 복잡하게 얽혀 있는 모습을 보인다. 도덕,

종교, 사상, 법률, 경제, 사회조직 그 외에 일본인의 어떤 생활 부분을 보더라도, 직간접적으로 이것과 관계없는 것은 없다고 해도 과언이 아니다(竹田聽洲, 1957: 4).

또, 1963년 간행된 『장식불교』에서 다마무로 다이조가 "장제종교로서의 불교의 지위는 여전히 견고하다"(圭室諦成, 1963: 291)고 말한 것은 이미 언급한 바와 같다. 다케다와 다마무로는 야나기타 구니오가 인식했던 일본의 '고유신앙'이 흔들림 없이 앞으로도 이어갈 것이라고 믿고 있는 것처럼 보인다. 만약 그렇다면, 일본의 '함께 비탄을 사는' 종교문화 또한 반석으로 계속되어야 할 것이다.

'사원소멸'의 시대

『장식불교』가 간행되고 50년 정도 지난 2015년, 우카이 히데노리(鵜飼秀德)의 『사원소멸―잃어가는 '지방'과 '종교'(寺院消滅―失われる「地方」と「宗教」)』가 간행되었다. 다케다나 다마무로와 같이 사찰 집안에서 태어나 승려가 된 우카이지만, 그는 '샐러리맨 기자'로서 그 책을 저술했다. 우란분재 기간에는 자신이 태어난 교토의 절에서 단가를 돌면서 경을 읽어주고 도움을 준다고 한다. 우카이는 『사원소멸』의 '마무리' 부분에서 다음과 같이 쓰고 있다.

교토의 우란분재는 '다섯 산의 오쿠리비(五山の送り火)'를 마지막으로 조용히 마친다. 오쿠리비는 우란분재에 오신 조상님을 저승으로 보내는

종교행사로서, 예로부터 교토인들에게 계승되어 온 것이다. 하늘을 태우는 불꽃에 '전송을 받는' 것처럼, 나도 고도를 떠나 세속에 돌아오는 것이 통례적인 일이 되었다. 우란분재가 끝나면, 다음 한 해의 시작, 마치 신년을 맞이하는 것처럼 상쾌한 기분이 든다.

그 '다섯 산의 오쿠리비'가 희미해지기 시작했다. 장차 절이나 묘가 없어지고 '조상과의 재회'를 잃게 되면, 오쿠리비는 단순히 '산 태우기'가 되어 버린다(鵜飼秀德, 2015: 268-269).

우카이는 지금은 절과 함께 진행되고 있는 우란분재 행사가 희미해지고, 조상을 맞이하고 보내는 의미 또한 잃어버리게 되어가는 것은 아닐까 하고 염려하고 있다. 인구 과소지역에서 절의 존속이 위태로워지고 있고, 도시에서도 절과 단가의 관계는 약해지고 있다. 다마무로가 반석이라고 생각했던 장식불교의 기반이 붕괴되고 있는 것이다.

그렇다면, 이러한 변화는 언제, 어떻게 해서 일어난 것일까? 우카이는 전국의 여러 사례를 묘사하면서, 그러한 변화를 명확하게 하려고 하고 있지만, '마무리'에서는 다음과 같이 요약하고 있다.

패전은 국가를 해체했지만, 전국의 사원에도 강력한 일격을 가했다. GHO가 주도한 농지개혁으로, 사원경제의 기반이었던 농지는 모조리 소작인들에게 불하되었고 절은 곤궁해졌다. 그런데, 갑자기 도래한 고도 경제성장, 거품경제가 사원경영을 받쳐주면서 불교계는 살아남을 수 있었다.

그런데, 이른바 '잃어버린 20년'에서 사원을 둘러싼 상황은 일변했다. 지방에서 도시로 인구 유출, 주지의 고령화와 후계자 부재, 단가의 고령화,

보시의 '투명화', 장의·매장의 간소화 등 사회구조 변화에 따른 문제가 계속해서 부상하고, 전국적으로 빈 사찰이 급증하면서 사원의 정리, 통합의 시대를 맞이하려고 하고 있다(鵜飼秀德, 2015: 267).

'잃어버린 20년'이라는 것은 일본경제의 안정 성장기가 끝난 이후, 즉 1991년 3월부터 약 20년간을 가리킨다. 그 시기에 급격히 전통불교 사원의 위기가 실감되기 시작했다. 그것은 사원경영이 어려워져가는 과정을 기술하고 있지만, 장식불교의 기반을 이루는 사자제사死者祭祀, 조령제사祖靈祭祀와 그것을 지탱하는 의식의 후퇴라는 것도 포함되어 있다.

조상숭배 의식의 후퇴

『사원소멸』에는 각 종파의 사원이나 '단가를 대상으로 한 실태조사가 수록되어 있다. 조동종이 2012년에 진행한 '단가와 신도 의식조사'에서는 자신이 죽을 때, "불교식 장례식을 원한다"고 답한 사람의 비율이 고령기(65세이상)에서는 90%에 가까웠지만, 성인기(30~64세)에서는 60%를 넘는 정도였고, 청년기(~29세)에서는 50% 미만이었다(鵜飼秀德, 2015: 254).

고타니 미도리(小谷みどり)의 『고독사 시대에 변화하는 일본의 장례문화(〈ひとり死〉時代のお葬式とお墓)』[25])에 따르면, 유골이 인수되지 않는 경우도 증가하고 있다고 한다.

---

25) (역자 주) 한글 번역서는 다음과 같다. 고타미 미도리, 『죽음과 장례의 의미를 묻는다: 고독사 시대에 변화하는 일본의 장례문화』, 현대일본사회연구회 옮김, 한울아카데미, 2019.

오사카시의 경우, 화장 후에 신분이 확인되었으나 인수가 거부된 유골은 화장시설에서 1년 동안 안치 후, 시영공동묘지인 무연당無緣堂으로 옮겨진다. 1990년에는 생활보호수급자의 유골만 227구(행려사망자, 그 이외에 인수인이 없는 유골 등을 포함하면 336구)를 인수했지만, 2015년에는 1764구(동 2039구)로 8배 가까이 증가했다. 2015년의 행려사망자는 75명뿐이었기 때문에, 생활보호수급자나 행려사망자도 아닌데, 인수인이 없는 유골은 200구였다(小谷みどり, 2017: 161).

이들은 함께 비탄해주는 사람들이 없는 죽은 자들로서, 그곳에 사자는 있는데, 아무도 비탄하지 않는 시신으로 처분되고 있는 것이다. 1945년에 야나기타 구니오가 우려했던 사태가 70년 후에 드러나는 것 같다.

'집'에 대한 소속감이 후퇴하고 있고, '○○가'의 조상이 된다는 의식도 희박해지고 있는 것 같다. 고타니는 2014년에 60세부터 75세까지의 배우자가 있는 남녀를 대상으로 한 설문조사 결과를 소개하고 있다. 그 내용에 따르면, "부부는 같은 무덤에 들어가야 하는가"라는 설문에 "매우 그렇다"가 54.7%로, "그렇다"와 합치면 82.1%가 된다. 그런데, "현재 배우자와 같은 무덤에 들어가고 싶은가"라는 물음에, "들어가고 싶다"라고 답한 사람은 남성의 경우 64.7%, 여성의 경우는 43.7%였다. 그리고 "들어가고 싶지 않다"라고 답한 여성은 20%에 가까웠다. 고타니는 다음과 같이 말하고 있다.

장남인 남편과 결혼한 여성에게 남편과 같은 무덤에 들어간다는 것은 남편의 조상과 같은 무덤에 들어간다는 것이기도 하다. 그런데, 핵가족이나 부부 단위의 가족이라는 사고방식이 당연하게 된 요즘, "이것은 이상하

다"라고 목소리를 내는 여성들이 나타났다. 남편의 조상과 '동거'를 기피하는 '탈집무덤 형태'는 탈집 의식의 연장에서 탄생했다고도 말할 수 있다(小谷みどり, 2017: 106-107).

이 조사 대상 외에 아이가 없는 사람이나 독신자 등도 적지 않다. 이들에게는 집 의식이나 조상으로 신앙된다는 것도 거리가 멀게 느껴질 것이다. 야나기타 구니오가 '고유 신앙'이라고 기술한 신앙에 대해 친숙함을 느끼지 않는 사람들이 늘어나고 있다는 것을 보여주는 조사결과이다.

비구니, 이이지마 게이도의 발걸음

이러한 상황을 보고 비탄을 함께 살아가는 장을 모색하고, 장례불교의 틀을 넘어 새로운 방향으로 움직이기 시작한 불교인도 증가하고 있다. 『사원소멸』에서는 비구니 이이지마 게이도(飯島惠道)의 발자취가 그려지고 있다. 이이지마의 생모는 출산 후, "키울 수 없다"는 말을 남기고 조산원에서 모습을 감췄다. 아이를 입양한 사람은 도쇼지(東昌寺)의 비구니 주지(당시 42세)와 그의 양녀로서, 나중에 주지직을 이어받은 비구니(당시 30세)였다. 이이지마는 그 양할머니와 양어머니의 손에서 자랐다.

도쇼지는 비구니 사찰로서, 재정 도움은 주로 비구가 주지를 맡는 사원에서 받았다. 그런데 양어머니는 이이지마가 비구니로 평생을 살아갈 것을 강제하지 않았다.

이이지마 자신은 어린 시절에 비구니가 된다는 것에 의문을 품지 않았다. 그런데 성장하면서 "사회경험을 하지 않고 불도에 들어가는 것에 망설이게 되었다"고 회고한다. 일반사회에 대한 동경은 고교시절에 신장병을 앓고 신슈(信州)대학병원에 입원했던 것에서 싹트기 시작했다. 병원에는 신슈대학 의료기술단기대학이 병설로 있어서, 간호사에 대해 관심을 갖게 되었다. 고등학교를 졸업한 뒤에는 이 의료단기대학에 진학했다.

"대학에서는 그때까지 몰랐던 세계나 정보를 접하면서 즐거워 어쩔 줄을 몰랐습니다. 다른 현 출신의 친구도 생겼고, 비구니 이외의 인생도 있겠다고 생각하기 시작했습니다. '이대로 병원에 취업하면, 절에 들어갈 때까지의 기간을 연기할 수도 있겠다'고 마음이 흔들리기 시작했습니다"(鵜飼秀德, 2015: 87).

단기대학 졸업 후, 아이치현(愛知県)의 이승당尼僧堂에 들어가 승려 자격을 취득한 뒤, 스와(諏訪)중앙병원에서 방문간호와 완화케어 등에 종사했다. 그런데 의료 현장에서 종교적인 행위는 금기시되어 있었다. 환자가 숨을 거둘 때, 합장하는 것도 어려웠다. 사찰의 도움으로 와상환자인 할머니가 있는 집을 찾아 경만 읽어드리고 오는 것도 아쉬움이 남는 일이었다.

30대 중반에 방문간호로 만난 유방암 환자인 여성은 불교에 열심이었다. 그녀와 경을 읽기도 하고 부처님 이야기를 할 기회도 있었다. 그 환자가 숨을 거둔 뒤에 바로 달려갔다. 간호사로서 임종 처치를 하고 돌아가려고 했을 때, 환자의 남편으로부터 "경을 부탁드려도 될까요?"라는 말을 들었다. 외운 것은 사홍서원四弘誓願이었다. 그때 이이지마는 번뜩였다고 한다. "내가 이상적으로 보는 종교의 모습이 이것인지도 모른다"(鵜飼秀德, 2015: 92). 그런데, 그것을 구체화하는 길은 보이지 않았다.

생명치유와 비탄을 함께하는 활동

그 후, 이이지마는 삭발하고 도쇼지에서 주로 비구니로서 생활하려고 했지만, 몇 년 뒤에 양할머니가 돌아가시고 이어서 양어머니마저 유방암이 발견되어 4년 뒤에 돌아가셨다. 그것은 동일본 대지진이 발생한 지 얼마 뒤의 일이었다. 『사원소멸』에서는 이이지마의 마음을 다음과 같이 기술하고 있다.

저 자신이 유가족이 되면서, 처음으로 불단을 향해 경을 읽는 의미를 알게 된 것 같습니다. 유가족의 대변인이야말로 승려라고, 불단을 향해 경을 읽는 행위는 '저쪽'에 계신 돌아가신 분과 대화하는 것, 우리를 지켜봐달라고 '저쪽'에 부탁하는 것, 이것이야말로 종교행위이며 유족 케어라는 것을 조모와 어머니의 죽음을 통해 느꼈습니다(鵜飼秀德, 2015: 95).

이후에 이이지마는 나가노현 마쓰모토시를 거점으로 시민단체 '케어집단 하트비트(ケア集団ハートビート)'를 만들고, 또 도쇼지 등에서 '비탄을 서로 이야기하는 월드카페'를 열었다. 이 카페에는 매회 50명이나 되는 사람이 모인다고 한다.

'케어집단 하트비트'의 홈페이지를 보면[26], '활동 중심'으로서 다음의 세 가지를 들고 있다.

신슈에서 누구나 다 유의미한 인생을 보내는데 필요한 '서로 의지함'을

---

26) (역자 주) https://www.hbshinshu.com

생각하고 키운다.

누구나 피할 수 없는 죽음이나 사별을 바라보며, 건강이나 인생에 대해 생각하고 서로 이야기하는 장을 만든다.

지역사회에서 서로 협력하면서, '생로병사의 토털케어'의 실현을 목표로 한다.

그리고 "소중한 사람을 지켜보고 있는 사람들이나 보낸 사람들의 어려움에 누구나 자연스럽게 다가가서 서로 의지하는-우리가 사는 신슈가 그런 따뜻한 지역사회가 되는 것을 바라며 활동하고 있습니다"라고 하고, 구체적인 '활동'으로서 다음 여덟 항목을 들고 있다.

- 책자 『소중한 사람을 보냈을 때: 나가노현·추신(中信)지방판』의 공개, 배포
- 사별이나 임종 지킴에 관한 강연회나 연속강좌 개최
- 서로 나누는 모임(사별체험자나 지원자 대상) 개최
- 생명이나 케어에 관한 독서회 개최
- 나가노현 내의 완화케어 병동 방문·견학
- 지자체나 대학 등과 연계
- '등불프로젝트(ともしびプロジェクト)' 참여
- 월례회(운영회의) 개최

'등불프로젝트'란 게센누마(気仙沼)의 본부를 중심으로 전국 47곳의 지부를 연결해서 매월 11일에 동일본 대지진 재난피해지역에 마음을 담아 촛불을 밝히는 행사이다.

비탄을 함께하는 활동으로서의 슬픔치유

이이지마의 활동은 2000년대 이후, 불교사원이 그리프 케어에 적극적으로 참여하는 움직임 중에서도 눈에 띄는 활동이라고 말할 수 있다. 불교사원이 비탄을 안고 힘들어하는 사람들에게 다가서는 활동은 제2장에서도 언급했듯이, 자살유가족의 케어나 재해유가족 케어로서 그동안 널리 전개되어왔다. 이이지마의 활동은 이러한 움직임에 자극을 받으면서, 독자적으로 개인의 경험에 따른 깊이 있고 힘찬 것이다. 이러한 활동은 또 의료나 케어의 활동영역이 영성을 구하는 움직임과도 서로 일치하는 것이다.

그리프 케어의 이러한 전개는 또 죽음이 가까워진 사람들에 대한 영적 케어를 구하는 움직임과도 연결되어 있다. 동일본 대지진을 계기로 종교인이 죽음의 임종 지킴에 관한 것을 목표로 도호쿠대학에서 임상종교사의 육성이 시작되었고, 점차 전국적으로 그 기운이 퍼지면서, 2016년에는 일본임상종교사회가 발족되었다. 병원이나 개호시설 등에서 종교인이 케어를 맡는 방향으로 서서히 진행되고 있다. 그에 앞서 종교인에 의한 자살유가족 케어나 재해유가족 케어의 활동이 활성화되고 있었는데, 이러한 것은 그리프 케어 영역의 활동이다.

한편, 의료나 케어에 종사하는 사람들도 일찍부터 영적 케어에 적극적으로 대처하려고 하고 있었다. 2007년에 일본스피리츄얼케어학회가 발족되었고, 2012년부터 스피리츄얼케어사(スピリチュアルケア師)를 인정하기 시작했다. 스피리츄얼케어사의 활동영역으로는 먼저 병원 등에서 임종을 지켜보는 것을 염두에 두고 있는 경우가 많지만, 오히려 이이지마가 시도하고 있는 커뮤니티 케어나 그리프 케어 같은 영역에서 선행적으로

시행하고 있다. 제2장에서 언급했지만, 동일본 대지진에서 불교인을 중심으로 하는 이동경청카페 '카페 드 몽크'는 그 후에 전국적으로 활동을 전개하고 있다. 2016년 구마모토지진에서도 '카페 드 몽크'는 장기적으로 재난 피해자의 케어활동을 이어갔다.

일본 불교는 비탄을 함께하는 문화의 담당자로서 큰 역할을 다해왔다. 15세기부터 17세기에 걸쳐 불교사원이 전국 곳곳에서 전개했던 시기에 그것은 서민 생활에 깊이 침투하게 되었다. 17세기에 단가제도가 확립됨으로써 그 역할은 제도적인 뒷받침을 통해 강화되었고, 장례불교라는 형태로 20세기 후반까지 지속되었다. 그런데 친족공동체나 지역공동체의 붕괴가 두드러진 1990년대경부터 그것은 새로운 방향으로 전개될 징조를 보이고 있다. 이이지마의 활동은 그러한 방향을 밝혀주는 것이라고 볼 수 있을 것이다.

새로운 문화나 사회성의 표현으로서의 그리프 케어

이 장에서는 전통불교교단과 민속행사가 담당해왔던 그리프 케어적인 기능이 후퇴하고 있다는 것, 사람들이 그것을 대신할 그리프 케어의 장이나 모임을 구하고 있는 것에 대해 기술했다. 장례나 법회, 우란분재 행사의 기능이 현저하게 축소되고 있는데, 장례불교에 초점을 맞춰본다면, 그것은 1990년경부터 보이게 된 사태이다.

제6장, 제7장에서 본 것처럼, '함께 비탄을 사는' 문화의 역사라는 시각에서 보면, 배후에는 더 긴 역사가 있다는 것을 알 수 있다. 종교나 민속행사만이 아니다. 국민문화가 길러온 공동성도 있다. 그런데, 한때는 농후하

게 기능하고 있던 비탄을 함께하는 국민문화도 이제는 점점 멀어지고 있다. 비탄을 나눠 갖는 문화의 후퇴는 근대가 되면서 지속적으로 진행되어 왔다고 봐야 할 것이다.

그리고 그것을 대신해서 비탄을 함께하는 새로운 문화가, 또 비탄을 함께하는 모임이나 장이 생겨나고 있다. 마쓰모토의 비구니인 이이지마 게이도 등의 '케어집단 하트비트'나 도쇼지의 '비탄을 서로 이야기하는 월드카페'는 비탄을 함께하는 새로운 장이나 모임을 시도하는 알기 쉬운 사례이다. 또 이 책의 앞부분인 서장에서부터 제2장에 걸쳐 영화나 이야기, 사고나 재해를 통해 길러진 비탄을 함께하는 새로운 문화, 또 비탄을 함께하는 모임이나 장을 몇 가지 언급해왔다.

이 책은 그렇게 현대 일본에서 전개되고 있는 그리프 케어를 새로운 문화나 새로운 사회성의 표현으로 파악하고 있다. 이러한 움직임에 관여하고 있는 사람들은 스스로 또 가까운 사람들의 고독을 강하게 자각하면서, 그것으로부터 새로운 관계를 구축해가는 것을 목표로 하고 있다고 볼 수 있다. 한편, 정신의료나 임상심리 맥락에서 비탄을 전문가에 따른 치료나 치유의 과제로 인식하는 움직임도 진행되고 있다.

이들은 대립이 아니라 서로 자극하며, 서로 배우면서 전개될 것으로 예상된다. 그런데 '비탄 전문가'의 발언이 확실하게 증가하는 것에 대해, '비탄을 함께하는 새로운 문화나 사회성'은 놓치기 쉽다. 이 책은 이러한 상황을 토대로 '비탄을 함께하는 새로운 문화나 사회성'에 주목해, 일본문화와 사회의 역사 속에서 그리프 케어를 되찾으려는 시도이다.

참고문헌

島薗進, 「第二次世界大戦後の仏教教団と御詠歌講─東北地方の曹洞宗梅花講」,
　　　　大濱徹也編, 『東北仏教の世界─社会的機能と複合的性格』, 日本近代
　　　　仏教史研究会, 有峰書店新社, 2005.

新谷尚紀・関沢まゆみ編, 『民俗小事典 死と葬送』, 吉川弘文館, 2005.

竹田聴洲, 『祖先崇拝─民俗と歴史』, 平楽寺書店, 1957.

島薗進, 『日本人の死生観を読む─明治武士道から「おくりびと」へ』, 朝日選
　　　　書, 2012.

圭室諦成, 『葬式仏教』, 大法輪閣, 1963.

柳田國男, 『先祖の話』, 筑摩書房, 1946(『柳田國男全集』13, ちくま文庫, 1990)

鵜飼秀徳, 『寺院消滅─失われる「地方」と「宗教」』, 日経BP社, 2015.

小谷みどり, 『〈ひとり死〉時代のお葬式とお墓』, 岩波新書, 2017.

飯島惠道, 薬王山東昌寺 https://tousyouji.com

후기

   비탄이라든가 그리프라는 말이 가리키는 것의 폭은 넓다. 소중한 것을 잃고 그에 대한 상실의 경험이 일어난다. 전형적으로는 사별로 인한, 사랑하는 타자의 상실에 따른 것이다. 소중한 사람과의 이별은 슬프다. 사람뿐만 아니라 반려동물이나 고향, 직장, 교류하던 동무들과의 이별도 큰 상실이 될 수 있다. 나아가 자신의 능력 상실이나 자존감 상실도 비탄의 심각한 시련이 된다. 이렇게 상실로 인한 비탄을 넓게 파악해가면, 누구에게나 기억나는 것이 있을 것이다. 상실로 인한 비탄은 인생의 의미를 묻는 큰 의미 있는 경험이다. 나에게도 그랬다.

   통절한 사별의 경험이 없는 사람도 타자의 사별 경험에 공감하고 함께 눈물을 흘리는 것이 자연스럽다. 영화 주인공에게 일어나는 일들에 공감하며, 스스로 눈물을 흘렸던 경험도 적지 않을 것이다. '비탄을 함께하는', '함께 비탄을 사는' 것은 고통을 견디는 것만이 아니라 살아가는 의미를 다시 묻고 살아갈 힘을 다시 얻는 것이기도 하다.

   그렇게 생각하면, 현대사회에서 그리프 케어에 대해 많은 관심이 몰리는 것이 전혀 이해 못할 일도 아니다. 그런데, 30년, 50년 전의 사람들은 그리프 케어에 대해 이야기할 일이 없었다. 이러한 것이 더 신기할 수 있겠다. 왜일까?

2011년 동일본 대지진이 일어나자, 비탄을 안고 있는 사람들에게 자원봉사자로서 다가가려고 하는 의식이 높아졌다. 종교인들의 재해지원 활동을 접하면서, 그 의미를 생각하게 되었다. 2013년부터는 조치대학 그리프 케어 연구소에서 그리프 케어에 대해 배우려는 의료나 케어 관계자, 또 교원이나 회사원, 주부들과 접할 기회도 늘어났다. 이런 분들과 함께 배우는 경험이 컸다.

정신과 의사나 임상심리사가 '마음 케어' 전문가로 인정되고 기대를 받게 된 것은 최근의 일이다. 1995년에 한신·아와지 대지진이 일어나면서, '마음 케어'라는 말이 알려졌다. 그런데, 그 이전부터 그리프 케어의 기능을 담당하는 문화장치가 있었고, '함께 비탄을 사는' 사회관계가 있었다. 그것이 '마음 케어' 전문가에게 계속 이어졌을 뿐만 아니라, 새롭게 여러 분야의 사람들에게 받아들여지고 있다. 그리프 케어라는 말이 널리 알려지게 된 것은 이 때문이다. 그것에 대해 잘 생각해보자. 그것은 또한 죽음이나 심각한 상실을 받아들이는 생사관이나 영성의 역사에 대해 또 사자와 함께 살아가는 것에 대해 다시 생각하는 것이기도 하다.

이 책은 그러한 관점에서 '함께 비탄을 사는' 모습에 대해 생각하고, 근대 일본에서 비탄의 문화와 비탄을 나누는 장의 역사를 되돌아보려는 것이다. 학문적인 장 이상으로 비탄을 안고 있는 사람들, 또 슬퍼하는 자에게 다가서려고 하는 분들과 함께 배우면서 생각해왔던 것도 크다. 대학진학 당시에는 의학을 지망하다가 종교학으로 전향했는데, 나이 50대에 들어서면서 의료와 가까운 쪽으로 돌아오고 있다는 것을 느낀다. 조치대학 그리프 케어 연구소 동료나 수강생분들에게 많은 도움을 받았다. 또 일본 스피리츄얼케어학회, 종교인 재해지원연락회, 일본임상종교사회 등의 모임에서도 많은 배움의 기회를 얻었다. 시사해주신 분들에게 이 자리를 빌려 감사드린다.

이 책은 2012년에 간행된 『일본인의 사생관을 읽다(日本人の死生観を読む)』(朝日選書)의 속편이기도 하다. 생사학과 그리프 케어는 인접한 영역에 있고 묻는 문제가 겹쳐있다. 『일본인의 사생관을 읽다』에서는 생사관을 표출하는 지식인에 대해 논의했었는데, 이 책에서는 보통사람들의 의식이나 감정, 사회관계로 초점을 옮기고 있다. 두 저서는 서로 보완하는 관계에 있다.

『일본인의 사생관을 읽다』를 정리할 때, 도움을 주셨던 야사카 미키코(矢坂美紀子)씨는 간행 직후부터 속편을 정리하라고 재촉했다. 내년이라도 내고 싶다는 이야기가 있었지만, 다시 구상을 짜면서 7년 가까이나 걸렸다. 그동안 많은 인내심을 갖고 함께 해주신 데 대해 감사의 인사를 드린다.

2019년 2월 시마조노 스스무

역자 후기

　최근의 사회적인 분위기를 보면, 비탄과 애도의 문제가 주요 관심의 영역에서 논의되는 것 같다. 그만큼 우리 사회도 가깝게는 코로나 상황에서부터 2014년 세월호 참사, 2003년 대구 지하철 화재 참사 등 적잖은 대규모 재난과 사고들을 경험하면서, 충격을 받은 사람들이 많다는 것을 의미할 것이다.

　'ともに悲嘆を生きる'라는 이 책의 제목은 '함께 비탄을 살다'라고 단순히 번역할 수 있겠지만, 비탄과 애도는 지속적으로 삶에 영향을 준다는 점에서 '비탄을 함께 살다'로도 이해할 수 있을 것이다. 전자가 개별적인 고통뿐만 아니라 전쟁, 재난 등으로 인한 다수의 고통과 상실을 타인이나 공동체와 함께 공유하며 나눈다는 관점이라면, 후자의 경우는 그러한 비탄을 당사자나 공동체가 계속해서 지닌 채로 살아가야 하는 관점이라는 것을 느낄 수 있다.

　책의 저자인 시마조노 스스무 선생님은 종교학자이면서 사생학(생사학)에 대한 연구를 진행하고 있고, 현재는 조치대학(上智大學) 그리프 케어 연구소장직을 맡고 있다. 그는 「후기」에서 이 책을 자신의 저서 『일본

인의 사생관을 읽다(日本人の死生観を読む)』(朝日新聞出版, 2012년 간행; 국역은 동일한 제목으로 청년사에서 2015년 출간)의 속편이라고 규정하고 있다. 그의 전작은 근대와 현대의 일본을 관찰할 수 있는 사생관과 70년대 이후의 일본 사생관을 읽어내려는 작업이다. 이러한 연구를 위해서는 일본의 민속적, 종교적 영역 등 다양한 관점과 영역에서 '일본 사회의 죽음'에 대한 이해가 요구될 것이다. 이러한 시도가 『일본인의 사상관을 읽다』에서 민속학적 관점과 근대, 현대의 지식인들을 통해 사생관을 검토하는 것으로 이뤄졌다.

『함께 비탄을 살다』에서 저자는 이러한 삶과 죽음에 대한 이론과 사상적 검토가 어떻게 일본의 '보통사람들'의 삶에서 표현되고 그 관계성에서 논의되는지를 살펴본다. 전래되는 이야기와 영화, 창가, 동요 등 다양한 형태로 표현된 사별과 비탄의 경험 등을 문화적인 맥락에서 다루고, 공동체와의 관계를 통해 어떻게 나눔의 문화로 제시할 수 있는지를 검토하고 있다. 그가 책에서 종교와 영성을 말하고 있는 것도 바로 이러한 점 때문이다.

그런데, 인간 완성의 길에 대해 보통 천국이나 극락과 같이 '저 세상'을 제시하는 종교의 가르침을 어떻게 '이 세상'으로 전환시켜 제시할 수 있을까? 그리고 종교의 '교화'나 종교성이 전제되지 않아도 이러한 모색이 가능할까? 생사학은 죽음의 관점에서 삶의 방향을 재설정하려는 태도란 점에서 충분히 그 가능성을 모색해볼 수 있다. 이 책에서 임상종교사의 활동이 언급되고 있는 것도 사생관의 구체적인 실천 방식으로 제시될 수 있는 하나의 예라고 볼 수 있다.

시마조노 선생님은 『일본인의 사상관을 읽다』에서 종교학자 기시모토 히데오(岸本 英夫, 1903~1964)의 생사관을 검토하고 있다. 기시모토는 죽음에 대해 전통적인 종교들처럼 사후 세계의 이상과 연결짓는 것이 아니라 이 세상에서 그 해결을 구하지 않으면 안 되는 실천의 문제로 인식한다. 따라서 그는 죽음이란 살아있는 사람의 문제이기 때문에, 삶을 어떻게 살아야 하는가에 대한 태도와 실천에 주목한다. 생명의 유한성을 초월하는 영원이나 영속성을 시간의 연장이 아닌 현재의 생활 속에서 경험하고 깨닫는 것, 즉 일상의 생활에서 영원한 생명을 발견함으로써 생사의 문제를 해결할 수 있다고 보는 것이다. 예술가가 작품을 위해 몰입하거나 선 수행자가 수행에 몰입하듯이, 영원한 생명을 자신의 내부로부터 깨닫게 되는 경지를, 그는 생활 속에서 생명의 영원성을 깨닫는 것이라고 하였다. 이와 관련된 내용은 역자의 「현대 생사학을 위한 불교 생사관의 제언-죽음의 납득에서 보리심 각성의 생사학으로」(『종교교육학연구』 Vol.64, 2020)을 참고하기 바란다.

죽음을 삶의 영역으로 끌어들였을 때 이뤄지는 물음들, 그것은 상실과 비탄, 애도라는 고통으로 경험되는 것에 대한 물음이기도 하다. 결국, 함께 비탄을 살아가는 데 중요한 것은 서로 교류하고 소통하는 좋은 장을 마련하고 좋은 관계를 유지하는 것으로 귀결지을 수 있을 것이다. 왜냐하면, 결국 이러한 모습이 인간 존재의 삶에서 보이는 모습이기 때문이다. 이것을 이 책에서는 그 피해자, 유가족의 목소리를 통해 생생하게 전해준다. 이러한 유가족의 소리는 결코 일본만이 아니라 인간이 존재하는 어느 곳에서나 울려 나오는 소리일 것이다.

2022년 5월을 시작하며
양정연

저자 소개

시마조노 스스무(島薗 進)

1948년, 도쿄 출생.
도쿄대학 문학부 종교학·종교사학과 졸업.
종교학자, 도쿄대학 명예교수, 현재, 조치대학 대학원 실천종교학 연구과 교수, 그리프
케어 연구소장. 주요 연구영역은 근대 일본 종교사와 사생학.
2012년, 『일본인의 사생관을 읽다(日本人の死生観を読む)』(朝日選書)로 제6회 유아사
야스오상(湯浅泰雄賞) 수상.

- 저서: 종교학 이론, 현대사회와 종교 관계에 관한 연구인 『現代宗教の可能性-オウム
  真理教と暴力』(岩波書店, 1997), 『スピリチュアリティの興隆』(岩波書店, 2007), 종교와
  의료 영역에 관한 연구로 『〈癒す知〉の系譜-科学と宗教のはざま』(吉川弘文館, 2003),
  근대 일본 종교사와 관련된 연구로 『国家神道と日本人』(岩波新書, 2010), 이외에 『い
  のちを"つくって"もいいですか?』(NHK出版, 2016), 『宗教を物語でほどく―アンデル
  センから遠藤周作へ』(NHK出版新書, 2016), 공저로 『〈死生学Ⅰ〉死生学とは何か』(東京
  大学出版会, 2008), 『愛国と信仰の構造-全体主義はよみがえるのか』(中島岳志와 공저,
  集英社新書, 2016), 『近代天皇論「神聖」か、「象徴」か』(片山杜秀와 共著, 集英社新書,
  2017) 외 다수.

역자 소개

양정연

서울대 종교학과 졸업, 동국대 불교학과 박사.
한림대 생사학연구소 HK교수, 생명교육융합과정(대학원) 교수로 재직하고 있다. 불
교교학(티벳불교, 중국불교)을 전공하였으며 생사학 연구를 수행하고 있다.

- 논문 및 저서: 「현대 생사학을 위한 불교 생사관의 제언」, 「근대시기 '종교' 인식과
  한국불교의 정체성 논의」, 「람림(Lam rim)에서의 죽음 억념과 수행」, 「타이완 〈安寧
  緩和醫療條例〉 법제화의 시사점」, 「행복과학에 대한 불교적 성찰」, 『대승 보살계의
  사상과 실천』, 『가치있는 삶과 좋은 죽음』, 『(한 권으로 보는) 세계불교사』, 『죽음의
  성스러운 기술』(역서), 『현대 생사학 개론』, 『자살대책의 이론과 실제』 외 다수.

생명교육총서 8

함께 비탄을 살다
그리프 케어의 역사와 문화

초판인쇄 2022년 05월 20일
초판발행 2022년 05월 30일
지 은 이 시마조노 스스무
옮 긴 이 양정연

발 행 인 윤석현
책임편집 최인노
발 행 처 도서출판 박문사
주　　소 서울시 도봉구 우이천로 353
전　　화 (02) 992-3253(대)
전　　송 (02) 991-1285
전자우편 bakmunsa@hanmail.net
홈페이지 http://jnc.jncbms.co.kr
등록번호 제2009-11호

ⓒ 생사학연구소 2022 Printed in KOREA.

ISBN 979-11-92365-11-4 04100　　　　　**정가** 16,000원
　　　　979-11-87425-84-7 (set)